金砖国家合作与全球治理年度报告（2022）
金砖国家与新可持续发展

贺平　江天骄　主编
复旦大学金砖国家研究中心

上海人民出版社

致　　谢

　　本报告的出版得到复旦大学国际合作与交流处"双一流"项目的资助支持,特此致谢。在组稿和出版本报告的工作中,感谢复旦发展研究院金砖国家研究中心主任沈逸教授、副主任江天骄副教授、项目负责人赵精一同志及复旦大学国际问题研究院贺平教授的组织和协调。此外,还有一些同志参与了本报告的校对工作。上海人民出版社的同志对本报告稿件内容提出了诸多改进建议,加快了出版事务工作进度。在此,谨对从事本报告撰稿、校对、联络、编辑和出版等方面工作的同志一并表示感谢。

目　　录

金砖机制扩员专题讨论

金砖扩员为何这六个国家入选

江天骄

一、金砖国家扩员背景

金砖国家扩员是各国长期耕耘合作的共同成果,彰显了金砖国家开放包容、合作共赢的金砖精神,顺应了新兴市场国家和发展中国家群体性崛起的时代潮流,符合国际社会的期待。早在 2010 年,中国就邀请 2023 年金砖峰会的主办国南非率先加入金砖国家,使得金砖由最初的巴西、俄罗斯、印度、中国四国对应的英文首字母"BRIC",增加为包括南非的五国"BRICS"。南非加入金砖合作后,与其他成员国的贸易额显著增长,中国连年成为南非最大的贸易伙伴,南非也由此成为第一批金砖合作扩员的受益国。

从 2013 年开始,金砖合作就不再局限于 5 个成员国,而是向更广阔的地区和国家辐射。比如:2013 年举行的南非德班峰会邀请了非洲国家领导人参与对话;2014 年举行的巴西福塔莱萨峰会邀请了南美国家领导人参与对话;2015 年举行的俄罗斯乌法峰会邀请了欧亚经济联盟、上海合作组织等成员国的领导人参与对话;2016 年举行的印度果阿峰会邀请了"环孟加拉湾多领域经济技术合作倡议"成员国领导人参与对话。2017 年,在中国厦门举行的金砖峰会上,中国创造性地提出"金砖+"的概念。之后,金砖国家与广大发展中国家之间建立起更加紧密的合作纽带,无论是经贸、科技还是全球治理、人文交流,都在"金砖+"的框架下开拓务实合作新局面。

2022 年,中国作为金砖国家主席国,开启了本轮扩员进程。在北京峰会上,五国领导人同意,在更多层级、更广领域、更大范围开展"金砖+"合作,积极推进金砖扩员,推动金砖合作机制提质升级。

随后,金砖扩员成为举世瞩目的热门话题。在过去一年中,有40多个国家希望加入金砖合作机制,其中,有23个国家提交了正式申请,其余国家则要求以非正式成员国的身份加入,体现出金砖合作机制强大的吸引力和旺盛的生命力。

在2023年的南非峰会上,阿根廷、埃及、埃塞俄比亚、伊朗、沙特阿拉伯、阿联酋最终获邀加入金砖国家合作机制。金砖合作一跃成为拥有11个成员国的大家庭,国际影响力进一步提升。

在全球百年变局加速演进的大背景下,金砖国家以这一历史性的扩员为新的起点,必将成为维护世界和平与发展、推进广大新兴市场国家和发展中国家团结合作的中坚力量。

二、六个国家的入选缘由

阿根廷、埃及、埃塞俄比亚、伊朗、沙特阿拉伯、阿联酋这六个国家最终从20多个正式申请的候选国家中脱颖而出。尽管金砖合作机制并没有给出官方的扩员标准,但根据金砖合作精神和将近二十年的合作实践可以推断,潜在扩员对象应当满足以下条件:政治上独立自主,经济上具有较大的发展潜力,区域分布上有一定的代表性和影响力,能够促进文明包容互鉴。这其实也对应了金砖国家以政治安全、经贸财金、人文交流为"三轮驱动"的合作架构。

具体而言,在国际政治上,新入选的六个国家都拥有较高程度的战略自主性,主张各国在平等互利、互不干涉内政的基础上,通过和平对话解决分歧。尤其是在"二战"后国际秩序的建设过程中,埃及总统纳赛尔于1956年联合发起了不结盟运动,成为发展中国家联合自强的重要平台。埃塞俄比亚、伊朗、沙特阿拉伯都是不结盟运动成员国,阿根廷则是观察员国。其中,埃塞俄比亚早在近代历史上就开展了反殖民主义斗争,成为非洲大陆为数不多没有被西方殖民者彻底征服的国家。伊朗、沙特阿拉伯、阿联酋三个海湾国家由于手握石油,与西方国家的周旋余地相对更大。即使是曾经与美国密切合作的沙特,近年来也对美国搞排他性小圈子的做法感到不满。中国2023年初促成了沙特和伊朗的历史性和解,助力两国共同加入金砖合作这一开放包容的大家庭。

在经济发展方面,上述六国都具有较高的经济增长潜力,拥有较好的资源禀赋条件,但同时也迫切需要推动经济转型升级。伊朗、沙特、阿联酋三个海湾国家以丰富的石油资源闻名世界,埃及同样掌握相当规模的油气资源,同时还拥有苏伊士运河。但长期困扰这些中东国家的问题是,一旦油气资源枯竭,未来经济发展的支柱产业究竟是什么?尤其在当前绿色低碳经济大行其道的背景下,如何实现可持续发展?阿根廷和埃塞俄比亚也面临相似的问题。两国都是农牧业和矿产资源大国,阿根廷有"世界粮仓和肉库"之称。但相比之下,两国的工业制造在世界上竞争力不强,外债压力较大。因此,加入金砖既能扩大资源出口,又能探索出一条新工业革命的升级转型之路,对各国来说互利共赢。

在地区代表性和文明交融方面,扩员后的金砖基本覆盖了亚非拉三大洲的主要发展中国家,尤其是弥补了此前在中东地区的空白。新成员也是各自所在地区具有较强影响力的国家,可以发挥辐射带动地区周边国家的作用。比如,阿根廷与巴西在南美洲的影响力可谓旗鼓相当,埃塞俄比亚是非洲联盟总部所在地,埃及是阿拉伯国家联盟总部所在地,沙特是海湾阿拉伯国家合作委员会总部所在地。从文明互鉴的角度来说,埃及是四大文明古国之一,埃塞俄比亚是非洲文明的摇篮。沙特和伊朗携手加入也反映出金砖合作的巨大包容性。对于金砖各国来说,大家都有着悠久的历史、深厚的传统、极具特色的文化艺术,增进交流互鉴,无疑将激发新的共鸣,形成新的探索。

三、金砖国家的机遇与挑战

当前国际政治经济秩序正经历深刻的变化。在金砖合作机制成立之初,美国等西方国家一直抹黑、唱衰金砖合作。但事实证明,经过近二十年的合作,金砖国家在政治、经济、人文、全球治理等各方面都取得了非常丰硕的成果,已成为南南合作的典范。本轮扩员后,金砖国家国土面积和经济总量占世界比重均提升至30%左右,人口更是提升至全球近一半。金砖合作的"成色"更足,代表性更强,国际影响力得到进一步提升,对广大新兴市场国家和发展中国家的吸引力与日俱增。

但此次金砖扩员后,也面临两方面的问题,亟待解决。一方面是扩员的标准和议事规则如何兼顾公平与效率的问题。随着越来越多的国家希望申请加入,金砖国家也会面临如何抉择这一"幸福的烦恼"。同时,随着金砖成员国数量增加,可能会在议事效率上打一些折扣,这也是许多国际合作机制在扩员后遇到的问题。

另一方面,扩员后的金砖难免"树大招风",引起美国等西方国家过度的关注,甚至已有金砖国家正在与二十国集团或七国集团竞争的恶意炒作。需要指出的是,金砖合作机制是以开放包容为基础,共同发展为目标,不是拉帮结派,不搞阵营对抗。金砖国家在突出南南合作的同时,也不排斥与其他国家和国际组织发展伙伴关系。此次扩员顺应了新兴市场国家和发展中国家群体性崛起的历史潮流,代表了世界格局和国际秩序演变的前进方向,为推动构建人类命运共同体贡献新的力量。

(江天骄:复旦大学发展研究院副研究员,复旦大学金砖国家研究中心副主任)

金砖国家与新可持续发展

新开发银行(NDB)可持续发展政策及其实施效果:监督评估视角的分析

陈燕鸿　黄梅波

【内容摘要】　NDB 的可持续发展政策体现于重大战略和具体政策上,对标 SDGs 及巴黎协定气候目标。"监督评估"政策通过机构本身的环境与社会框架和客户国"国家体系"框架这两个维度,使 NDB 可持续发展政策在经营活动中得到贯彻实施。在监督评估政策的把控下,NDB 可持续发展政策取得了一定的发展成果。从 NDB 的环境与社会绩效来看,投资组合中超过 2/3 的项目被归为潜在不利影响较小的 B 类或 FI-B 类,97% 以上的项目触发 ESS1 评估,通过投资组合中 69% 的项目改善了客户国的环境和社会绩效。从 SDGs 框架下的预期发展成果来看,NDB 投资组合与 17 个 SDGs 中的 11 个基本一致;已与各国国家开发银行等金融机构建立了合作伙伴关系以推进 SDGs-17。从巴黎协定框架下的工作成效来看,截至 2021 年底,其气候融资承诺总额为 52 亿美元,占投资组合的 18%,若不含 COVID-19 紧急计划贷款,则超过 26%;通过协助单个成员国气候融资机制及通过金砖国家层面上的相关协作来支持客户国 NDCs。然而相对于万亿美元级的全球发展资金需求而言,NDB 乃至 MDB 整体的供资能力仍显十分有限。展望未来,NDB 应更重视向客户国提供技术援助,加强后者的能力建设;加强与其他发展伙伴开展多方面协作;大力促进私人融资等。

【关键词】　新开发银行;可持续发展;实施;监督和评估

2015 年,国际社会通过了 2030 年可持续发展议程和支撑该议程的 17 个可持续发展目标(Sustainable Development Goals，SDGs),制定了雄心勃勃、具有普遍性的 15 年议程,以改善人民福祉,促进繁荣,保护地球。《亚的斯亚贝巴发展筹资行动议程》(UN，2015)呼吁调动所有资金来源实施 SDGs，①但融资缺口在 2020 年被估计为 2.5 万亿美元(UNCTAD，2020)；②新冠疫情发生后，这一缺口在 2021 年被估计为 3.9 万亿美元(OECD，2022)③。这些额度都大大超出了全球发展合作预算。2021 年 OECD 发展援助委员会(DAC)成员所提供的官方发展援助(ODA)约为 1 859 亿美元(OECD，2021)④。此外，虽然发达国家曾经承诺到 2020 年每年提供和动员 1 000 亿美元来支持发展中国家的气候行动，但该目标并未在 2021 年实现(OECD，2022)⑤。尽管国际社会在迈向 SDGs 上取得了一些重要成就，但总体进展的规模和速度还不够。联合国秘书长宣布 2020 年是新的"行动十年"的开始，旨在为到 2030 年实现 SDGs 的努力注入紧迫感和目标。

包括新开发银行(NDB)在内的全球多边开发银行体系(MDB)始终是各国努力实现 SDGs 的坚定合作伙伴。在 SDGs 通过后，全球多边开发银行认识到，SDGs 所体现的变革愿景需要更高水平的资源才能成功实施。例如世界银行(2015)指出将"通过集体和个人行动、倡议和其他举措来加强我们已开展的广泛工作"，在国际社会迎接实现 SDGs 之挑战时，全球多边开发银行体系和国际货币基金组织(IMF)将帮助各国、合作伙伴、投资者和国际社会"从数十亿美元迈向数万亿美元"。⑥多年来，全球多边开发银行提供满足特定需求的创新融资解决方案；促进遵守高标准，包括在环境可持续性、社会包容和善治领域。它们提供的融资——无论是直接融资还是通过帮助激发额外的公共和私人资源——产生了重大的可持续发展影响。一些全球多边开发银行提供优惠融资和赠款，直接资助最贫穷国家实现 SDGs 的进展。全球多边开发银行还利用各自的专业领域提供技术援助和知识，帮

---

① UN(2015)，Addis Ababa Action Agenda of the Third International Conference on Financing for Development (Addis Ababa Action Agenda)，https：//sustainabledevelopment. un. org/content/documents/2051AAAA_Outcome.pdf.

② UNCTAD(2020)，World Investment Report 2020：International Production Beyond the Pandemic，https：//unctad.org/system/files/official-document/wir2020_en.pdf(accessed on 2 November 2022).

③ OECD(ed.)(2022)，Global Outlook on Financing for Sustainable Development 2023：No Sustainability Without Equity，OECD Publishing，https：//doi.org/10.1787/fcbe6ce9-en.

④ OECD(2021)，ODA Levels in 2021-Final data，https：//www. oecd. org/dac/financing-sustainabledevelopment/development-finance-standards/official-development-assistance.htm.

⑤ OECD(2022)，Climate Finance and the USD 100 Billion Goal，https：//www.oecd. org/climate-change/finance-usd-100-billion-goal/(accessed on 6 September 2022).

⑥ WB，From Billions to Trillions：MDB Contributions to Financing for Development，July 2015，https：//documents1. worldbank. org/curated/en/602761467999349576/pdf/98023-BR-SecM2015-0233-IDA-SecM2015-0147-IFC-SecM2015-0105-MIGA-SecM2015-0061-Box391499B-OUO-9.pdf.

助合作伙伴应对SDGs的核心挑战。它们寻求作为一个系统开展工作，互相学习经验，并协调推进共同的发展议程。

新开发银行作为全球多边开发银行体系中的后起之秀，正积极发挥自身作用。一方面，新开发银行在战略层面牢牢地把握"可持续发展"这一大方向，并通过投融资活动加以贯彻实施；另一方面，通过制定和执行"监督评估"政策，确保它所资助的项目符合SDGs关于环境与社会的要求并实现特定的发展结果，同时，通过"国家体系"加强成员国或借款国的环境和社会体系，从而助推SDGs的实现。

一、新开发银行的可持续发展政策

"可持续发展"理念已渗透在新开发银行各个层面政策之中。早在2014年7月，《新开发银行协定》就规定了新开发银行的宗旨是为金砖国家及其他新兴经济体和发展中国家的基础设施建设和可持续发展项目动员资源，作为现有多边和区域金融机构的补充，促进全球增长与发展。这一目标始终未变。"可持续基础设施发展"是《新开发银行总体战略2017—2021》的主要关注点。在《新开发银行总体战略2022—2026》中，新开发银行强调其"战略方向"是成为新兴市场发展中国家基础设施和可持续发展解决方案的主要提供者；重申其"任务"是为金砖国家和其他新兴市场发展中国家的基础设施和可持续发展项目调动资源，补充多边和区域金融机构为全球增长和发展所做的现有努力。它为发展影响而融资，这体现在它专注于特定领域，主要是清洁能源和能源效率、交通基础设施、水和卫生设施、环境保护、社会基础设施和数字基础设施。同时，"SDGs目标和气候目标的重要性"是其四大重点建设模块①之一。

（一）新开发银行可持续融资框架及伙伴关系建设对标SDGs

1.新开发银行可持续融资框架对标SDGs相关目标

新开发银行"可持续融资政策框架"实为"管理绿色、社会、可持续债务工具发行的可持续融资政策框架"。②它规定了新开发银行对绿色、社会、可持续发展债券

---

① 另三个重点建设模块为：成员国和客户的中心地位、在资源调动中的催化作用、知识和创新方面的关键作用。

② NDB, New Development Bank Sustainable Financing Policy Framework Governing the Issuances of Green/Social/Sustainability Debt Instruments, 25 May 2020, https://www.ndb.int/wp-content/uploads/2020/05/2020_FC22_AI13_018_b-NDB-Sustainable-Financing-Policy-Framework.pdf.

（以下简称"债券"）及其他债务工具收益的使用和管理的原则。上述债券和债务工具在国际资本市场和新开发银行成员国国内资本市场根据所适用法律法规发行，为符合新开发银行协定和政策的促进可持续目标的项目（以下简称"合格项目"）提供融资和/或再融资。具体而言，该框架规定了项目选择和评估的流程，以及与各债券相关的报告和披露规则。

框架除了与新开发银行总体可持续发展战略、环境和社会框架（ESF）保持一致外，还旨在使债券发行符合以下政策：绿色债券原则（The Green Bond Principles，GBP）、社会债券原则（The Social Bond Principles，SBP）、可持续发展债券指南（The Sustainability Bond Guidelines，SBG）①，以及金砖国家相关绿色、社会或可持续发展债券指南（green，social or sustainability bond guidelines）。

在具体内容上，该框架定义了七个"绿色"领域和四个"社会"领域的资格标准：其中，符合"绿色"条件资格标准的项目涉及清洁交通、节能建筑、能源效率、可再生能源、可持续土地利用和生物多样性、可持续废物管理和可持续水资源管理与灌溉等领域；符合"社会"条件资格标准的项目涉及基本的可持续基础设施、教育、医疗保健和福祉和社会福利住房。新开发银行可持续发展债券募集资金类别的使用将有助于推进联合国 SDGs 1、3、4、6、7、9、11、12 和 15，见附录 1。

2. 新开发银行重视伙伴关系建设，对标 SDGs-17

新开发银行的业务是与广泛的发展伙伴合作开展的，这体现了 SDGs-17"为实现目标而建立伙伴关系"的精神。

《新开发银行总体战略 2017—2021》指出，新开发银行将与以下发展组织建立伙伴关系：包括全球、区域多边机构以及次区域机构在内的其他国际发展组织，成员国的国家开发银行和类似机构，商业银行，非政府组织等；将利用各种知识机构和学习平台，借鉴发展伙伴、大学、智库和政府机构所做的调查和研究，受益于这种合作伙伴关系并使发展伙伴受益。

根据《新开发银行总体战略 2022—2026》，为实现战略目标，新开发银行将培育新的和现有的伙伴关系，加强与私营企业、开发性金融机构、智库和其他相关机构的合作。新开发银行旨在通过合作伙伴关系加深与国际发展界和私营实体的接触。此类合作将包括通过潜在项目信息共享、项目监测机制和项目融资联合计划

---

① 绿色债券原则、社会债券原则和可持续发展债券原则都是国际资本市场协会（ICMA）于 2018 年 6 月发布的债券发行自愿流程指南。

推动建立伙伴关系,以支持新开发银行的运营。他们还将促进资源调动以及与不同利益攸关方交流经验教训。[①]

(二)新开发银行气候融资承诺对标巴黎气候目标

1. 在机构层面上,新开发银行承诺将融资总额的 40% 用于气候问题

《新开发银行总体战略 2017—2021》致力于帮助金砖国家和其他新兴经济体实现联合国可持续发展目标和 2015 年巴黎气候变化协定。[②]但在这一份总体战略中,新开发银行未对气候融资作出具体承诺。

新开发银行在气候变化融资(包括减缓和适应)方面的承诺很大程度上受到了其他全球多边开发银行的推动。全球多边开发银行体系采用一套共同原则来跟踪气候变化适应融资(或"适应融资")和气候变化减缓融资(或"减缓融资")。除了报告减缓和适应融资外,一些全球多边开发银行还报告了同时具有双重效益的气候融资量:减少温室气体和促进适应气候变化。根据九大全球多边开发银行[③]在 2019 年 9 月发布的高级别声明,他们致力于帮助其客户实现目标《巴黎协定》,就针对气候变化减缓和适应作出融资方面的集体承诺。[④]同时,全球多边开发银行也是 2021 年 11 月的联合国气候变化框架公约第 26 次大会(COP26)上发表的联合声明的签署方[⑤]。新开发银行是上述集体承诺或联合声明主体的一员。同时,各全球多边开发银行又分别单独对此作出了具体承诺或设定了具体目标,而新开发银行是最迟行动(2022 年 5 月)的机构(详见表 1)。

《新开发银行总体战略 2022—2026》提出了新开发银行在 2022—2026 年期间

---

① NDB, NDB General Strategy for 2022—2026, Scaling up Development Finance for a Sustainable Future, pp. 26—27, https://www.ndb.int/wp-content/uploads/2022/07/NDB_StrategyDocument_eVersion_07.pdf.

② NDB, NDB's General Strategy: 2017—2021(2017), at: https://www.ndb.int/wp-content/uploads/2017/07/NDB-Strategy-Final.pdf.

③ 新开发银行(NDB)、非洲开发银行(AfDB)、亚洲开发银行(ADB)、亚洲基础设施投资银行(AIIB)、欧洲复兴开发银行(EBRD)、欧洲投资银行(EIB)、泛美开发银行(IDB)、伊斯兰开发银行(IsDB)和世界银行集团(WBG)等。

④ MDBs, High-Level MDB Statement for publication at the UNSG Climate Action Summit, Action 3, 22 September 2019, https://www.adb.org/sites/default/files/page/41117/climate-change-finance-joint-mdb-statement-2019-09-23.pdf.

⑤ MDBs, Collective climate ambition: a joint statement at COP26 by the Multilateral Development Banks, 5 November 2021, https://www.adb.org/news/collective-climate-ambition-joint-statement-cop26-multilateral-development-banks.

表 1 八大全球多边开发银行的气候融资和适应融资目标及承诺

	气候融资目标及承诺	适应目标及承诺
全球多边开发银行	到 2025 年，集体承诺每年至少 650 亿美元[①]资金用于气候变化，比 2019 年水平高出 50%	集体致力于到 2025 年将适应融资提高至每年 180 亿美元，与 2019 年的水平相比提高一倍
新开发银行	将其批准贷款总额的 40% 用于有助于减缓和适应气候变化的项目（包括能源转型）[②]；2021 年本行融资项目的开发成果预计可减少 750 万吨/年的 CO_2 排放[③]	—
非洲开发银行	在 2020 年至 2025 年之间动员 250 亿美元，以支持在低收入非洲国家应对气候变化的投资；到 2021 年底，将年度项目批准额度的 40% 分配为气候融资，同样的比例用于气候变化的适应和减缓	到 2021 年底将气候知情设计纳入所有投资。承诺将 50% 的内部资源分配给适应，包括制定国家适应计划（NAPs）和能力建设
亚洲开发银行	在 2019 年至 2030 年期间累计提供 1 000 亿美元的气候融资。到 2024 年，承诺业务中至少 75% 将应对气候变化（按 3 年滚动平均值计算）	2019 年至 2030 年累计适应融资达到 340 亿美元。筛选所有项目的气候风险和抵御气候变化的硬件基础设施等项目
亚洲基础设施投资银行	气候融资占融资审批额度 50%，到 2030 年累计气候融资审批额达到 500 亿美元[④]	—
欧洲复兴开发银行	到 2025 年，绿色融资额度达到年度承诺额的 50% 以上；筛选所有投资项目以符合《巴黎协定》和国家气候相关行动计划	将气候风险评估和适应措施系统地整合到投资选择中
欧洲投资银行	到 2025 年，50% 的贷款业务用于支持气候行动和环境可持续性	使用银行的气候风险评估系统估算和报告每笔投资贷款的有形气候风险

---

① MDBs, High-Level MDB Statement for Publication at the UNSG Climate Action Summit, Action 3, 22 September 2019, https://idbdocs.iadb.org/wsdocs/getdocument.aspx?docnum=EZSHARE-1729984378-16.

② New Development Bank, General Strategy 2022—2026, p.4.

③ New Development Bank, Annual Report 2021, p.6.

④ Asian Infrastructure Investment Bank, AIIB to Fully Align with Paris Agreement Goals by Mid-2023, Beijing, October 26, 2021, https://www.aiib.org/en/news-events/news/2021/AIIB-to-Fully-Align-with-Paris-Agreement-Goals-by-Mid-2023.html.

续表

	气候融资目标及承诺	适应目标及承诺
泛美开发银行	批准融资额中至少 30% 与气候相关(包括气候变化的适应和减缓);2020 年至 2023 年批准的项目中 65% 应包含对适应和减缓的投资;从 2020 年到 2023 年制定的所有国家战略都将考虑该国的国家自主贡献(NDC)或长期脱碳战略	到 2023 年,所有被归类为具有高灾害和/或气候风险的项目都将包括风险分析和恢复措施
伊斯兰开发银行	到 2025 年,气候融资占投资的 35%	—
世界银行集团	2021 年至 2025 年平均每年有 35% 的融资总额用于气候变化。在此期间,WBF 将把 5 年的气候投资额翻一番,达到约 2 000 亿美元	国际复兴开发银行(IBRD)和国际开发协会(IDA)的气候融资至少 50% 将支持适应。从 2021 年到 2025 年,用于适应的资金将达到 500 亿美元。通过系统地管理气候风险和机遇并将气候风险和机遇纳入政策规划以及投资设计和实施,试行新方法以扩大适应性私人融资规模,并帮助各国将适应性纳入主流。IBRD 和 IDA 的所有业务都要进行灾害和气候风险筛查

注:新开发银行数据截至 2022 年 5 月底,其余全球多边开发银行数据截至 2022 年 4 月底。

资料来源:International Institute for Sustainable Development(IISD), Multilateral Development Bank Efforts to Mainstream Climate Adaptation Progress from the Perspectives of Three Countries, International Institute for Sustainable Development(IISD) Report, January 2023.

的主要目标,其中包括"批准融资总额达到 300 亿美元,并将融资总额的 40% 直接用于有助于减缓和适应气候变化的项目(包括能源转型)"。①这是新开发银行于 2022 年 5 月作出的承诺或设定的目标。根据这一战略文件,新开发银行将遵循 MDB 气候融资联合跟踪方法(the joint MDB tracking methodologies for climate finance),减缓—适应融资组合将根据各成员的优先事项和偏好来确定。新开发银行将利用与其他全球多边开发银行合作开发的联合方式和方法,努力在战略周期结束时使其新业务与《巴黎协定》的目标保持一致。

---

① NDB,https://www.ndb.int/about-ndb/general-strategy/.

2. 在客户国层面上,新开发银行承诺帮助客户国提高国家自主贡献

"国家自主贡献"(Nationally Determined Contributions,NDCs)是各国根据《巴黎协定》自行定义的国家气候承诺,详细说明了他们将采取哪些行动来帮助实现《联合国气候变化公约》提出的"到 2050 年将全球气温上升限制在高于工业化前水平 1.5 摄氏度"这一目标,适应气候影响并确保有足够的资金来支持这些努力。国家自主贡献属于中短期计划,需根据各国能力和潜力每五年更新一次,并提出越来越高的目标。它包括各国减少污染排放和适应气候影响的具体承诺,包括定量或定性目标、时间表及跨优先部门的一系列行动,例如能源、交通、农业、卫生、水、基础设施及旅游等。大多数国家还列出了实现其气候目标的估计预算,且许多发展中国家表示,当缺乏必要的国内资源时,需要外部财政支持来实施其部分或全部行动。

《新开发银行总体战略 2022—2026》指出,新开发银行将在成员国 NDCs 的指导下,确定并优先考虑有助于减少温室气体排放、支持向低排放经济体转型,以及帮助各国适应气候变化的项目及其构成部分。新开发银行的所有成员国都制定了 NDCs 目标,以支持全球向"净零(排放)经济"(net-zero economy)转型,并定期向联合国气候变化框架公约(UNFCCC)上报进展报告。①2021 年至 2030 年,实现这些目标可能需全球额外增加约 10 万亿美元的基础设施投资,其中一半需要专门用于气候适应。②

二、新开发银行的监督评估框架及可持续发展内核

监督评估是确保可持续发展目标得以实现的有力手段。根据《新开发银行总

---

① **中国生态环境部**:中国落实国家自主贡献目标进展报告(2022),载 https://www.mee.gov.cn/ywgz/ydqhbh/qhbhlf/202211/W020221111763716523691.pdf。

Government of India,India's Updated First Nationally Determined Contribution Under Paris Agreement (2021—2030),August 2022,https://unfccc.int/sites/default/files/NDC/2022-08/India%20Updated%20First%20Nationally%20Determined%20Contrib.pdf.

Federative Republic of Brazil,Paris Agreement Nationally Determined Contribution(NDC),21 March 2022,https://unfccc.int/sites/default/files/NDC/2022-06/Updated%20-%20First%20NDC%20-%20%20FINAL%20-%20PDF.pdf.

Russia,Nationally Determined Contribution of the Russian Federation,June 2022,https://unfccc.int/sites/default/files/NDC/2022-06/NDC_RF_eng.pdf.

South Africa,South Africa First Nationally Determined Contribution under the Paris Agreement,September 2021,https://unfccc.int/sites/default/files/NDC/2022-06/South%20Africa%20updated%20first%20NDC%20September%202021.pdf.

② 《新开发银行总体战略 2022—2026》,第 12 页。

体战略 2017—2021》,其主要关注点为"可持续基础设施发展"。而可持续基础设施是,在其设计、建设和运营中纳入经济、环境和社会标准的基础设施;它的概念超越了短期的直接经济计算,需要对经济、环境和社会影响进行长期和更广泛的评估。可持续基础设施的目的不仅仅是"不造成伤害",而是要产生整体上的积极影响。所有由新开发银行资助的基础设施项目的设计和实施都需对环境和社会群体的任何不利影响加以避免、减轻和/或补偿,以符合新开发银行的政策。①

（一）通过新开发银行的环境与社会框架确保项目符合可持续标准

为执行战略方向和任务,通过其运营实现经济、社会和环境效益的平衡,并减轻项目带来的环境和社会风险和影响,新开发银行建立了环境与社会框架(Environment and Social Framework,ESF)②。气候变化明确包含在新开发银行的环境和社会政策中,它指出"致力于推动缓解和适应措施以应对气候变化。认识到绿色经济增长的可持续性及其相关效益,新开发银行旨在以现有绿色经济增长倡议为基础,并为区域、国家、次国家和私营部门层面的新举措提供支持。新开发银行还鼓励对其基础设施融资和投资进行气候防护,以增强应对气候变化的能力"。③

具体而言,环境与社会框架(ESF)由两部分组成:第一部分是关于新开发银行业务的社会和环境管理的一系列总体政策即"环境和社会政策"(Environment and Social Policy,ESP),第二部分是与环境保护、非自愿移民和原住民相关的环境和社会标准(Environmental and Social Standards,ESS)(NDB 2016,第 3 页)④。与环境和社会问题相关的核心标准包括:包容性和可持续发展;国家体系;气候变化;环境利益;自然资源保护;性别平等;预防方法;以及合作运作和知识传播。新开发银行的环境和社会标准被银行用来管理与环境、非自愿移民和原住民相关的项目风险。新开发银行的每个潜在项目都经过全面的环境和社会尽职调查,以确保项目符合相关的环境和社会国家制度以及新开发银行的环境与社会框架。

在项目设计阶段,新开发银行根据 ESF 的第一部分"环境和社会政策"(ESP)

---

① NDB, NDB's General Strategy: 2017—2021, p.5, https://www.ndb.int/wp-content/uploads/2017/07/NDB-Strategy-Final.pdf.

② NDB, New Development Bank Environment and Social Framework, March 2016, at: https://www.ndb.int/wp-content/uploads/2017/02/ndb-environment-social-framework-20160330.pdf.

③ New Development Bank, Environmental and Social Framework, 2016, C.5.d.

④ NDB(2016). Environment and Social Framework, March 2016. Available on: http://ndb.int/pdf/ndb-environment-social-framework-20160330.pdf.

中的风险分类对每个项目进行筛选和评估。①有四个风险类别（从"A"到"FI"），每个类别都需要不同的环境和社会影响管理流程。对于属于 A 类和 B 类的项目，新开发银行要求项目开发商进行环境和社会影响评估。C 类项目可能对环境的不利影响很小或没有，并且只应包括对项目环境和社会影响的审查文档。FI 类别被指定用于涉及资金投资或金融中介机构（Financial Intermediary，FI）的项目。对于此类项目，金融机构必须具备或建立适当的环境和社会管理体系，以确保实现新开发银行环境和社会框架的目标。

在项目评估阶段，新开发银行根据环境与社会框架的第二部分"环境和社会标准"（ESS）与项目业主共同确保充分实施社会和环境保障措施，具体而言，根据环境和社会评估标准（ESS1）制定环境和社会管理计划，根据非自愿重新安置标准（ESS2）制定移民安置计划，根据原住民标准（ESS3）制定原住民计划。其中，ESS1 的"环境"范围包括与生物多样性、关键和自然栖息地、保护区、土地利用、气候变化、预防、资源效率和温室气体排放相关的考虑因素。对于生物多样性，环境和社会影响评估项目对生物多样性的直接和间接影响，例如栖息地丧失、退化和碎片化，并力求避免不利影响。当无法避免此类影响时，项目业主必须采取措施最大限度地减少不利影响并恢复生物多样性。关于土地利用变化，环境和社会影响评估应考虑项目区土地利用的可持续性，并在可行的情况下，将基础设施项目定位在已经转变或高度退化的土地上。ESS1 的"社会"覆盖面侧重于弱势群体、性别、土地和自然资源的获取、文化资源、社区安全及健康和劳工保护。对于土地和自然资源的获取，环境和社会影响评估评估了非自愿征用土地或限制自然资源获取的经济和社会影响。环境和社会影响评估还关注当地社区的安全和健康风险，通过实施预防措施，或在无法避免的情况下，最大限度地减少项目对当地社区的负面影响。在劳工保护方面，影响评估应评估项目工人的劳动和工作条件，并随后采取措施确保工人的健康和安全，防止事故、死亡、伤害或疾病。项目还应当符合国家法律法规的劳工保护要求。

新开发银行的环境与社会框架旨在防止在项目的整个周期内相互关联的现象，例如环境危害和污染②，以及气候变化本身，确保所有由新开发银行资助的项

---

① NDB，"Environment and Social Sustainability"，at：https://www.ndb.int/about-us/strategy/environmental-social-sustainability/.

② Asian Infrastructure Investment Bank，Environmental and Social Policy，VI：Environmental and Social Assessment by the Client，2021，pp.15—31.

目都得到可持续实施,并确保在这些项目实施过程中评估、最小化和缓解其 ESG 影响(NDB,2020)①。

同时,新开发银行积极探索并运用监督评估领域的新方法和新技术。根据《新开发银行总体战略 2022—2026》,新开发银行将在项目准备和实施过程中尽可能考虑抗灾能力。通过与该领域的主要利益攸关方(包括其他国际组织和灾害和气候相关问题专业中心)合作,为新开发银行工作提供助力。首先是促进技术应用。新开发银行将加强能力建设,酌情促进智能和创新技术在其项目中的应用,使项目更具可持续性和弹性。新开发银行将把技术强度作为项目评估的一部分,以加快实现技术的应用,使整个项目生命周期受益。其次是确保投资的包容性。新开发银行将采用包含适用指标的制度化工具,帮助新开发银行在设计阶段评估项目的包容性,并寻找解决性别、年龄、种族、阶层和地域不平等问题的机会。在 2022 年至 2026 年期间,新开发银行将开发适当的流程、系统和方法,以在其项目的整个生命周期中反映上述因素。

(二)通过"国家体系"框架加强客户国的国家环境和社会体系

新开发银行将完善"国家体系"的使用。具体而言,在环境、社会和公司治理(Environmental,Social and Governance,ESG)及采购实践中使用"国家体系"将继续成为新开发银行运营方法的一个决定性特征。新开发银行将定期进行深入和系统的审查,以确定其成员国体系中可以加强的领域。这将使新开发银行能够跟踪和监测国家立法和法规的变化,以确保其实施的相关性、清晰度和一致性。随着新开发银行成员的不断扩大,它将深入审查新成员的国家体系,并评估其是否足以实现新开发银行项目的可持续发展目标。这些审查将帮助新开发银行调整其在特定国家背景下的运营方法。展望未来,新开发银行计划加强和简化其 ESG 方法和采购相关评估流程。新开发银行将把 ESG 考虑纳入其运营和活动中,包括融资和投资决策。为了确保不断改进新开发银行的实践以达到高 ESG 标准,新开发银行将主动跟踪同行机构和成员国体系的最佳方法并从中吸取经验教训。

根据陈燕鸿、吴仪君(2018)的研究,使用借款方国家体系具有以下优点。其一,使用国家体系能够尊重各借款方的主权、社会优先事项和发展道路,避免全球多边开发银行对所有借款方使用"一刀切"的保障政策。一味强调借款方政府官员

---

① NDB(2020). Retrieved 29 July 2022, from https://www.ndb.int/annual-report-2020/pdf/NDB%20AR%202020_complete.pdf.

学习全球多边开发银行作为外部机构所制定的保障措施,是对各国客观存在的差异性的抹杀。借助国家体系,是将环境和社会安全保障政策建立在各国现行法律和监管框架的基础之上,是保护发展中国家环境和社会权利的理想途径。其二,对国家体系的"使用"有利于加强国家体系的建设。全球多边开发银行的工作人员具有丰富的相关知识和经验,有能力通过提供技术支持来改善借款方的国家体系。对国家体系的积极使用能够使全球多边开发银行的工作人员深入了解各国法律法规的细节,明确国家体系中存在的弱点,从而有针对性地促进改革。其三,使用国家体系能够增强借款方的自主权,降低交易成本,维持长期可持续发展。国家体系的完善能够影响所有利用这一体系的公共和私人投资项目,而不仅仅是少数由全球多边开发银行提供融资的项目。因此,它对发展的影响将远远大于传统全球多边开发银行的保障措施。同时,增强借款方的自主权并不以牺牲环境和社会标准为代价,当某个借款方的国家体系不符合全球多边开发银行预设底线标准时,因全球多边开发银行仍保留不借出款项的权利,只要该国仍申请全球多边开发银行贷款融资,则需遵守全球多边开发银行的社会和环境标准,从而确保环境和社会安全。①

三、新开发银行监督评估框架的有效性及可持续发展政策的成果

新开发银行在监督评估活动中,通过执行环境与社会框架,以及促进客户国环境与社会体系建设,确保可持续发展战略在自身所资助的项目以及客户国中得到执行。在上述过程中,新开发银行所资助的每个项目都可通过量化的方式对标SDGs。同时,新开发银行的监督评估制度使其在投资组合中优先考虑气候变化减缓和适应项目,并在每个资助的项目中采用跨领域的主流方法应对气候变化问题,所以新开发银行直接或间接地促进了巴黎气候协定目标的实现。

(一)新开发银行的环境与社会绩效

1. 机构层面上的成果:新开发银行投资组合在项目评估中的环境与社会绩效

为确保新开发银行支持项目的可持续性,新开发银行采用以风险为基础、以结

---

① 陈燕鸿、吴仪君:《金砖国家新开发银行环境和社会安全保障政策的创新性分析》,《国际商务研究》,2018 年第 1 期。

果为中心的方法,在整个处理和实施周期内管理其项目的环境和社会绩效。这种方法旨在让新开发银行能够跟踪其项目(无论是单独融资的还是共同融资的)的环境和社会风险和影响,并根据需要及时采取补救措施,以确保符合新开发银行环境和社会框架(ESF)的要求。

前文述及,在项目设计阶段,新开发银行根据 ESF 的第一部分"环境和社会政策"(ESP),按照与项目活动相关的潜在负面影响的大小,为每个项目赋予一个类别,见表 2。

表 2 新开发银行投资组合的环境和社会类别(截至 2021 年底)

环境和 社会类别	项目特征	项目数量 (个)	在项目总数中 的占比(%)
A 类	可能具有不可逆转的、多样性的或前所未有的重大不利的环境和社会影响;所影响区域可能会大于物理施工场地或设施	18	24.3
FI-A 类		4	5.4
B 类	潜在不利影响较小的项目,即影响是对特定地点产生的,其中很少或没有任何影响是不可逆转的,且很容易设计缓解措施	37	50.0
FI-B 类		13	17.6
C 类	对环境和社会影响最小或没有不利影响	2	2.7
FI-C 类			
总　　计		74	100.0

资料来源:NDB 2021 年年报。

上述环境和社会类别决定了项目评估和监测期间所需的审查水平和分析深度。截至 2021 年底,新开发银行投资组合中超过 2/3 的项目被归类为潜在环境和社会不利影响较小的 B 类或 FI-B 类,2 个项目属于不利影响最小的 C 类,被归类为 A 类或 FI-A 类的项目不到 30%。

在项目评估阶段,ESF 第二部分"环境和社会标准"(ESS)为新开发银行支持的项目规定了关键的强制性要求,管理和减轻负面的环境和社会影响和风险。在 ESS 的三个部分(ESS1"环境和社会评估",ESS2"非自愿移民"以及 ESS3"原住民")中,一个项目可能触发多个 ESS 评估。到 2021 年底,新开发银行投资组合中几乎 100% 项目都需进行 ESS1 评估,41.9% 的项目触发了 ESS2,5.4% 的项目触发了 ESS3,见表 3。

表 3　新开发银行投资组合中的项目所触发的 ESS

ESS 的构成部分	触发 ESS 的项目数量(个)	在项目总数中的占比(%)
ESS1:环境和社会评估	72	97.3
ESS2:非自愿移民	31	41.9
ESS3:原住民	4	5.4

注:数据截至 2021 年底。
资料来源:NDB 2021 年年报。

2. 客户国层面上的成果:新开发银行在促进客户国环境和社会体系建设方面的绩效

新开发银行在项目处理和实施过程中与客户国就环境和社会相关事宜进行接触。这种参与为新开发银行提供了价值增殖机会,途径是加强其客户对国家环境和社会系统要求的遵守(占投资组合中项目的 62%),增强他们评估和管理项目环境和社会影响和风险的能力(占投资组合中项目的 36%),通过在项目管理和实施方面引入良好的国际实践来改进他们的运营实践(占投资组合中项目的 55%)。总体而言,新开发银行通过其项目层面的干预措施,在 2021 年底帮助其投资组合中 69% 的项目改善了环境和社会绩效。[1]

(二) 在 SDGs 框架下新开发银行的(预期)发展成果

1. 新开发银行投资组合的预期发展成果

新开发银行贷款为全球发展融资领域提供了有效补充。从贷款批准额度来看,根据中国外交部发言人毛宁在 2023 年 3 月下旬的每日例行新闻发布会发言,截至彼时,新开发银行已批准 99 个贷款项目,总额超过 340 亿美元,为新兴市场和发展中国家的基础设施建设和可持续发展提供了有力支持。[2]贷款发放额度逐年增加。截至 2021 年底,新开发银行累计发放贷款额近 146 亿美元,见表 4。

通过提供发展贷款,新开发银行力求为其成员国在实现 SDGs 方面做出贡献。新开发银行支持的每个项目都通过可量化的发展产出和成果指标映射到与该项目

---

① NDB,2021 年年报,第 40 页。
② NDB,New Development Bank Set to Renew Its Commitment to Sustainable Development,2023-04-16,http://global.chinadaily.com.cn/a/202304/16/WS643b9492a310b6054facdda7.html.

表4 新开发银行贷款累计发放额度(按国家分)　　　　单位:百万美元

	2016 年	2017 年	2018 年	2019 年	2020 年	2021 年
巴　西	0	0	340	348	531	1 859
俄罗斯	0	0	50	374	1 291	2 418
印　度	0	11	140	395	2 048	3 519
中　国	0	13	95	292	1 736	3 893
南　非	0	0	0	130	1 325	2 887
总　计	0	24	625	1 539	6 931	14 576

注:上述额度是指新开发银行的累计批准额度扣除已取消和已全额偿还的贷款额度;截至2021 年12 月31 日,新开发银行扣除累计还款后的累计支出为139 亿美元。

资料来源:NDB 2021 年年报。

最直接和密切相关的主要 SDGs。通过对其干预逻辑的分析,一个项目可映射到一个或多个额外的 SDGs,它也将直接为这些目标作出贡献。截至 2021 年底,新开发银行的投资组合与 17 个 SDGs 中的 11 个基本一致。其中,新开发银行投资组合的最大份额(28.3%)主要与 SDGs-9"工业、创新和基础设施"保持一致,其次是 SDGs-11"可持续城市和社区"(14.8%),SDGs-8"体面工作和经济增长"(14.1%)、SDGs-7"经济适用的清洁能源"(13.5%)和 SDGs-3"良好健康和福祉"(10.6%)。在过去两年中,针对 SDG8、SDG3 和 SDG1 的无贫困融资急剧增加,这是由于批准了分配给经济复苏工作、医疗保健响应和社会安全计划的 COVID-19 紧急计划贷款。见表5。

表5 新开发银行投资组合(对标主要 SDGs)　　　　单位:百万美元

	2016 年	2017 年	2018 年	2019 年	2020 年	2021 年
SDG1	0	0	0	0	2 000	2 000
SDG2	0	345	345	345	345	345
SDG3	0	0	0	0	2 070	3 100
SDG4	0	0	0	500	550	550
SDG6	0	777	1 081	1 735	1 547	1 613
SDG7	1 194	1 218	1 937	3 519	3 496	3 921
SDG8	0	0	0	0	2 000	4 100

续表

	2016 年	2017 年	2018 年	2019 年	2020 年	2021 年
SDG9	350	619	2 875	5 221	8 040	8 238
SDG11	0	0	1 130	2 653	3 466	4 316
SDG13	0	0	0	500	500	500
SDG16	0	460	460	460	460	460
总　计	1 544	3 419	7 828	14 933	24 474	29 143

注:新开发银行支持的每个项目都通过可量化的发展产出和成果指标映射到与项目最直接和密切相关的主要 SDGs;上述额度是指新开发银行的累计批准额度扣除已取消和已全额偿还的贷款额度;已使用相关报告期末的汇率换算成美元;数据截至当年年底。

资料来源:NDB 2021 年年报。

在 SDGs 相关的特定发展指标上,新开发银行部分项目的预期发展成果如表 6 所示。

表 6　新开发银行部分项目融资预期发展成果

发展成果指标	2021 年度内批准的项目	截至 2021 年底投资组合中的项目
避免二氧化碳排放量(百万吨/年)	7.5	13
待建住房单元数(单元)	35 000	35 000
饮用水供应能力将提高(立方米/日)	49 000	209 000
受益于城市发展项目的城市数(个)	2 个或以上	42 个或以上
待建或升级的桥梁数(座)	30	850
待建或升级的道路里程(公里)	660	15 700
拟建城市轨道交通网络里程(公里)	30	260
将新增可再生和清洁能源发电能力(兆瓦)	—	2 800
将提升的污水处理能力(立方米/日)	—	535 000
建造或升级水隧道/运河基础设施(公里)	—	1 300
将新建或升级的学校数量(所)	—	58

注:以上是针对新开发银行与合作伙伴联合资助的特定项目所列出的预期发展成果,不考虑新开发银行所提供资金占项目总成本的比例。

资料来源:NDB 2021 年年报。

2. 建设发展合作伙伴方面的成果

新开发银行的业务是与广泛的发展伙伴合作开展的,这充分体现了 SDGs-17 "为实现目标而建立伙伴关系"的精神。

根据《新开发银行总体战略 2022—2026》,新开发银行在第一个五年期的运行中,已与一系列金融机构建立了合作伙伴关系。新开发银行将通过进一步利用这些合作伙伴的专业知识、共同融资项目以及在财资和金融市场等其他领域的合作,加强与这些合作伙伴的接触。新开发银行的合作伙伴关系还将涉及加强与民间社会组织的机构关系,并从他们的知识、经验和观点中收集建议。新开发银行的做法将以清晰的路线图为指导,该路线图将通过可衡量的目标、可交付成果、互动模式和工作计划将伙伴关系纳入新开发银行活动的主流。[1]到 2021 年底,新开发银行的投资组合包括与其他多边开发银行并行融资的总额为 66 亿美元的 13 个项目。

此外,新开发银行特别重视与各国国家开发银行合作。正如学者(2022)[2]观察到一个有趣的事实,即"新开发银行首批联合融资项目中最令人兴奋的方面之一不是与多边开发银行,而是与国家开发银行"。除了巴西国家开发银行(Brazilian Development Bank,BNDES)和中国的金融机构外,它于 2018 年与印度银行(Bank of India)、2016 年与南非标准银行(Standard Bank of South Africa),2018 年与南非开发银行(Development Bank of Southern Africa,DBSA)及 2017 年与俄罗斯国有铁路公司(Russian Railways)建立了合作伙伴关系。新开发银行通过金砖国家项目共同融资加强可持续融资治理,包括 2016 年与巴西国家开发银行共同融资的"可再生能源项目及相关输电融资"(Financing of Renewable Energy Projects and Associated Transmission)、2019 年与俄罗斯国有铁路公司共同融资的"机车车队可再生计划"(Locomotive Fleet Renewable Program)、2016 年与中国的银行共同融资的"莆田平海湾海上风电项目"(Putian Pinghai Bay Offshore Wind Power Project),以及 2018 年与南非开发银行共同融资的"温室气体减排和能源部门发展项目"(Greenhouse Gas Emissions Reduction and Energy Sector Development Project)(Nanwani,2022)。

---

[1] NDB, NDB General Strategy for 2022—2026, Scaling up Development Finance for a Sustainable Future, p.27, https://www.ndb.int/wp-content/uploads/2022/07/NDB_StrategyDocument_eVersion_07.pdf.

[2] Nanwani, S.(2022). The New Development Bank and Strategic Partnerships. Global Policy Journal. 29 July 2022, https://www.globalpolicyjournal.com/blog/01/06/2022/new-development-bank-and-strategic-partnerships.

（三）在《巴黎协定》框架下新开发银行的工作成效

1. 在机构层面上,新开发银行作为全球多边开发银行之一对全球气候融资的贡献

根据《2021 年多边开发银行气候融资联合报告》(*2021 Joint Report on Multilateral Development Banks' Climate Finance*),MDB 2021 年气候融资总额已超过它们在 2019 年联合国秘书长在纽约召开的气候行动峰会设定的 2025 年的气候融资目标[①],见表 7。同时,与 2020 年相比,2021 年主要全球多边开发银行承诺的气候融资增长了 24% 以上。

此外,根据 2021 年年报,新开发银行的气候融资承诺总额为 52 亿美元,占新开发银行截至 2021 年底投资组合的 18.0%,如果不包括 COVID-19 紧急计划贷款,则为 26.3%。

表 7　2021 年全球多边开发银行用于气候变化减缓和适应的实际融资额度及其构成

	2021 年全球多边开发银行用于全球气候融资的额度			动员的私人融资额
	小　　计	用于气候变化减缓项目	用于气候变化适应项目	
实际额度	510 亿美元(占 62%)提供给低收入和中等收入经济体	超过 331 亿美元(65%)	超过 178 亿美元(35%)	130 亿美元
	310 亿美元(38%)提供给高收入经济体	超过 294 亿美元(95%)	近 16 亿美元(5%)	280 亿美元
	约 820 亿美元	近 630 亿美元	超 194 亿美元	410 亿美元
2019 年设定目标		650 亿美元	180 亿美元	400 亿美元

资料来源: Multilateral Development Banks' Climate Finance in Low and Middle-Income Countries Reaches USD51 Billion in 2021, October 14, 2022, https://www.aiib.org/en/news-events/news/2022/MDBs-Climate-Finance-in-low-and-middle-income-countries-reaches-USD51-B-in-2021.html.

---

① AIIB, Nine MDBs announced plans to increase global climate action investments they support each year to USD175 billion by 2025, based on a statement at the UN Secretary-General's Climate Action Summit in New York. https://www.aiib.org/en/news-events/news/2019/MDBs-Unite-to-Raise-Annual-Global-Climate-Finance-to-USD175B-by-2025.html.

2. 在客户国层面上,新开发银行推进国家自主贡献(NDCs)的成效

《巴黎协定》确立了将气候变化限制在 2 摄氏度以下的目标,同时努力将变化限制在 1.5 摄氏度以内。然而,《巴黎协定》签署国提交的气候行动国家自主贡献(NDCs)不足以实现这一目标。各国将每五年审查一次其 NDCs 并使其向更高目标迈进。支持各国作出不断提高的 NDCs 并助其达到目标对于实现《巴黎协定》和SDGs 至关重要。自 2015 年《巴黎协定》通过以来,全球多边开发银行不断支持发展中国家实现其 NDCs 下的目标。

新开发银行通过协助单个成员国气候融资机制来支持 NDCs 的实施。例如,2016 年 7 月,新开发银行在中国银行间债券市场发行了首期 30 亿元人民币、期限5 年的绿色金融债券(Green Financial Bond)。2018 年,该债券募集资金全部用于资助 5 个绿色项目,其中 4 个项目合计装机 400 兆瓦清洁能源产能。再如,新开发银行于 2019 年批准了 5 亿美元贷款,以支持巴西国家气候基金 Fundo Clima。所得款项将转借给城市交通、废物处理、可再生能源和能源效率等领域的气候变化减缓和适应子项目,预计将帮助该国实现其国家自主贡献。新开发银行向Fundo Clima 提供的贷款有可能为巴西的气候变化适应和减缓项目筹集额外 20亿美元。①

新开发银行还通过金砖国家(BRICS)层面上的相关协作来支持 NDCs。例如,2018 年 7 月签署的金砖国家环境合作谅解备忘录[the BRICS Memorandum of Understanding(MOU) on Environmental Cooperation]。②2022 年 5 月,金砖国家在中国主办的金砖国家气候变化高级别会议上通过了《气候变化联合声明》。③2023 年 6 月,BRICS 在第九次环境部长会议上发表联合声明,重申致力于在金砖国家框架内加强环境保护和可持续发展合作。④

---

① MDBs, Financing the Sustainable Development Goals the Contributions of the Multilateral Development Banks, 2022, https://www.isdb.org/sites/default/files/media/documents/2022-02/MDBs%20Report%20on%20SDGs_ vf.pdf.

② Forestry, Fisheries and the Environment Department of South Africa, BRICS Environment Ministers Sign Memorandum of Understanding(MOU), 26 July, 2018, https://www.dffe.gov.za/mediarelease/brics2015_environmentministers_sign_mou.

③ BRICS, Joint Statement Issued at the BRICS High-level Meeting on Climate Change, May 2022, http://brics2022.mfa.gov.cn/eng/hywj/ODMM/202205/t20220529_10694182.html.

④ BRICS, Joint statement of the ninth(9th) BRICS Environment Ministers Meeting, "Advancing environmental cooperation amongst BRICS towards the attainment of the 2030 Agenda for Sustainable Development", 28 June 2023, https://www.dffe.gov.za/mediarelease/ninth.bircs_environmentministersmeeting.

四、结 论 及 展 望

新开发银行通过监督评估政策和措施确保其可持续发展战略得以实施。其可持续发展精神体现在《新开发银行协定》《新开发银行总体战略 2017—2021》《新开发银行总体战略 2022—2026》等战略文件中，也体现于更为具体的可持续发展融资政策、发展合作伙伴关系建设目标及气候融资承诺中。新开发银行监督评估政策通过在项目设计阶段对项目进行分类和筛选，在项目评估阶段对项目进行过程控制确保可持续发展理念和目标得到执行。除了关注所资助项目外，新开发银行十分重视发挥自身作用，在"国家体系"框架下助推成员国/客户国的国家环境和社会体系建设。在发展成果方面，监督评估活动通过执行环境和社会政策确保了新开发银行的投资组合及相关业务开展服务于 SDGs 和巴黎协定目标。截至 2021 年底，新开发银行的投资组合与 17 个 SDGs 中的 11 个基本一致；与广泛的发展伙伴开展合作，体现了 SDGs-17 的精神；承诺将融资总额的 40% 用于气候相关领域，积极协助成员国/客户国在气候行动国家自主贡献（NDCs）方面的承诺和行动。

当前，相对于万亿美元级的全球发展资金需求而言，新开发银行乃至全球多边开发银行整体的供资能力仍显十分有限，因此关于全球多边开发银行是否应该以及如何加大融资力度的热烈讨论再次成为焦点。有学者指出，2013—2015 年全球多边开发银行年平均净流量为 250 亿美元（按 2012 年不变美元计算），2021 年为 410 亿美元，然而这一增长是由新冠病毒大流行的应对措施驱动的，并非由建设 SDGs 驱动的。（Bhattacharya 和 Kharas，2023）[1]鉴于此，2022 年，二十国集团成立了一个专家小组，提交了一份《资本充足率框架独立审查报告》（CAF）[2]给二十国集团峰会，审查了全球多边开发银行的资本充足率框架，探讨了如果全球多边开发银行改变其业务方式，它们可以做些什么。2023 年上半年，美国财政部长珍妮

---

[1] Bhattacharya Amar，Kharas Homi，How to Make MDBs Fit for Purpose to Support SDG Implementation，April 2023，https://www.brookings.edu/research/how-to-make-mdbs-fit-for-purpose-to-support-sdg-implementation/.

[2] Independent Expert Panel convened by the G20，October 2022，Boosting MDBs' Investing Capacity—An Independent Review of Multilateral Development Banks' Capital Adequacy Frameworks，https://www.gi-hub.org/resources/publications/boosting-mdbs-investing-capacity-an-independent-review-of-multilateral-development-banks-capital-adequacy-frameworks/.

特·耶伦多次和其他股东呼吁世界银行调整资产负债表结构,以增加投资。①②二十国集团专家组正酝酿在2023年9月二十国集团新德里峰会上就全球多边开发银行改革提出具体建议。③

展望未来,新开发银行应更加重视向成员国/客户国提供技术援助,加强后者的能力建设,以促进环境和社会保障的国家体系建设,同时提高气候变化减缓和适应方面的国家自主贡献(NDCs)。加强成员国/客户国的能力建设有诸多优点:尊重各国主权和经济、社会发展道路及优先事项;加强"使用"有利于能力的建设与提升;能够增强成员国/客户国的自主权,降低交易成本,从而有利于其长期发展。挑战也是存在的:例如目标与执行难以把握。为此,新开发银行应不遗余力地为成员国/客户国提供足够的技术援助,有重点、有步骤地助推国家能力建设;同时,整合新开发银行以金砖国家为核心的成员国的相关举措,以增强协同效应。

新开发银行应更加重视与其他发展伙伴开展融资及技术援助等合作,特别是各层级的开发银行。由数百家政府支持的各级(多边、区域和国家)开发银行组成的全球网络,是增加发展融资供应的最直接方式。它们一方面拥有长远的眼光,能够对抗私人金融的顺周期趋势,另一方面拥有本地知识和专业知识,可以在不同国家和地区制定解决方案。同时,开发银行的气候融资不仅针对绿色转型的技术部分,还支持社区管理绿色转型的社会和经济成本,可以很好地助推SDGs。

此外,包括新开发银行在内的全球多边开发银行应大力促进私人融资。鉴于前文述及的巨额全球发展融资缺口,调动私人资金仍是促进可持续发展,特别是发展中国家的可持续发展的重要途径。以往大部分全球多边开发银行都把动员私人资金看作自身投资组合和相关业务的附加内容,而当前新开发银行已意识到这一问题的重要性,并已将"在资金调动中的催化作用"作为四大重点建设模块之一。未来,新开发银行应积极与开发银行全球网络共同研究动员私人资本的具体方法与机制,真正把"与私营部门合作为基础设施和可持续发展提供资金"落到实处。

(陈燕鸿,厦门理工学院国际商务系副教授;黄梅波,上海对外经贸大学国际发展合作研究院教授)

---

① https://www.reuters.com/business/finance/yellen-wants-more-world-bank-reforms-coming-months-eyes-subnational-lending-2023-04-20/.

② https://www.reuters.com/markets/us/yellen-urges-new-world-bank-chief get-most-balance-sheet-2023-06-02/.

③ https://economictimes.indiatimes.com/news/economy/finance/g20-expert-group-constituted-for-strengthening-mdbs/articleshow/99060422.cms.

附录1 新开发银行可持续融资政策对标联合国可持续发展目标(SDGs)

新开发银行可持续融资政策——债券收益的使用领域			SDGs	
领域		具体描述	SDGs目标	SDGs具体目标
符合"绿色"资格标准的部门	清洁运输	低能耗或低排放运输资产、系统、基础设施,组件和服务(例如包括客运或货运铁路、电车、地铁、快速公交系统、电动汽车等,不包括运载化石燃料产品的机车车辆)	9. 工业、创新和基础设施 11. 可持续城市和社区	9.1 发展优质、可靠、可持续和有抵御灾害能力的基础设施,包括区域和跨境基础设施,以支持经济发展和提升人类福祉,重点是人人可负担得起并公平利用上述基础设施 11.2 到2030年,向所有人提供安全、负担得起的、易于利用、可持续的交通运输系统,改善道路安全,特别是扩大公共交通,要特别关注妇女、儿童、残疾人和老年人的需要
	节能建筑	符合公认环境标准的新建筑开发或现有建筑(包括公共服务、商业、住宅或娱乐)改造。生命周期能源消耗水平至少比法规/城市基准消耗水平低20%的建筑物	11. 可持续城市和社区	11.3 通过财政就地取材,建造可持续的、有抵御灾害能力的建筑
	可再生能源	为制造业、工业、建筑和其他部门的基础设施、技术、产品或系统开发以降低能源消耗的产品或服务及其实施。例如包括石化燃料资产相关的照明技术。不包括与石化燃料资产相关的节能投资。经改善的大宗能源服务的提供效率(例如包括区域电网以及可再生能源的存储、传输和分配,从而减少能源损失)。致力于实现上述能源效率的制造组件(例子包括LED灯、燃料电池、智能电网仪表)	11. 可持续城市和社区	11.3 通过财政就地取材,建造可持续的、有抵御灾害能力的建筑

续表

新开发银行可持续融资政策——债券收益的使用领域

领	域	具体描述	SDGs目标	SDGs具体目标
符合"绿色"资格标准的部门	可再生能源	可再生能源发电（例子包括风能、太阳能、潮汐能、小水力发电和垃圾焚烧发电设施）；可再生能源技术组件的制造（例如风力涡轮机、太阳能电池板）	7. 经济适用的清洁能源	7.2 到2030年，大幅增加可再生能源在全球能源结构中的比例
	可持续性土地利用和生物多样性	环境、当地社区、生物多样性或等效性的分配和保护计划。获得森林管理委员会（FSC）或森林认证认可计划（PEFC）认证的林业。获得可持续棕榈油圆桌会议（RSPO）、负责任大豆圆桌会议（RTRS）认证或同等认证的农业	12. 负责任的消费和生产 15. 陆地生物	12.2 到2030年，实现自然资源的可持续管理和高效利用 15.2 到2020年，推动对所有类型森林进行可持续管理，停止毁林，恢复退化的森林，大幅增加全球植树造林和重新造林
	可持续废物管理	废物最小化、收集、管理、回收、再利用、处置（如甲烷捕获）产品、技术和解决方案	12. 负责任的消费和生产	12.5 到2030年，通过预防、减排、减少、回收和再利用，大幅减少废物的产生
	管理与灌溉	水收集、处理、回收、再利用相关的技术和相关的收集基础设施（例如水管和收集/雨水设施、处理厂设施）	6. 清洁用水和卫生设施	6.3 到2030年，通过以下方式改善水质：减少污染，消除倾倒废物现象，把危险化学品和材料的排放减少到最低限度，将未经处理废物回收和安全再利用减半，大幅增加全球废物回收和再利用
符合"社会"资格标准的部门	基本的可持续基础设施	在设计、建设和运营中纳入经济、环境和社会标准旨在促进获得负担得起的基础设施（例如清洁能源、交通基础设施、灌溉、水资源管理和卫生）的项目。特别是面向无法获取基本基础设施的人群提供的基础设施	1. 无贫穷	1.4 到2030年，确保所有男女，特别是穷人和弱势群体，享有平等获取经济资源的权利，享有基本服务，获得对土地和其他形式财产的所有权和控制权，继承和遗产，获取自然资源，适当的新技术和包括小额信贷在内的金融服务

续表

新开发银行可持续融资政策——债券收益的使用领域			SDGs	
领域	域	具体描述	SDGs目标	SDGs具体目标
符合"社会"资格标准的部门	教育	旨在增加获得优质和/或负担得起的教育机会的项目：向普遍无法获得优质教育的社会团体提供或支持提供优质教育或教育培训的项目	4. 优质教育	4.3 到2030年，确保所有男女平等获得负担得起的优质技术、职业和高等教育，包括大学教育
	保健与福祉	致力于安全和保健目的，以改善劳动和工作条件为目标的项目；实现最高可获性标准的初级级保健、福祉、安全和安保服务，特别是针对缺乏此类服务的社会阶层的项目。受传染病、流行病、自然灾害或其他紧急情况影响地区的项目	3. 良好健康与福祉	3.8 实现全民健康保障，包括提供金融风险保护，人人享有优质的基本保健服务，人人获得安全、有效、优质和负担得起的基本药品和疫苗
	社会福利住房	提供负担得起、安全、清洁的住房的项目	11. 可持续城市和社区	11.1 到2030年，确保人人获得适当、安全和负担得起的住房和基本服务，并改造贫民窟

资料来源：NDB, New Development Bank Sustainable Financing Policy Framework governing the issuances of green/social/sustainability debt instruments, 25 May 2020, https://www.ndb.int/wp-content/uploads/2020/05/2020_FC22_AI13_018_b-NDB-Sustainable-Financing-Policy-Framework.pdf.

可持续发展合作的"金砖"实践

谢乐天　全蕙霖

【内容摘要】 金砖国家合作机制是新兴市场国家和发展中国家为更好地推动后金融危机时代全球治理赤字问题的解决而提出的南方国家解决方案。这一合作在极大程度上推动了国际关系民主化进程,为国际秩序朝着更加公正合理的方向转变提供了"金砖"方案。值得注意的是,金砖国家合作机制始终未声明颠覆改变现有国际秩序,相反,从合作之初金砖国家就始终与以联合国为核心的现行国际秩序站在一起,支持联合国工作,为联合国相关决议的贯彻落实而服务。尤其是在联合国提出的可持续发展目标问题上,金砖国家对其着墨较多,通过现有领导人会晤、部长级会议、各类工作组协商等机制,较好地形成了与可持续发展目标之间的良性互动。笔者认为,金砖国家在推动可持续发展目标的落实这一问题上取得了极大突破,特别是提出的新工业革命伙伴关系、成立的新开发银行和建立的厦门创新基地从"宏观—中观—微观"三个维度助力了可持续发展目标落到实处。在未来,金砖国家应当通过高举可持续发展大旗、形成国际发展合力、尝试提出独创性解决方案等方式,在推动金砖国家行稳致远的同时,世界走向更好的明天。

【关键词】 金砖国家;可持续发展目标;新工业革命伙伴关系;新开发银行;厦门创新基地

一、引　　言

可持续发展目标(Sustainable Development Goals，SDGs)是联合国出台用以指导世界各国在 2015—2030 年发展工作的阶段性纲领,其旨在通过 17 个具体的分目标的解决以推动人类社会、全球经济和地球环境三个维度发展过程中所暴露出来的各种问题的彻底解决。在全人类共同挑战面前,绝大多数国家都明白不能"独善其身"的道理,为此,世界各国开始尝试在多边主义旗帜的引导下加强相应合作。

2021年9月,习近平主席在第七十六届联合国大会一般性辩论上明确提出"将发展置于全球宏观政策框架的突出位置,加强主要经济体政策协调,保持连续性、稳定性、可持续性,构建更加平等均衡的全球发展伙伴关系,推动多边发展合作进程协同增效,加快落实联合国2030年可持续发展议程"。①作为具体落实措施之一,2021年10月,中国公布《2030年前碳达峰行动方案》,面向全世界庄严宣告,中国愿同世界各国加强科技创新合作,共同推动行动计划的顺利进行。②上述事实有力地证明,中国愿同任何愿意合作的伙伴一道,共同推动可持续发展目标走深走实。

金砖国家是近年来南方国家对于加强全球治理、促进国际关系民主化而自愿结合在一起所形成的合作机制,基于共同的目标,金砖国家同样对可持续发展问题给予关注,并提出转变经济发展模式,走可持续发展道路等相应行动计划。那么,金砖国家到底是如何深入参与全球发展治理的?到底是怎样助力于落实可持续发展目标?这种落实方式有何显著特征?金砖国家未来将会如何进一步开展相应活动?这些将是本文旨在回答的问题。

二、文 献 综 述

国内外学界针对金砖国家如何参与全球发展治理及所开展的可持续发展合作已进行了一定的先期研究与回顾。需要注意,这种合作更多的是从一种中观的视角切入,旨在探讨金砖国家在某些具体可持续发展领域内所开展的合作成效或讨论这些合作项目是如何作用于更大意义上的可持续发展问题。例如,李治国和杜秀娥二人认为,从总体来看,金砖国家的经济发展在很大程度上的的确确带动了清洁能源的消费,但这只是一种经济增长态势下能源需求量增大的必然结果,为此,金砖国家应加强清洁能源领域内相关技术合作以推动替代效应的发展。③甘达·福琼(Ganda Fortune)也持同样观点,其在尝试研究金砖五国间贸易、绿地投资、金融发展、能源供应等因素对于碳排放及其背后的可持续发展目标的影响时发现,当

---

① 习近平:《坚定信心 共克时艰 共建更加美好的世界》,《人民日报》2021年9月22日,第2版。
② 《国务院印发〈2030年前碳达峰行动方案〉》,《新华每日电讯》2021年10月27日,第4版。
③ 李治国、杜秀娥:《"金砖国家"清洁能源利用及能源消费结构的实证分析》,《亚太经济》2012年第3期。

金砖国家的能源供应增长时,金砖国家的碳排放量也会随之增长。在金砖国家发展日益加快的情况下,金砖国家的能源政策应引入更多的限制性政策以支持可持续发展。①概括而言,这些研究看见了金砖国家能源安全的重要性,也从侧面体现了金砖国家实行可持续发展战略的紧迫性和必要性。但这些研究只局限于证实二者之间存在着某种因果联系,并未证明在新工业革命伙伴关系下金砖国家通过工业创新推动可持续发展目标的必然性。

当然也有一些学者从金砖五国具体国情入手,尝试分析某一问题上金砖五国的不同情况或分析某一具体国别情况。樊勇明用区域合作的视角来分析全球治理新格局下,在面对西方发达国家"围追堵截"时金砖国家做出的应对措施,认为,2013年德班峰会所创设的"金砖国家领导人同非洲国家领导人"对话会是金砖国家加强区域合作的一大创举,这意味着金砖国家在迎来首次扩员之后便开始日益重视非洲,尤其是重视非洲的发展问题,并尝试针对非洲可持续增长、发展和消除贫困等议题提出"金砖"方案。②无独有偶,李冠杰也利用此种路径,尝试分析印度的金砖国家战略。其认为印度的金砖国家战略是综合性的,虽说印度金砖国家战略深层次的考量是为了其大国崛起而服务,但在合作开展过程中,印度通过吸纳其他金砖国家的资金、服务、技术等生产要素,在一定程度上能推动其国内的经济发展,并在一定程度上弥合了社会矛盾和贫富分化。③徐永利则从产能角度入手,尝试对金砖五国产能结构进行相应研究并发现,金砖国家之间存在明显的非均衡性差异,因此,金砖五国应相互尊重和照顾彼此的比较优势和基础条件,加强五国在能源、矿产、基础设施建设等领域内的合作。④王圳则认为,金砖国家想要积极应对新工业革命中不可避免的相关挑战,就应积极推进伙伴关系的建设,同其他国家或国际组织开展相关合作,相互交流经验,最终促进可持续发展目标的实现。⑤米兰达·伊莎贝拉·塔明·帕拉(Miranda Isabella Tamine Parra)等人通过对金砖五国绿色技术发展现状的比较研究后指出金砖五国对于绿色技术的研究存在较大的国别差异。比如俄罗斯重视可再生能源的使用,中国关注碳减排及各种环保政策

① Ganda Fortune,"The non-linear influence of trade, foreign direct investment, financial development, energy supply and human capital on carbon emissions in the BRICS", *Environmental Science and Pollution Research*, 2021.

② 樊勇明:《全球治理新格局中的金砖合作》,《国际展望》2014年第4期。

③ 李冠杰:《试析印度的金砖国家战略》,《南亚研究》2014年第1期。

④ 徐永利:《金砖国家非均衡性互补及产能合作研究》,《亚太经济》2017年第3期。

⑤ 王圳:《深化金砖国家间合作 应对新工业革命挑战》,《东北亚经济研究》2018年第1期。

的制定,印度环保的亮点则是能源和农业领域的可持续发展,巴西则侧重于绿色生物科技以及生物材料,而南非则稍显不足。①这种国别差异也进一步佐证了先前部分学者所提出的发挥比较优势的方案。这些偏中观领域的研究为我们展现了金砖五国或某一具体国家的相应情况,虽说与本文所限定的、作为一个独立国际行为体的金砖国家存在一定偏差,但仍具有很强的借鉴意义。

此外,也有一些学者注意到在新形势下数字经济对推动金砖国家可持续发展的重要作用。哈吉·卡琳(Haji Karine)明确指出电子商务不失为一种推动金砖国家农村和偏远地区消除贫困的可行方案,但在发展的过程中,应注重加强这些地区的基础设施建设、教育普及并尝试推动各类国际合作的开展。②同样,波普科娃·埃琳娜(Popkova Elena G)等人则对七国集团和金砖国家的工业4.0合作③模式进行了比较研究并得出了数字创业风险融资对于工业4.0及可持续发展具有重要作用这一结论。④由此观之,金砖国家在新工业革命大背景下应重新思考工业合作模式,加强数字经济合作。而这也进而证明了金砖国家设立厦门创新基地的必要性和紧迫性。

当"厦门创新基地"这一概念提出后,也有学者对这一问题投入了精力进行先行研究。其中,林旃指出,厦门创新基地应当不同于传统"输血"型的南南合作,应调动企业主体、民间组织、行业协会等社会力量的积极性,增强金砖国家创新活力,并以此推动金砖国家形成可持续发展能力;⑤齐旭则根据近些年金砖国家打造供应链、产业链、创新链、人才链国际循环通道的基本情况指出,数字技术为金砖合作照亮前路,并认为未来金砖各国应加快推进产业数字化、数字产业化步伐,为金砖国家新工业革命伙伴关系赋能。⑥从现实意义看,这些研究进一步证实了金砖国家深化战略伙伴关系在应对全球性挑战、加强全球治理、推动世界经济

---

① Miranda Isabella Tamine Parra, Moletta Juliana; Pedroso Bruno, Pilatti Luiz Alberto, Picinin Claudia Tania, "A Review on Green Technology Practices at BRICS Countries: Brazil, Russia, India, China, and South Africa", *SAGE Open*, Vol.11, No.2, 2021, pp.1—16.

② HAJI Karine, "E-commerce development in rural and remote areas of BRICS countries", *Journal of Integrative Agriculture*, Vol.20, No.4, 2021, pp.979—997.

③ 强调以智能制造为主导的工业4.0本质上就是新工业革命。

④ Popkova Elena G, Inshakova Agnessa O, Sergi Bruno S, "Venture capital and Industry 4.0: The G7's versus BRICS' experience", *Thunderbird International Business Review*, Vol. 63, No. 6, 2021, pp.765—777.

⑤ 林旃:《中国与金砖各国共建新工业革命伙伴关系创新基地及其实现路径的若干思考》,《厦门特区党校学报》2021年第3期。

⑥ 齐旭:《金砖国家:推进新工业革命领域合作,数字技术大有可为》,《中国电子报》2021年9月11日。

复苏和全球共同发展方面发挥积极作用。①但这些先期研究成果更多侧重于政策建议方面，缺乏相应的理论阐释，学理论证不足，进而为本文提供了一定的经验教训。

总的来说，已有对于金砖国家可持续发展、金砖国家新工业革命伙伴关系、金砖国家参与全球发展治理等问题的前期研究取得了不错的研究成果，也为金砖国家合作机制发展建设提供了一定的建议对策。但这些研究并未更多侧重于探讨金砖国家的具体合作开展情况的经验得失，对于宏观层面的金砖国家参与可持续发展合作的历史、现在与未来这一问题着墨不多，而且在尝试解释论证金砖国家参与可持续发展合作有何独特的"金砖"模式方面也存在一定欠缺。

基于上述事实，本文拟从金砖国家可持续发展合作的历史沿革入手，尝试回答金砖国家可持续发展合作经历了什么样的历史发展演变。其中包括金砖国家新工业革命伙伴关系、金砖国家新开发银行及金砖国家厦门创新基地三个具有代表性的合作成果究竟是如何促进金砖国家实施可持续发展的等问题，并针对已有合作开展情况，提出一定的建议，供金砖国家、各类国际组织、世界各国更好地应对全球治理新挑战。

三、金砖国家可持续发展合作沿革

基于 17 个可持续发展目标基本涵盖了当前国际社会将要面临的所有主要的非传统安全问题，而且这些非传统安全问题之间彼此相互交织、互相影响，甚至还会对传统安全问题产生一定作用或是受到其影响，因此，可持续发展目标及全球发展议题实际上已深入到全球治理的方方面面。所以，金砖国家所开展的各类型活动在相当程度上均可被视为是可持续发展合作的延伸。

金砖国家合作肇始于 2008 年的国际金融危机，其最初合作领域也顺应当时的时代所需，即加强四国在广义上的经济领域内的协调与合作共同应对后金融危机时代的各种挑战。同时，在 2009 年金砖四国领导人首次会晤后所公布的《联合公报》中也确定了"金砖四国将在能源领域加强协调与合作，以降低不确定性，确保能源稳定性与可持续性"②的重要共识。值得注意的是，能源议题常被视为可持续发

---

① 和音：《让金砖机制焕发新的生机活力》，《人民日报》2021 年 9 月 11 日。

② Joint Statement of the BRIC Countries' Leaders，BRICS Centre，2009-06-16，http://www.brics.utoronto.ca/docs/090616-leaders.html.

展战略的重要组成部分。因此,在更为宏观的可持续发展问题上,金砖四国同样也予以了关注,并向全世界发出了包括"国际社会需要加强向这些国家提供流动性支持的力度,努力将危机对发展的影响降到最低,确保实现千年发展目标"及"实施《里约宣言》《21 世纪议程》及多边环境条约中所强调的可持续发展理念,应成为改变经济发展模式的主要方向"在内的一系列呼吁。①显然,金砖国家合作从一开始就并未排斥联合国提出的可持续发展理念,并且愿意为"联合国千年发展目标"(MDSs)作出应有之"金砖"贡献。

在金砖国家领导人首次会晤讨论了可持续发展理念与改变经济发展模式等议题之后,2011 年,金砖国家领导人三亚会晤中,为了加强新成员——南非的归属感,原有"金砖四国"为南非的加入"送上大礼",即大力支持非洲国家在"非洲发展新伙伴计划"框架下的基础设施建设和工业化进程,②此外,《三亚宣言》同时还强调"金砖四国"赞赏和支持南非主办《联合国气候变化框架公约》第十七次缔约方大会暨《京都议定书》第七次缔约方会议,并支持"坎昆协议",愿与国际社会共同努力,加强对《联合国气候变化框架公约》及其《京都议定书》的实施,达成全面、平衡和有约束力的成果。③在此基础上,在接下来 2012 年德里会议、2013 年德班会议和 2014 年福塔莱萨会议这几次金砖峰会上,金砖国家分别将"发展"或"可持续发展"列为当年度峰会核心议题,重点探讨了金砖国家如何落实和加强在联合国千年发展目标、气候变化、人道主义援助等问题上的合作并取得一定成果。④

而在传统科技创新领域,同样也是在 2011 年,金砖国家取得了重大突破。按照《三亚宣言》行动计划相关规定,在中国的牵头下,金砖国家首次召开了"金砖国家科技创新合作高官会"。需要注意,在高官会期间还确定了金砖国家加强在包括科技创新政策交流、可再生能源、节能减排在内的十余个领域优先合作。⑤这种突破也为金砖国家后续针对性地解决可持续发展问题奠定了基础。

在已有合作的基础上,2014 年金砖国家顺应时代发展的需要,将原有高官会进一步升格,召开了首届金砖国家科技创新部长会议,并在此次会议上确定在金砖国家科技创新框架下,未来进一步加强金砖国家在气候变化、新能源、可再生能源

---

① Joint Statement of the BRIC Countries' Leaders, BRICS Centre, 2009-06-16, http://www.brics.utoronto.ca/docs/090616-leaders.html.

②③ 《三亚宣言》,《人民日报》2011 年 4 月 15 日,第 3 版。

④ 陈小宁:《金砖国家会议发展合作议题的演变与特点》,《国际经济合作》,2018 年第 8 期。

⑤ 《万钢部长率团出席首届金砖国家科技创新部长会议》,载人民网 http://scitech.people.cn/n/2014/0311/c1057-24601112.html. 2014 年 3 月 11 日。

和提高能源效率等领域内相关合作的基本行动路径。①2015 年，乌法峰会期间，金砖五国还完成了首次科技创新部长会议的相关目标，正式签署了《金砖国家科技创新合作谅解备忘录》。②值得注意的是，三亚峰会上所提出的"加强金砖国家共同发展的伙伴关系"③这一倡议本身也是一大创举。由于伙伴关系的确立和升级要以战略共识为基础，④这意味着金砖国家合作机制符合各方利益考量，进而证明金砖国家合作机制具有强大的生命力。

与此同时，2015 年金砖国家乌法峰会期间所通过的《金砖国家经济合作伙伴战略》明确指出，"金砖国家同意加强协调努力，应对新出现的挑战，确保和平与安全，以可持续的方式促进发展，为我国人民和国际社会的利益解决消除贫穷、不平等和失业问题"。⑤这一具体表述及合作文件的出台则将金砖国家合作推向更高水平，很大程度上体现了金砖国家为全人类福祉着想的国际主义精神，标志着金砖国家将以更积极主动的姿态参与全球发展治理。

值得注意的是，同年 9 月 25 日，万众瞩目的联合国可持续发展峰会正式召开，在此次峰会上，经各国充分讨论磋商之后最终确立并通过 17 个可持续发展目标。这一目标的提出旨在替代业已到期的千年发展目标，并用以指导世界各国在 2015 年到 2030 年这 15 年的跨度之间以可持续发展的目光、方法、路径，彻底解决社会各类发展问题。这一目标是联合国在宣布千年发展目标到期及顺利实现之后用以继续指导 2015—2030 年的全球发展工作的核心准则之一，具体包含了 17 个单独且相互关联的子目标。值得注意的是，在此次联大会议期间，金砖国家外交部长再度聚会纽约，召开金砖国家外长会，并对联大议题尤其是对 2015 年后发展议程进行了相关讨论，交换了看法。⑥这也标志着金砖国家在第一时间便开始着力于联合国的相关倡议，体现了金砖国家对联合国各项工作的高度支持。

2017 年金砖国家厦门峰会期间，作为轮值主席国的中国创造性地整合前人经

---

① First BRICS Science, Technology and Innovation Ministerial Meeting: Cape Town Declaration, BRICS Centre, http://www.brics.utoronto.ca/docs/140210-BRICS-STI.pdf.

② 《金砖国家科技创新合作谅解备忘录》，BRICS Centre, http://www.brics.utoronto.ca/docs/BRICS%20STI%20MoU%20CHINESE.pdf.

③ 参见《三亚宣言》。

④ 孙学峰、丁鲁：《伙伴国类型与中国伙伴关系的升级》，《世界经济与政治》2017 年第 2 期。

⑤ The Strategy for BRICS Economic Partnership, BRICS Centre, 2015-07-09, http://www.brics.utoronto.ca/docs/150709-partnership-strategy-en.html.

⑥ 金砖国家外长会在纽约联合国总部举行，载环球网，https://world.huanqiu.com/article/9CaKrnJQd9O，2015 年 9 月 30 日。

验,提出"金砖＋"对话机制,邀请部分新兴市场国家和发展中国家与会共同商讨合作大计,这一行动在一定程度上意味着金砖国家合作机制的"扩大",让发展的成果能够惠及更多国家。同时,峰会所通过的《厦门宣言》也使用了"我们(金砖国家)致力于同其他新兴市场和发展中国家建立广泛的伙伴关系"①的说法,这标志着金砖国家正在持续落实2030年可持续发展议程,并为此努力寻求"金砖"共识,提出"金砖"方案,并且愿意以构建广泛的发展伙伴关系等方式来促进可持续发展目标向前迈进。

为了更好地适应新时代形势下发展的需要,在2018年金砖国家约翰内斯堡峰会过程中,习近平主席围绕此次峰会"金砖国家在非洲:在第四次工业革命中共谋包容增长和共同繁荣"的主题,向世人们深刻揭示了新工业革命突出特点,就金砖合作未来发展提出了中方倡议。此外,习近平主席还庄严阐述"建设金砖国家新工业革命伙伴关系",并以此作为抓手加强宏观经济政策协调,实现发展战略深度对接,提升金砖国家及广大新兴市场国家和发展中国家竞争力。②习近平主席的这一倡议得到了其他金砖国家以及"金砖＋"国家的积极响应,最终写入《金砖国家领导人约翰内斯堡宣言》。在此之后,按照《约翰内斯堡宣言》所规定的"成立由五国工业部门及有关部门代表组成的咨询小组并制定伙伴关系任务大纲和工作计划提交主席国"③的方案,金砖国家开始在数字化、工业化、创新、包容、投资等领域持续发力,以加强金砖国家在第四次工业革命中的整体竞争力。

2020年,在新冠疫情席卷全球之际,金砖国家也不能独善其身,金砖五国均不同程度地受到了疫情的冲击,甚至不乏疫情"重灾区"。在此背景下,金砖国家领导人会晤也不得不延期甚至改以视频会晤的方式举行。④但这并未阻碍金砖国家开展合作的相关热情,通过网络形式,金砖国家在2020年举行了100余场活动,并取得了不错的成果。更为重要的是,当年度针对全球公共卫生危机,金砖国家领导人还达成了尽快推动金砖国家疫苗研发中心投入使用的重要共识。虽然这一共识的出发点是源于应对新冠疫情,但疫苗研发中心的成立也意味着金砖国家将围绕健康福祉这一重要的可持续发展目标开展更深入合作,共同推进实现全人类健康。

---

①　《金砖国家领导人厦门宣言》,《人民日报》2017年9月5日,第3版。

②　习近平:《让美好愿景变为现实》,《人民日报》2018年7月27日,第3版。

③　BRICS in Africa: Collaboration for Inclusive Growth and Shared Prosperity in the 4th Industrial Revolution 10th BRICS Summit Johannesburg Declaration, BRICS Centre, 2018-07-26, http://www.brics.utoronto.ca/docs/180726-johannesburg.html.

④　BRICS and the SCO summits postponed, BRICS Centre, 2020-05-27, http://www.brics.utoronto.ca/docs/200527-postponement.html.

　　此外,在工业创新领域,2020 年,习近平主席在出席金砖国家领导人莫斯科会晤期间,明确发出了"金砖国家应坚持开放创新,促进世界经济复苏"的呼吁,并再次重申"中方愿同各方一道加快建设金砖国家新工业革命伙伴关系"。①为了展现中国诚意,习近平主席宣布将在福建省厦门市建立金砖国家新工业革命伙伴关系创新基地,开展政策协调、人才培养、项目开发等领域合作,并欢迎其他国家参与。②此外,金砖国家领导人莫斯科峰会期间,金砖国家还制定并通过了《金砖国家经济伙伴战略 2025》。此份文件再次明确了在数字化浪潮下金砖国家应加强数字化合作,提高效率和竞争力,加强包容性的经济增长并以此推动金砖国家解决社会、经济、基础设施建设、减贫等领域的顽疾。③2021 年金砖国家领导人第十三次会晤期间,金砖国家还进一步在《金砖国家创新合作行动计划(2021—2024)》问题上达成共识,一致同意通过投入更多资金、加强国际合作、建立创新基地等形式推动金砖五国创新能力更上一层楼。④同时,在当年度金砖峰会结束后不久所召开的第26 届联合国气候变化大会(COP26)期间,中印两国据理力争,将峰会所达成的"历史性"的《格拉斯哥气候公约》中关于煤炭发电部分内容的语言由原先的呼吁淘汰(phase out)改为减少(phase down)。这一做法也正是《新德里宣言》中所强调的"应根据各国不同国情,坚持《联合国气候变化框架公约》(UNFCCC)共同但有区别的责任原则和各自能力原则"⑤的最佳体现。这也反映出金砖国家不仅只是在合作机制框架下开展相关合作,而且还会为广大新兴市场国家和发展中国家争取合理权益,标志着金砖国家气候合作乃至于可持续发展合作具有无可比拟的正义性。

　　2022 年,当中国时隔五年再度担任金砖国家轮值主席国之后,习近平主席敏锐地察觉到"新冠肺炎疫情吞噬全球多年发展成果,联合国 2030 年可持续发展议程落实进程受阻,南北鸿沟继续拉大,粮食、能源安全出现危机"⑥这一重大变化。为此,中国选择将已有的"金砖＋"合作模式再度提上日程并且进行更大范围的创新。一方面,中国首创了外长层级的"金砖＋"对话模式;另一方面,中国还首度举办全球发展高层对话会,同全球主要新兴市场国家和发展中国家的国家领导人代表围绕"构建新时代全球发展伙伴关系,携手落实 2030 年可持续发展议程"的会议

　　①② 习近平:《守望相助共克疫情 携手同心推进合作》,《人民日报》2020 年 11 月 18 日。

　　③ Strategy for BRICS Economic Partnership 2025,BRICS Centre,http://www.brics.utoronto.ca/docs/2020-strategy.html.

　　④ Innovation Cooperation Action Plan 2021—2024,BRICS 2021,https://brics2021.gov.in/.

　　⑤ 参见《金砖国家领导人第十三次会晤新德里宣言》,《人民日报》2021 年 9 月 10 日。

　　⑥ 习近平:《构建高质量伙伴关系 共创全球发展新时代》,《人民日报》2022 年 6 月 25 日。

主题，展开直接对话。其中，中国提出的《全球发展高层对话会主席声明》明确提出，应从坚持多边主义、坚持聚焦发展、坚持以人民为中心、坚持普惠包容、坚持创新驱动、坚持人和自然和谐共生、坚持行动导向七大方面着重发力，为促进全球共同发展作出积极贡献。与此同时，中国还公布了内含 32 项具体实施方案的《全球发展高层对话会成果清单》，旨在同合作伙伴一道，共同助力全球发展。①

2023 年，当金砖合作重回线下之后，金砖国家同样也针对过去一段时间金砖合作及全球形势的发展变化和未来应当采取何种措施等问题进行了研究分析。2023 年 6 月初举行的金砖国家外长正式会晤就进一步明确了金砖国家希望能够在立足已有政治安全、经贸财金、人文交流"三轮驱动"的金砖合作架构的基础上，进一步深化金砖合作，从而产生带头示范作用，为深化进展务实合作、推进金砖国家高质量发展、扩大金砖国家"朋友圈"、构建金砖国家命运共同体等贡献力量。②与此同时，外长会晤期间所举行的金砖外长之友会议（the Friends of BRICS Foreign Ministers Meeting）则邀请了来自非洲和"全球南方"共计 15 个新兴市场国家和发展中国家外长与会。更为重要的是，金砖国家还与这些国家就如何推动全球治理重回正轨这一重大议题展开讨论。③这充分意味着金砖国家迫切希望全球发展问题能够得到实质性解决。

除此之外，金砖国家在发展的过程中，通过整合和发展金砖国家创新中心、数字金砖国家工作组（DBTF）、"创新金砖"网络（iBRICS）等数字经济模式等形式，不仅很大程度上改善了各地脆弱的基础设施水平，为贫困地区的人民提供就业机会，而且还在实现经济发展的过程中，提倡绿色发展模式，为改善气候问题、推动环境可持续发展等气候变化议题作出贡献。

四、可持续发展的"金色创新"

2022 年 5 月 19 日，国务委员兼外交部长王毅在主持金砖国家与新兴市场国家

---

① 参见《全球发展高层对话会主席声明》，《人民日报》2022 年 6 月 25 日。

② See Joint Statement of the BRICS Ministers of Foreign Affairs and International Relations，Cape Town，South Africa，1 June 2023，Department：International Relations and Cooperation Republic of South Africa，2023-06-01，https://www.dirco.gov.za/2023/06/01/joint-statement-of-the-brics-ministers-of-foreign-affairs-and-international-relations-cape-town-south-africa-1-june-2023/.

③ See Minister Naledi Pandor：The Friends of BRICS Foreign Ministers Meeting，South Africa Government，2023-06-02，https://www.gov.za/speeches/welcome-remarks-and-statement-he-dr-gnm-pandor-minister-international-relations-and.

外交部长视频对话会期间强调,"新兴市场和发展中国家已经从全球治理的跟跑者,逐步转变为自觉的推动者"。①广大"全球南方"(global south)的崛起与觉醒意味着全球治理与全球发展已进入历史新时代。站在历史新起点上,作为新兴市场国家和发展中国家深入参与全球治理的重要平台和主要抓手的金砖国家,在深入参与全球治理及落实可持续发展目标的过程中,同样也创造性地提出了一些新观点并推行了一些新政策,从而为实现更大范围内的可持续发展目标注入了独特的"金色活力"。总的来看,围绕联合国所提出的 17 个可持续发展目标,从宏观到中观再到微观层面,金砖国家做出的"金色创新"主要有三。

首先,金砖国家新工业革命伙伴关系提出了独具特色的发展理念。2019 年,习近平主席在出席金砖国家工商论坛闭幕式期间曾表示,"金砖国家新工业革命伙伴关系是下阶段金砖经济合作的一个重要抓手"。②换言之,伙伴关系的目标愿景旨在深化五国在数字化(digitization)、工业化(Industrialization)、创新(Innovation)、包容(Inclusiveness)、投资(Investment)等领域合作,推动金砖合作第二个"金色十年"美好愿景化为现实并助力金砖国家实现包容性增长。③具体而言,推动绿色可持续发展领域的务实合作,是建设金砖国家新工业革命伙伴关系的核心内容。④为此,金砖国家后续所达成的各种与可持续发展目标相关的合作共识及所取得的合作成果均紧紧围绕这一主线展开。更为重要的是,这一伙伴关系的兴旺发展还会对西方发达国家产生外部压力,倒逼他们重新审视自己的利己行为,⑤从而为后续国际政治经济秩序改革,以及发达国家承担相应的国际义务而非将所有责任全盘推卸给发展中国家导致全球治理"失灵"和可持续发展"失衡"起到一定的帮助作用,避免全球治理滑向难以挽回的错误轨道。

其次,新开发银行(New Development Bank)的发展融资提供了充足的资金支持。虽然新开发银行是金砖国家为加强五国金融安全,避免在未来可能出现的新金融危机中受到货币不稳定的影响而建立的多边开发银行。但这一开发银行不同于过去由西方国家或某一具体国家所主导的传统开发银行,新开发银行突出强调

---

① 王毅:新兴市场和发展中国家已从全球治理跟跑者逐步转变为自觉推动者,载外交部网,https://www.mfa.gov.cn/web/gjhdq_676201/gjhdqzz_681964/jzgj_682158/xgxw_682164/202205/t20220520_10689975.shtml. 2022 年 5 月 20 日。

② 习近平出席金砖国家工商论坛闭幕式并发表讲话,中华人民政治协商会议全国委员会,载 http://www.cppcc.gov.cn/zxww/2019/11/14/ARTI1573699901097722.shtml. 2019 年 11 月 14 日。

③ 伙伴关系由来,金砖国家新工业革命伙伴关系创新基地,载 http://www.bricspic.org/Pages/Home/AboutDetail.aspx?rowId=2&classId=1。

④ 刘春沐阳:《需求推动产业链供应链高效协同》,《经济日报》2022 年 9 月 9 日。

⑤ 张贯:《新工业革命伙伴关系的特征与全球治理新方向》,《人民论坛》2022 年第 4 期。

"新"意味着新开发银行是历史上首次采用平权投票权分配模式及在重大议题上采用一致表决制的多边开发银行。①同时也具体表现在植根于世界经济新格局、呼唤和重建全球金融治理新秩序、开启南南合作新时代、推广开发性金融新模式四个方面。②与此同时,新开发银行为进一步增强合作代表性,在南非、巴西和俄罗斯等地开设区域中心③,以及先后开启扩员进程,吸纳阿联酋、乌拉圭、孟加拉国、埃及在内的诸多国家加入新开发银行等相关行动也能为金砖国家及任何乐于开展合作或想要进行业务性来往的伙伴提供强有力的资金支持,从而帮助这些国家的基础设施和可持续发展项目建设,以助力可持续发展目标落到实处。

最后,厦门创新基地的建设则提供了发展模版。由习近平主席提议设立的厦门创新基地虽然更多是中国根据自身发展情况并结合金砖国家和其他合作伙伴实际需要而采取的单边举措,但厦门创新基地建立之后所开展的各项活动却并未排斥其他国家或想要参与合作的伙伴参与。例如在厦门创新基地揭牌之后,就围绕政策协调、人才培养、项目开发三大重点任务,发布 100 项重点任务清单,建成一批新型基础设施和 8 个新工业革命领域赋能平台,推出上百个"金砖"示范项目,成功举办了一系列"金砖"交流活动,④在相当程度上夯实了金砖国家的合作基础、扩展了金砖国家的合作领域、增进了金砖国家的创新能力,并且为推进南南合作及促进更大范围内的可持续发展目标的实现提供了可能。除此之外,按照"以双边促多边、以民间促官方"这一重要原则,厦门创新基地积极致力于加强同其他金砖国家间及"金砖＋"伙伴间交流合作。显然,这种开放包容属性不仅能够使厦门创新基地为金砖国家可持续发展项目落到实处提供有益帮助,而且还能够为后续其他金砖国家或相关方建设与之类似的创新基地提供可借鉴的发展模版及相关建设经验,最终推动金砖国家为可持续发展贡献力量。

五、金砖国家可持续发展合作的未来

总体而言,可持续发展目标是联合国可持续发展议程的核心。同时,其核心目

---

① 罗杭、杨黎泽:《国际组织中的权力均衡与决策效率——以金砖国家新开发银行和应急储备安排为例》,《世界经济与政治》2019 年第 2 期。
② 潘庆中、李稻葵、冯明:《"新开发银行"新在何处——金砖国家开发银行成立的背景、意义与挑战》,《国际经济评论》2015 年第 2 期。
③ 金砖创新基地建设取得阶段性成果,载中国"一带一路"网,https://www.yidaiyilu.gov.cn/xwzx/gnxw/299173.htm. 2022 年 12 月 28 日。
④ 李晓平、黄英、杨帆:《专家学者"云端"探讨金砖创新基地建设》,《厦门日报》2021 年 10 月 16 日。

标在于推动国际发展模式尽快实现转型升级,想要实现这种转型升级,则需要物质能力提升、制度动力和理念革新三元动力机制的协同驱动。[①]在此之中,金砖国家对于通过金砖机制应对包括人类健康、气候变化、粮食安全等问题在内的一系列全球性挑战有着共同的愿望。因此,金砖国家深入参与联合国可持续发展议程取得了十足的成效,特别是其所提出的新工业革命伙伴关系倡议、建立的新开发银行、创建的厦门创新基地实现了"宏观—中观—微观"的跨层次、全方位、多领域的参与。这种良性发展模式能够最大限度地形成发展合力,助力于全球发展治理并推动可持续发展目标顺利实现。但需要注意的是,在可持续发展目标截止日期不断邻近、传统与非传统安全问题叠加、国际和地区局势日益恶化的当下,包括全球粮食安全、全球气候安全、全球公共卫生安全在内的诸多问题严重威胁到全人类的共同福祉,可持续发展目标能否如期实现面临着较大挑战。因此,作为新兴市场国家和发展中国家领头羊的金砖国家就应当承担相应的国际责任并发挥应有作用。

首先,金砖国家应高举可持续发展的大旗。可持续发展目标是国际社会形成的共识。作为全球治理主动参与者与积极领导者的金砖国家合作就契合了可持续发展目标的相关精神,而且可持续发展议程说到底强调的就是实现可持续性的发展,其本质就是发展问题。金砖国家是全球具有代表性的新兴市场国家和发展中国家团体,其成员本就面临着较大的发展问题及如何实现更好发展的问题。当前,金砖合作不仅已成为国际社会稳定锚,而且还是全球创新的加速器,更是世界发展的动力源。[②]所以说,金砖国家应当通过在不同场合公开呼吁实施负责任的行动以实现可持续发展问题的方式来表达金砖国家的基本立场,以便更好地展现金砖国家的责任与担当并回击外界对于金砖合作"华而不实"的相关谣言。

其次,金砖国家应积极推动形成国际合力。任何全球性的问题都需要国际社会共同解决。可持续发展目标能否如期实现,不是以金砖国家为代表的仅仅数个国家就可以单方面解决的。为此,金砖国家就需要努力会同有关各方开展相应合作并形成发展合力。在此过程中,广大"全球南方"国家是金砖国家开展后续工作的坚实支撑,金砖国家能够较为便捷地同他们开展沟通对话。但基于不让任何一个人掉队是 2030 年可持续发展议程及其可持续发展目标的核心转

---

① 徐佳利、余博闻:《后疫情时代 2030 年可持续发展议程的驱动系统:冲击与重构》,《国际关系研究》2023 年第 2 期。

② 王文:《世界因"金砖"而不同》,《人民日报海外版》2018 年 7 月 28 日。

型承诺①,以及发达国家同样也面临着诸如贫富分化、社会分裂和政治极化等社会问题的考量,②金砖国家在参与和引领全球发展治理的过程中,同样也不应当将发达国家排除在外。所以金砖国家在后续开展与可持续发展相关活动的过程中可尝试邀请部分有合作意愿的发达国家参与对话并努力消弭南北分歧。

最后,金砖国家应尝试提出独创性解决方案。作为具有全球影响力合作平台的金砖国家,其所开展的各项活动所具备的意义实际上已超出金砖国家合作机制本身的框架范畴,不仅承载新兴市场国家和发展中国家的期待,而且还肩负着整个国际社会的期许。③从这一角度来看,金砖国家的所作所为就会产生较为明显的"蝴蝶效应"并对国际社会造成深远影响。因此,金砖国家就应当明确自身的历史使命与责任担当。在实际开展过程中,由于当前各国及各类型国际或地区组织已经对可持续发展目标采取了诸多有益的行动并取得了一定效果,金砖国家想要更进一步发展,就需要寻找到当前合作的不足之处或是薄弱之处,甚至是可能存在的空白之处,并通过已有的金砖框架或会同有关各方一道提出具有针对性的解决方案,促进相关问题的最终解决。

2022 年 6 月,习近平主席在主持金砖国家领导人第十四次会晤时明确强调,"作为新兴市场国家和发展中国家代表,我们在历史发展关键当口作出正确选择,采取负责任行动,对世界至关重要。让我们团结一心,凝聚力量,勇毅前行,推动构建人类命运共同体,共同开创人类美好未来"。④处于可持续发展目标落实关键期及金砖合作发展新时代的金砖国家,应当在紧紧抓住金砖扩员重要机遇的基础上,同广大新兴市场国家和发展中国家及任何想要开展任何形式合作的伙伴一道,共同参与全球发展治理并形成良性互动,最终作用于可持续发展目标的落实上,推动人类社会走向更好的明天。

(谢乐天,四川外国语大学金砖国家研究院实习研究员;全蕙霖,外交学院外交学与外事管理系外交学专业硕士研究生)

---

① 不让任何一个人掉队,载联合国网,https://unsdg.un.org/zh/2030-agenda/universal-values/leave-no-one-behind。
② 孙吉胜:《全球发展治理与中国全球发展治理话语权提升》,《世界经济与政治》2022 年第 12 期。
③ 王义桅:《金砖合作的自信与自觉》,《人民日报海外版》2017 年 9 月 7 日。
④ 习近平:《构建高质量伙伴关系　开启金砖合作新征程》,《人民日报》2022 年 6 月 24 日。

金砖国家构建新可持续发展模式的可行性讨论

陈璐赟

【内容摘要】 世界环境与发展委员会于 1987 年发表《我们共同的未来》并提出"可持续发展"的概念以讨论人类如何在不牺牲后代拥有优质发展机会的前提下进行社会、经济、环境协同发展。2015 年,联合国发展峰会通过 2030 年可持续发展议程为各国落实可持续发展指明方向。各国对于国家长远发展的规划并不局限于该议程,发达国家推崇新自由主义并希望以此影响发展中国家发展规划以维持相对于发展中国家的优势;发展中国家希望在谋求可持续发展与深度参与全球经济治理的权力的同时维持其独立性。金砖国家以发展中国家利益为出发点,构建新可持续发展模式帮助国家探索实现可持续发展的多元化道路。

【关键词】 可持续发展;新自由主义;国家利益;金砖国家;脱贫

如今在全球各个领域,凡谈论及发展一词都会涉及"可持续发展"(sustainable),这个看似简单的形容词背后实际蕴含着人类对于长远稳定发展渴望而又焦虑的复杂态度。

无论是传统发达国家还是发展中国家,在发展过程中皆会经历优先发展经济的时期并面临此阶段性高速发展造成的一系列社会问题与环境问题。传统发达国家早于发展中国家进入经济高速发展阶段,在此阶段,由于科技发展时代局限性导致对科学生产意识缺乏等因素,传统发达国家在经济高速发展阶段累积的社会问题与环境问题在进入经济平稳发展阶段后成为隐患,并在特定条件下被激发造成不可估量的影响。

由于优先高速发展经济忽略其他方面协同发展而带来的一系列问题,传统发达国家开始切实考虑人类发展无视经济以外因素对于人类长远发展的影响。1987年,世界环境与发展委员会发布名为《我们共同的未来》的报告,并在报告中第一次提出"可持续发展"的概念：不以牺牲后代发展质量为前提，兼顾经济发展、社会发展与生态发展的发展模式。报告中对能源危机，环境危机与发展危机三者的相关性与危害性进行审慎分析，表达了关于能源、资源总量能否覆盖人类长远发展需求总量的担忧，并提出一个在当时国际环境下格外鲜明的观点：出于对当代人与下一代人的考虑，人类必须对当前的发展模式作出改变，不能继续采取优先发展经济而忽略整体发展的模式。

一、发达国家与发展中国家

发展中国家虽然起步晚于发达国家，但从发展初始阶段便有机会接触、采用发达国家在经历发展阶段时尚未发明的科学技术与知识理论；这使得发展中国家在发展初、中期能够开始考虑如何有效进行相对全面的国家发展而非竭力追求经济优势后再弥补由于不均衡发展导致的社会与环境问题。因此，发展中国家在落实可持续发展这一事项中反而具有一定的优势与相对较多的发展空间。

处于不同发展阶段的国家同时接触可持续发展理论并将可持续发展目标融入本国发展计划中，必然会导致相同的可持续发展目标在不同国家地区落实程度差异化。相比发展中国家的基础建设基本盘，传统发达国家的基础建设相对完备但比较陈旧，因此传统发达国家在进行可持续发展时面临的一大问题在于：是选择在原有基础上拓展可持续发展具体项目，还是有针对性地剥离一部分不再符合可持续发展目标的基础建设并依据可持续发展路线重新规划建设。由此可见，发达国家与发展中国家在追求可持续发展目标时所需应对的困难并不完全相同，发达国家的发展经验对于发展中国家有借鉴作用但不完全适用。发展中国家在可持续发展的道路上拥有更多探索自主发展的可能性。

二、外部援助与独立发展的权衡

发展中国家整体处于发展爬坡阶段，在许多方面尚处于探索实践环节，众多领域发展并不完善，在这个阶段开始着手可持续发展令发展中国家能够相对容易地将联合国发展议程的具体内容与国家发展计划相兼容，以此拥有更多机会在具体发展项目中实践科学发展理论，在基础建设中开始采用先进科技，从根本上将可持续发展落实到民生发展的细枝末节，让更多普通人切实体会到可持续发展的必要性、可行性与普惠性。

发展中国家在国内发展计划制定与具体项目落实过程中更有可能受到外部因素影响。发展中国家的后发优势使其在深入落实可持续发展目标的自由度相对发达国家较高；发展自由度高、局限性小意味着更多可选方案，相比发达国家，国际多边组织提供的发展方案更有可能被发展中国家采纳，大多数发展中国家不同程度上缺乏发展资金支持与专业技术帮助，在寻求国际多边组织与其他国家援助的同时也会受到外界的影响。

发达国家在科技研发、教育、医疗、军事、金融等领域具有显著优势（部分领域具有绝对优势）；即使在当前发展中国家逐渐崛起的形势下，发达国家在上述优势领域中的深厚累积依然能够帮助其将领域内的影响力与话语权通过国际平台转化为国家层面的政治影响力，继续保持以美国为核心的国际政治经济地位。出于自身政治目的、维持其非对称优势等多方面因素考虑，发达国家在直接或间接援助发展中国家时不会出于单纯的利他性；在大多数国际组织的规则制定中仍占据主导地位使发达国家可以顺理成章地通过国际组织在发展中国家的援助项目影响该国的发展方向与进程，国际货币基金组织（International Monetary Fund，IMF）曾在援助贷款项目中附带无关项目本身的政治经济相关条件，以此来影响项目以外的领域，借款国需在经济政策等方面作出符合条款要求的改变来获取资金援助与专业技术支持。因此，发展中国家必须在接受外部援助与维持发展独立性方面作出权衡，并与发达国家进行良性博弈，以保证在推进可持续发展的同时不影响自身国家基本盘。

三、可持续发展模式的金砖之道

发达国家与发展中国家的博弈，自由发展与限制性援助间的权衡，长远发展与短期效益间的取舍；多层面博弈使得发展中国家的可持续发展计划推进如履薄冰。发展中国家在推进可持续发展项目落实时面对的主要问题在于外部因素与国内独立发展的矛盾。由此可见，建立一个能够以发展中国家主要诉求与利益为出发点，从发展中国家角度看待问题，不干涉发展中国家内政的国际多边组织参与到帮助发展中国家落实可持续发展项目中是必要且符合发展中国家实际需求的。金砖国家合作组织作为发展中国家成立的多边国家合作组织，应积极落实联合国2030年可持续发展的17个目标，并为其他发展中国家在可持续发展方面提供务实有效的帮助与支持。

金砖国家成员的地缘与国情差异等特性使金砖国家合作组织从一开始便是经济属性高于政治属性的多边组织,其合作共识的要点在于"平等发展,自主发展,绿色发展和包容性发展,国家间彼此互为条件,相互促进"①,这一基本共识展现了发展中国家在外部势力援助与内部自主发展间的权衡中所追求的理想状态。

金砖国家的合作共识与发展中国家在落实可持续发展项目时的诉求相符,这为金砖国家合作组织构建新可持续发展模式提供了可行性依据与支持。金砖国家组织对于非成员国具有极强的包容性,成员皆属于发展中国家却在全球经济发展中贡献突出,这使得组织成员国在发起国家倡议、参与国际合作时能够以发展中国家的利益为出发点更好地代表广大发展中国家,为发展中国家在不同国际组织中谋求更多参与发展规则制定的权力与机会,从根本上动摇传统发达国家通过国际组织来巩固其国际政治经济影响力的运作机制,逐渐改变国家间权力不对称引发的外部势力干预发展中国家内部发展。

四、新可持续发展与新自由主义

传统意义上的可持续发展从自然、人类与发展三方面入手,试图寻求兼顾三方且不损害后代利益的发展模式。这一发展模式在当时人类对于发展认知极其有限的情况下极具创新地提出,人类不应着眼于短期的经济发展最大化而忽略优先发展经济造成的环境破坏、资源浪费、贫富差距等一系列从长远发展角度看来会给个人、社会乃至全世界造成不可逆的损害,从而影响下一代人良性发展的可能性的问题。但从提出概念,到联合国 2030 年可持续发展议程列出 17 个具体目标至今,可持续发展的推进总体都是以国际组织为主要援助方,通过为具体国家中的发展项目提供资金与技术援助的方式进行可持续发展项目推进。这种推进方式从根本上延续了发达国家在国际事务中一贯的行事方案。

仔细阅读可持续发展相关文件很容易发现,可持续发展理念强调发展对人类与自然的影响;这一要点通过发展理论的科学性与价值中立性弱化"国家""政府"概念的同时,将各国民众设定为同一利益群体,可持续发展理论表面不具有政治色彩与外交意图这一特性,使得国际组织、私人非营利组织在发展中国家内开展活动

---

① 朱杰进:《试析金砖银行的发展理念创新》,《复旦国际关系评论:金砖国家与全球经济治理》,上海人民出版社 2016 年版,第 5 页。

不会招致该国政府的反感与质疑。

已有的可持续发展概念之所以模糊"国家""政府"在人类可持续发展中存在的重要性,是因为发达国家作为此概念的发明方长期推崇新自由主义。新自由主义所推崇的社会政策理论强调极端的个人自由与私有制的重要性,并认为政府对于社会、经济的干预不利于发展也有害于个人自由,①这也从理论角度解释可持续发展方面系统性推进过程中一直在弱化"国家"与"政府"存在感的原因;可持续发展不具政治化的印象一旦深入人心,会为国家层面开展可持续发展方略的制定与整体实施带来一定阻碍。

事实上,国家利益与国民的切身利益不可分割且不相冲突,发达国家不遗余力地推销新自由主义却试图从意识形态方面入手影响国民对所在国家与政府产生负面甚至是敌对情绪,将国民推向国家的对立面,试图以这种方式割裂国家利益与人民利益。当国家与国民无法站在同一出发点时,有效发展将是纸上谈兵。

长期以来,发达国家从政治、经济、军事、文化四个切入点全方位推销新自由主义,以此影响着世界朝着对其有利的方向发展,试图在此基础上建立单极世界格局。通过国际组织推销其新自由主义是发达国家常用的手段,由于内部发展的局限性,任何国家发展到一定程度都需要重视对外合作,无论发展中国家选择怎么样的发展道路与模式,无关其国家本身的政治制度、宗教信仰、文化传统、历史渊源等因素,凡涉及国际事务、文化交流、经济合作等事务就受到外部新自由主义意识形态的影响。这从根源上限制了发展中国家的独立发展空间。

新自由主义宣传个人自由的至高无上,并会引导受众群体认为该意识形态优于其群体原本基于宗教、文化、性别等因素形成的固有价值体系;诚然,这便是发达国家所期待的,让更多来自发展中国家与其他第三世界国家的年轻人与精英阶层对本身所拥有的价值体系贴上"陈旧愚昧"的标签并试图完全摒弃,以更好地拥护新自由主义所崇尚的个人自由。发达国家利用自身极具优势的教育系统培养深度认同其意识形态的第三世界人员并将他们输送回本国、在国内各个领域担任重要位置,与此同时,以教育、文化传播、政策制定、非营利组织援助项目等方式影响更多本国国民的意识形态,并利用他们推动新自由主义在国内的发展。

除了文化传播、教育等较为隐匿的渗透方式,发达国家还通过大型跨国企业在发展中国家市场的扩张来影响具体国家的产业发展、经济走向甚至是相关政策制

---

① 王学军、程恩富:美国新自由主义兴衰的权力逻辑,载 http://theory.people.com.cn/n1/2017/0809/c40531-29460415.html。(登录时间:2023 年 6 月 21 日)

定。发展中国家尤其是尚处于发展初期的国家会为吸引大型跨国企业来国内发展而提供优惠的税收政策与配套设施,在此过程中,跨国企业握有与政府机关博弈的机会并有影响相关产业政策方向的可能性(此处仅讨论大型跨国企业对于发展中国家的影响,实际上大型跨国企业对于发达国家的社会与政治层面影响同样错综复杂)。在经济层面,新自由主义经济协助发达国家垄断国际资本从而试图维护发达国家已有的经济权力不被大型发展中国家削弱,以此维持世界经济的旧有秩序。作为现代金融体系的规则制定方与主要参与方,发达国家极易通过外汇市场与期货市场来操纵发展中国家的金融稳定性,尤其是资源依赖性国家的金融稳定与社会稳定。新自由主义崇尚市场化并厌恶政府对市场的调控与干预,这一点无疑与发展中国家建立健康的金融体系的意愿相违背,也使得发展中国家在国际市场中进行发展项目融资等面临阻碍与巨大风险,以增加融资成本的方式从外部加剧发展中国家内部的贫富差距悬殊。

发展中国家在推进可持续发展项目时困难重重的原因不仅在于本国的基础建设薄弱,也在于已有的可持续发展理念本质上与发达国家所推崇的新自由主义相矛盾。新自由主义在经济层面倡导私有制与市场自由化,直接导致市场竞争加剧社会财富向生产资料拥有者聚集进而扩大贫富差距,而可持续发展的首要目标便是"在全世界范围内消除一切形式的贫困";①新自由主义极力推崇个人自由且认为"平等原则"是不科学的概念,这与可持续发展中涉及弱势群体权益保护、促进各年龄段人的健康福祉的目标相违背;新自由主义在文化层面只尊重本民族文化,对于其他族裔的文化传统极力排斥,这与可持续发展所追求的反对歧视完全相悖。

发达国家长期向第三世界推广其新自由主义意识形态却又积极倡导与其意识形态相矛盾的可持续发展理论,一方面强调可持续发展的重要性并向广大发展中国家推广落实方案,积极提供经济援助,另一方面却消极应对可持续发展议程所关心的贫富差距等现实问题在其国内的发展现状。发达国家消极应对本国可持续发展问题的浅层原因是发达国家发展起步较早,基础建设完善却较为陈旧,想要全面落实可持续发展方案需要摒弃前期在基础建设方面的优势以重新投入大量资源建设符合可持续发展要求的基础建设;而深层原因在于,可持续发展理念本身就与发

---

① 中华人民共和国外交部:中国落实 2030 年可持续发展议程国别方案,载 http://infogate.fmprc.gov.cn/web/ziliao_674904/zt_674979/dnzt_674981/qtzt/2030kcxfzyc_686343/zw/201610/P020210929391201738984.pdf。(登录时间:2023 年 6 月 21 日)

达国家所推崇的新自由主义相矛盾。发达国家在国际组织中利用极具优势的话语权与投票权制定偏向于发达国家利益的规则,这些国家通过国际组织倡导可持续发展理念与方案的潜在目的是通过推广科学发展方式使得其他国家的发展路线实际朝向利于发达国家的方向,通过带领各国朝向可持续发展的倡议来创造发达国家以非政治目的全方位干涉发展中国家各个层面发展规划的机会。

发达国家推销新自由主义意识形态的四个切入点恰好针对国家利益的四个部分:政治利益,经济利益,文化利益和安全利益;①新自由主义不断强调个人自由的重要性并不遗余力地从这四个角度介入发展中国家内部发展,本质上就是为了彻底动摇发展中国家的国家利益,以此维持发达国家相对发展优势,从而巩固曾经以发达国家为核心的全球发展格局。从实际层面看,每个国家的发展规划所追求的都并不仅限于联合国 2030 年可持续发展议程提出的 17 个目标,国家整体有序发展需建立在有序的社会环境、增长的经济环境和平稳的政治环境基础之上,②此外,地缘、文化、宗教、历史等因素都会导致每个国家的整体发展路线与发展目标的差异。发达国家对于其他民族文化传统的排斥注定使其无法对发展中国家选择自主发展路线抱有完全开放的态度,因此,将可持续发展目标融入具体国家的中长期发展计划并维持本国发展自由度,对于发展中国家是个不小的挑战。

发展中国家的崛起之路势不可挡,且不会因为发达国家不择手段维护现有世界格局而作出妥协。金砖国家若要从发展中国家角度构建并推广新可持续发展,必须要优先考虑国家利益的可持续发展。当国家利益得到稳定时,各个国家才能将更多公共资源分配到可持续发展目标相关的项目中,从而在 2030 年前实现可持续发展。国家作为参与落实可持续发展目标的主体,国家利益的可持续发展是国家推动积极发展的动力,发展中国家维护国家利益的目的就是在与新自由主义对抗过程中谋求符合自身需求的新发展道路;同时,国家利益是国际关系运行的根本动因,也是主权国家在复杂国际关系格局中生存与发展需求的总和③,由此可推,发展中国家只有在具体合作项目中看到其本身国家利益得到满足的可能性与可观回报率时才会积极参与到对外合作并有效推进具体发展项目;当具体发展合作项目的预估回报(特别是经济利益与政治利益)低于国家参与该项目所要付出的成本

---

① 尚伟:《正确义利观的科学内涵与积极实践》,《马克思主义研究》2021 年第 8 期。

② 孙晓莉:深刻把握维护经济发展和社会稳定大局的方法论,载中国共产党新闻网,http://theory. people.com.cn/n1/2020/0810/c40531-31816572.html。(登录时间:2020 年 8 月 10 日)

③ 刘友法:《新型大国关系基本特征及中国对策思考》,《国际安全新态势与中国外交新应对》,世界知识出版社 2013 年 5 月版,第 325—336 页。

总和时,国家倾向于拒绝参加或以消极的态度参与合作项目。因此金砖国家在推广新可持续发展模式与理论的过程中应侧重于新可持续发展对于自身国家利益的助力。

新可持续发展的核心就在于国家利益的可持续发展,以国家利益可持续发展为基本逻辑,从政治、经济、文化、安全四个具体方面进行合作与相互支持,为发展中国家提供基础建设与可持续发展相关的发展资金支持与技术支持,从而使其能够自主推进基础建设项目,以此主动落实可持续发展目标而非过度依赖外界援助。所谓"授人以鱼不如授人以渔",帮助发展中国家学习到自主发展的方法才能够从根本上帮助发展中国家在复杂局势中独立思考,作出对本国发展有利的发展决策。

构建新可持续发展理论体系并不是金砖国家组织虚构的空中楼阁,也不是单纯对抗发达国家的武器,而是对当前国际形势与未来发展走向进行谨慎研判后作出的顺应历史发展规律的决定。新可持续发展不是为了全盘否定已有的可持续发展,而是试图建立一套兼容性更强的发展体系,为所有积极参与可持续发展的国家提供另一种达到可持续发展目标的道路。新可持续发展在原有可持续发展理论基础之上作出相应调整,以国家利益可持续发展为底层逻辑,减少新自由主义在理论、实践中的影响,充分尊重各国自身的文化传统、民族特性与发展诉求,为发展中国家追逐可持续发展目标提供自主发展的空间。

五、新可持续发展的实践

近20年,世界经济格局随着全球化的进程而发生翻天覆地的改变,但由于发达国家对于全球资本市场与世界公共产品的长期把控,以金砖国家为首的发展中国家即使在对全球经济贡献不断增长的情况下依然对全球经济影响十分有限,经济贡献对经济影响的转换率低本质上是经济贡献与可获得的经济权力不匹配造成的;经济权力的薄弱直接导致经济利益分配的不公,发达国家却希望利用此种不对称状态维持发展中国家作为"代工工厂""原材料产地"的地位,希望以此扩大国家间的贫富差距与发展差距。因此,金砖国家成员积极参与 IMF 等其他多边金融机构内部的各项事务,尤其是关于组织内部份额改革,以期待获得更多与之经济贡献相匹配的经济权力。

历经数次金融危机,发达国家在全球范围内已有的相对经济优势在不断缩小,但发展中国家经济整体的增长率从 2015 年到 2021 年间仅提升 2.55％。①由此看来,发展中国家整体对世界经济贡献的相对增长率较为瞩目但绝对增长率却相对缓慢,这从经济数据中直观体现出发展中国家由于经济权力薄弱导致无法将经济贡献以更高的转换率转化为具有更加深刻的经济影响力;发展中国家想要通过自身经济发展对世界经济做出实质性经济影响,甚至参与全球金融体系改革,就必须争取与其经济贡献对等的经济权力,例如 IMF 中与之经济贡献相匹配的份额。但在新自由主义横行的国际局势中,单纯通过在世界经济中贡献经济增长数值、在国际组织内大量注资的方式无法有效获得与资金投入相匹配的影响力。自 20 世纪 70 年代开始,沙特、科威特、阿联酋与卡塔尔四个海湾国家便开始通过向国际组织大量注资的方式试图换取在全球经济治理中的相应影响力;海湾四国作为积极参与国际援助的主要发展中国家力量同时也贡献了中东地区绝大多数的人道主义援助。实际上海湾四国并未获得预期收益,其经济影响力反而在此过程中有所下降。2008 年,沙特官员明确表示,如果本国无法获得与之额外注资相匹配的 IMF 份额,沙特将不会向 IMF 加大注资。②在随后召开的二十国集团峰会中,成员国一致推动 IMF 历史上最大规模的份额改革,发展中国家与新兴经济体的整体话语权与融资能力得到有效提升,但沙特所持有的份额在此次改革中从原先的 2.93％降为 2.08％。贡献与所得影响力分配不公的现象不仅是经济权力薄弱,同样也有政治权力薄弱的因素存在,因此发展中国家需要由拥有强政治权力的国家代表发展中国家利益,推动 IMF 份额改革朝着有利于发展中国家利益的方向发展。作为发展中国家的代表同时也是目前世界第二大经济体,中国同样面临经济权力与经济贡献不对等的现实,但作为联合国安理会五大常任理事国之一,中国所拥有的政治权力使其在国际事件中具有显著优势并能够在一定程度上弥补经济权力的不足。③出于自身发展与发展中国家广大经济利益的双重考虑,中国与其他具有较强政治权力的金砖国家成员需继续努力争取更多 IMF 份额。

在 IMF 运作体系中,成员国所持有的份额不仅关乎其投票权,也影响到特殊

---

① 中华人民共和国中央人民政府:世界经济增长乏力 外部环境更趋复杂——2015 年世界经济回顾及 2016 年展望。载中华人民共和国中央人民政府网站,https://www.gov.cn/xinwen/2016-03/07/content_5050333.htm。(登录时间:2023 年 6 月 19 日)

② 沙特国王经济顾问 Ihasan Buhulaiga 关于戈登布朗提议沙特向 IMF 追加注资一事的评论。载 https://finance.ifeng.com/a/20081114/210727_0.shtml。(登录时间:2023 年 6 月 19 日)

③ 白联磊:《中国为何不愿使用经济制裁?》,《金砖国家与全球政治治理》,上海人民出版社 2016 年版,第 163 页。

提款权(SDR),以美国为首的发达国家长期掌握大量份额使得推动 IMF 改革成为一个漫长且艰难的过程;但在这种背景下,发展中国家仍然在每次改革中都取得实质性的成果。2010 年,IMF 改革将发达国家约 6% 的份额转向新兴市场国家;2015年的份额与治理改革中,中国的份额从原来的 3.996% 增加至 6.394%,成为仅次于美国和日本的第三大份额国,中国、俄罗斯、巴西、印度四个金砖国家成员在此次改革后跻身 IMF 股东行列前十。[1]2018 年国际金融危机之后,IMF 在危机中承担世界性、区域性金融问题的治理能力与合法性再一次受到质疑,针对组织治理方式与份额的改革迫在眉睫,2019 年组织推进份额改革,中国人民银行副行长在此次关于份额改革的会议中发言指出,"此次 IMF 份额改革应客观反映成员在全球经济中的相对地位,同时增强新兴市场和发展中国家的话语权与代表性"[2]。该发言客观陈述了发展中国家经济贡献与经济权力严重不对等的现实问题,声明发展中国家在经济发展中的诉求不仅限于 GDP 数值的增长,发展中国家更希望通过对世界经济的贡献来获得经济权力以此实质性地参与全球经济治理。

发展中国家在多边金融机构内的不断努力也使得 IMF 的决策、运作模式逐渐从以发达国家利益为中心的模式逐渐转向具有真正全球化格局、切实关注发展中国家利益的模式。目前,美国在 IMF 中的份额仍超过 15%,具有重大事务一票否决权(当前份额为 16.5%),IMF 在为各国提供的发展融资时依然以发达国家偏好为主,并未完全切实考虑发展中国家的诉求。2023 年 6 月,联合国秘书长古特雷斯指出,七国集团成员(总人口约为 7.7 亿)在疫情期间从 IMF 获得总计相当于2800 亿美元的资金援助,而一些最不发达国家(总人口约为 11 亿)同期获得的资助总计约为 80 亿美金,[3]实际上,这一巨大差异已经是建立在 2021 年 IMF 增发特别提款权为更好地帮助发展中国家应对疫情中大量消耗资产储备的前提之下。这种公共产品供给与需求的错位直接导致国际公共产品的摩擦性浪费,更需要大量资金援助的发展中国家由于份额问题无法获得足够处理危机的公共产品。

关于 IMF 份额的改革还在继续。这 20 年间,发展中国家在 IMF 份额与治理

---

① 傅苏颖:IMF 份额改革正式生效　中国投票权升至第三,载中国经济网,http://finance.ce.cn/rolling/201601/29/t20160129_8625009.shtml。(登录时间:2023 年 6 月 18 日)

② 中国人民银行副行长在第三十九届国际货币与金融委员会(IMFC)会议中的发言。载中华人民共和国政府网站,https://www.gov.cn/xinwen/2019-04/15/content_5382846.htm。(登录时间:2023 年 6 月 17 日)

③ 郄婕:联合国秘书长:IMF 和世行"该改革了",载新华网,http://world.people.com.cn/n1/2023/0618/c1002-40016384.html。(登录时间:2023 年 6 月 18 日)

改革中的实质性收获证明发展中国家对世界经济的影响正在缓慢却坚定地从单纯的经济增长转向对于世界经济体系改革的实质性介入;改变公共产品摩擦性浪费导致的发展中国家无法有效获得足够发展融资的根本方法在于推动多边金融机构份额改革,以及构建符合发展中国家经济利益的多边金融机构以弥补现有多边金融机构与国际组织无法涉及的空白。因此,金砖成员国在积极参与多边金融机构改革的同时,筹备建立具有发展中国家代表性的多边金融机构——金砖国家新开发银行(简称为:金砖银行)。

在金砖银行的开业仪式中,我国财政部部长楼继伟致辞强调,金砖银行作为新兴市场国家发起建立的多边金融机构,将更多地关注发展中国家的需求,更好地尊重发展中国家的国情,更多地体现发展中国家的理念,[①]这无疑明确了金砖国家作为多边发展银行的经营理念。《金砖银行协定》明确指出金砖银行不具备政治属性,不通过经济方式介入成员国与其他借款国的政治事务,[②]因此,金砖银行助力发展中国家在获得发展资金援助与技术支持的同时仍协助其保持发展独立性,切实维护发展中国家的经济利益与政治利益完整性。成立金砖银行不仅仅是金砖国家在经济领域的重大举措,也是构建新可持续发展体系的重要部分,其非政治属性与专注发展中国家需求的运营模式是金砖国家针对新可持续发展的重要实践,契合新可持续发展体系中关于经济利益与政治利益可持续发展的诉求,并通过为发展中国家的具体项目提供资金支持其达到可持续发展目标。

从新可持续发展角度出发,金砖银行不仅是一家为发展中国家提供发展融资的多边金融机构,也是一家知识银行。知识银行是当前知识经济时代的产物,其运营本质与传统银行类似,把知识当作与金钱相似的可储存财富进行借贷活动,本质上是促进知识资本向货币资本的转化的过程。约瑟夫·斯蒂格利茨曾指出,发展中地区的贫困不仅是资本匮乏的结果,也是发展知识鸿沟造成的。[③]金砖银行将知识资本化实际上有效降低获取知识的壁垒,减少发展中国家在追逐可持续发展目标时由于缺乏专业发展知识而走弯路,也使得发展中国家以更科学的态度对待本国历史文化传统,从而理性地维护国家历史传统完整性与真实性,避免其被新自由

---

① 楼继伟:《在"新开发银行:从理念到实际"国际研讨会上的开幕致辞》,载 http://www.ccgp.gov.cn/ldjh/201711/t20171108_9124466.htm。(登录时间:2023 年 6 月 18 日)

② 《关于新开发银行的协定》第 13 条,第 e 款。

③ Joseph E. Stiglitz, *Towards a New Paradigm for Development: Strategies, Policies and Processes*, Paper presented at the 1998 Prebish Lecture, UNCTAD, Geneva, 19, October 1998, http://www.unctad.org/edu/docs/prebisch9th.en.pdf.

主义与历史虚无主义曲解、篡改甚至全盘否定，以此更好地做到文化利益可持续发展。

长期以来，发达国家一直以知识产权保护为理由，不断对发展中国家的产业升级进行封锁，知识银行的建立可以促使发展中国家的企业与个人在获取专利使用权方面得到便利，这也从根本上促进发展中国家的产业升级从而达到经济利益可持续发展。知识银行是一个科研工作者转化自己成果的平台。发达国家在科研方面具有强势地位的一大原因是资本、高等教育与生产商的有效衔接，但发达国家为进入这一圈层设置准入壁垒，即学者需要接受有利于美国的价值观，这种文化层面的霸权行为阻碍发展中国家学者将其专利与研究成果顺利转化为具有实用价值的产品并推向市场。金砖银行作为着重关注发展中国家国家利益的知识银行，为发展中国家的学者提供知识资本向货币资本转换的平台，减少发达国家文化霸权行为对科研的不利影响，使拥有专利的学者、科研人员在通过自身研究成果获利的同时，能够继续进行教育、研发以此带动更多本国青年学者。中国在文化利益可持续发展方面的实践不仅有金砖银行，还有粤港澳大湾区将科研机构、高新科技产品产业链、科技类融资机构三方汇集，将人才、资本与生产力进行有机结合，为中国发展战略性新兴产业提供有力支撑，并助力科技成果转化为经济发展。[1]这一模式将有助于科研人员减少受到外部文化霸权的影响，并有利于将本国科研成果转化为本国经济发展动力。

金砖银行作为金砖国家组织在新可持续发展方面的重要实践，在帮助发展中国家取得经济利益与文化利益可持续发展的过程中，也帮助发展中国家推进"消除贫困"这一可持续目标。这从侧面可以证明，新可持续发展模式在维护国家利益可持续发展的同时落实联合国 17 个可持续发展目标是可行的。

新可持续发展体系的运作逻辑在于维护国家利益的可持续发展，而国家利益也是评估具体国家政治与外交状况的一大标准，因此，促进各国国家利益可持续发展有利于缓解国家间的紧张关系及区域性稳定程度。金砖国家成员国在积极推广新可持续发展方面并不局限于经济层面帮扶，也涉及政治外交方面的互助，这种涉及政治利益的可持续发展并非以强势姿态干涉他国内政，而是在外交层面建立有效对话平台促成紧张国家间关系的缓解与和解。

沙特与伊朗两大中东国家由于宗教、地缘及能源方面的长期矛盾导致两国的

---

① 黄伟主编：《战略性新兴产业通识》，机械工业出版社 2020 年版，第 15 页。

关系处于对抗模式,严重影响中东地区的政治格局与地缘局势稳定。2023 年 3 月,沙特与伊朗两国在中国的友好推动下达成和解协议并决定恢复外交关系,以此结束两国长达数十年的政治对立。①沙特方面表示,两国和解将有效推动中东地区的稳定发展,这也将促使本国将更多注意力转移至经济发展层面,为沙特经济去石油化与提升国际经济地位奠定基础,向 2030 年可持续发展目标更进一步。②

沙特与伊朗两国关系的和解,不仅对两国政治利益方面具有不可忽视的意义,也为遭受长期矛盾的国家展示非暴力方式解决长期冲突的可能性,无论其所面临何等复杂的冲突因素,都存在以和平外交的方式解决的可能性。

六、中国落实可持续发展的进程

自 2015 年联合国可持续发展大会召开以来,中国一直以自己的方式坚定积极落实联合国 2030 年可持续发展议程;作为可持续发展的首要目标,消除全世界范围内一切形式的贫困一直是中国努力实践的方向。2021 年,"习近平总书记庄严宣告:我国脱贫攻坚战取得了全面胜利! 8 年来,近 1 亿人脱贫、832 个贫困县全部摘帽"。③中国宣布国内全面脱贫标志着中国一直坚持的扶贫脱困方式通过实践印证其为科学性的有效脱贫方案。不仅在国内,中国在国际消除贫困工作与他国的通力合作中也取得切实成果,在非洲援建的 24 个农业技术示范中心向当地 50 万余民众传授科学农业知识,帮助其进行科学种植,从根本上促进当地可持续农业的形成。④

世界范围内处于长期贫困的地区与人群无法摆脱贫困的因素复杂且具有地区差异性,但根本原因是在于长期采用的传统脱贫方式本身具有局限性与不可持续性。发达国家极力推崇的新自由主义本质上与 2030 年可持续发展议程的意愿相违背,可持续发展议程着重关注消除一切形式的贫困,减少国家间、国家内的不平

---

① 邹治波:《世纪和解:沙特与伊朗握手言和的意涵与启示》,载 https://cn.chinadaily.com.cn/a/202303/15/WS6411a808a3102ada8b233c89.html。(登录时间:2023 年 6 月 21 日)

② 阿中产业研究院:《沙特 2030 年愿景:从石油依赖到经济多元化的转型之路》,载 https://www.163.com/dy/article/I7P7HETI05560XD6.html。(登录时间:2023 年 6 月 23 日)

③ 中华人民共和国中央人民政府:《脱贫攻坚战,全面胜利!》,载 https://www.gov.cn/xinwen/2021-02/25/content_5588879.htm。(登录时间:2023 年 6 月 20 日)

④ 中国外交部发言人汪文斌在 2020 年 10 月 29 日外交部例行记者会上回答记者关于国际消除贫困工作的问题,载 https://www.chinanews.com.cn/gn/2020/10-29/9325916.shtml。(登录时间:2023 年 6 月 21 日)

等,实现性别平等、增强妇女儿童权益等,①这些可持续发展目标与新自由主义意识形态影响下的社会理论背道而驰。新自由主义默认了贫富差距悬殊存在的合理性并认为社会不平等的存在属于正常社会现象而无需得到矫正;新自由主义经济强烈反感政府机构对于市场的介入与干预,因为政府对于市场的干预是对财富进行再次分配的过程。②这种认知下的市场化经济无疑加剧了国家内部的贫富差距悬殊。因此,作为全球主要贫困地区援助方的发达国家及其主导的国际组织试图在全世界范围内推广新自由主义,实际上成了加剧地区贫困与贫富差距悬殊的幕后推手。

世界银行作为致力于全球范围内减贫问题的多边国际组织,一直以来主张经济发展论作为减贫脱困的主要理念,通过直接增设减贫项目贷款试图解决贫困问题;但这些减贫项目只能在短期内缓解贫困地区人口面临的困境,一旦世界银行减少对于此类项目的长期资金援助将导致项目无法高质量推进,贫困地区的发展状况也将逐渐退回原有状态。通过减贫项目与人道主义援助来满足贫困人口的基本需求只能解决由贫困造成的负面影响,而深层次导致贫困的问题则被忽视,导致贫困问题无法改善,更不能被根除;传统扶贫方式只会养成贫困地区人口怠于生产而消极等待外界组织救助的恶性循环,最终导致投入援助资金越多的地区却越贫困。

金砖国家成员作为发展中国家,切身理解贫困地区发展所真正需要的帮助。金砖国家坚持以基础建设与可持续发展为脱贫重心,以帮扶贫困地区开展基础建设来创造基础就业岗位,带动贫困人口以参与工作的方式创造经济价值来获得相应报酬,逐步改变贫困人口完全依靠外部援助的生活模式,引导贫困人口主动脱离贫困。脱贫是一个漫长且艰巨的项目,消除贫困人口也不是全面消除一切形式贫困的标志,而是可持续性脱贫的第一步;脱贫人口获得长期稳定就业岗位的最大阻碍在于整体贫困人口劳动力的技能水平不高,所能获得的就业岗位受季节、外出务工成本、工作项目持续时间长短等外部因素影响很大,③因此可持续性脱贫的关键在于保障基础就业机会供应稳定与培养脱贫劳动力的专业技能,从经济与个人两方面保障脱贫人口收入稳定增长,避免大规模返贫现象。有效脱贫可以从根源上

---

① 中华人民共和国外交部:《变革我们的世界:2030 年可持续发展议程》,载 http://infogate.fmprc.gov.cn/web/ziliao_674904/zt_674979/dnzt_674981/qtzt/2030kcxfzyc_686343/zw/201601/t20160113_9279987.shtml。(登录时间:2023 年 6 月 20 日)

② 沙烨:《撕裂的美国:新自由主义政策如何加剧贫富分化》,《东方学刊》2021 年 12 月冬季刊。

③ 陈发明:《托稳脱贫人口增收"基本盘"》,载 http://news.cctv.com/2022/06/15/ARTIrSjjTLsqVuAdqLbDO5HS220615.shtml。(登录时间:2023 年 6 月 21 日)

减除部分影响社会安全的不稳定因素，促进国内安全利益可持续发展。

深化全球脱困减贫合作是推动可持续发展的重要举措，①脱贫过程中所需解决的问题几乎包含所有可持续发展目标内容，成功脱贫将是各地区、国家在完成2030年可持续发展目标中的重中之重。

七、结　语

在联合国可持续发展议程下，各国在努力朝可持续发展目标发展的同时，也在积极探索落实可持续发展目标的不同路径。已有的可持续发展理论体系建立在发达国家价值体系之上，对于脱贫减困等问题的见解与处理方式不完全适用于发展中国家。作为发展中国家成立的多边组织，金砖国家合作组织积极建立新可持续发展为广大发展中国家提供符合发展诉求的可持续发展模式，并专注于从实践中探索发展中国家的独立发展可能性。金砖国家构建的新可持续发展着重以国家利益可持续发展为底层逻辑，从经济利益、政治利益、文化利益与安全利益四个方面落实联合国2030年可持续发展议程。

发达国家推广的新自由主义试图从本质上影响发展中国家人民的意识形态与国家发展规划，从而维持以发达国家为中心的世界格局。随着发展中国家整体发展的不断加快，以发展中国家不再满足于追随其他国家的发展脚步，而追求与本身经济贡献相匹配的经济权力以深度参与全球事务规则制定与治理。国际组织的份额改革必然会遭遇发达国家的阻碍；因此，采取国家利益可持续发展为重心的新可持续发展为发展中国家落实可持续发展的主要落实路径，有助于夯实国家发展基本盘，以此有效应对在未来发展中来自发达国家的阻碍。

（陈璐赟，深港澳特许金融科技师一级持证人）

---

① 习近平主席在主持全球发展高层对话会时发表的讲话，载 http://www.xinhuanet.com/2022-06/24/c_1128774450.htm。（登录时间：2023 年 6 月 20 日）

双边气候适应援助的分配：脆弱性、准备程度和政治利益

赵晨汐

【内容摘要】 本文旨在研究发达国家双边气候适应援助分配数量的决定因素，从而优化分配原则、增强全球气候正义。本研究采用多元线性回归的定量研究方法，以受援助国在 2010—2021 年受到的双边适应援助总数作为因变量。研究结果表明：首先，一个国家的环境脆弱性越高，受援助数量越多；其次，在分配时援助国会考虑自身的政治利益，政治利益越多，给予援助数量越多；最后，更重要的是，受援国对接受气候援助的准备度越高，受援助数量越多，这意味着众多发展中国家可以通过提高自身治理水平来获得更多适应援助。

【关键词】 双边气候援助；脆弱性；准备度；政治利益

一、引 言

气候援助（Climate Aid）是官方发展援助（Official Development Assistance，ODA）的重要部分，近年来其数量在不断增加。结合现有实践与理论，气候援助的含义是"有关国家或国际组织为应对和适应气候变化而采取的针对特定国家或地区的资金、技术等援助措施"。[1]因此，气候援助在功能上一般分为减缓与适应两类：前者是为了直接减少温室气体排放，后者是为了降低或管控与气候相关的灾害风险。[2]1992 年通过的《联合国气候变化框架公约》（UNFCCCC）指出，发达国家缔

---

① 冯存万：《南南合作框架下的中国气候援助》，《国际展望》2015 年第 1 期。

② T. F. Stocker, D. Qin, G.-K. Plattner, M. Tignor, S.K. Allen, & J. Boschung, et al.(Eds.), *Climate change 2013：The physical science basis*. Contribution of Working Group I to the Fifth Assessment Report of the Intergovernmental Panel on Climate Change(IPCC)，Cambridge：Cambridge University Press，2014, pp.1447—1466.

约方(附件二国家)有义务为发展中国家提供新的、额外的、充足的、可预期的资金。①在 2009 年哥本哈根气候峰会上,发达国家群体承诺在 2020 年之前,每年向发展中国家至少提供 1 000 亿美元资金。②但事实上,发达国家不仅在 2020 年前未履行该承诺,而且直到 2023 年 11 月份也并未履行。

双边援助是气候援助的主要方式,其中适应援助逐渐受到各国重视。2020年,全球公共气候融资规模为 683 亿美元,双边援助规模为 314 亿美元,占比 46%③,已经占据气候援助的半壁江山。随着极端天气不断增加,各国意识到气候恶化趋势难以遏制,需要将重心放在如何应对方面,因此,适应援助而非减排援助的重要性和紧迫性逐渐凸显。根据世界银行 2013 年的报告显示,投资灾害预防比支付重建费用更具有成本效益。④因此,作为处于气候危机影响前沿的小岛屿发展中国家,联合国及其他气候组织逐渐将重心转移至小岛屿国家气候韧性 (Resilience)建设项目,聚焦气候适应任务。⑤对于其他发展中国家,其也深深认识到减排并非阻止环境恶化的唯一方式,增强自身对气候变化的适应性是重要能力之一。

上述内容引发如下思考,发达国家是否真的向最需要的发展中国家给予之前承诺的援助? 在分配适应援助资金时,援助国考虑的主要因素有哪些? 因此,本文的研究问题是发达国家双边适应援助分配的决定性因素是什么,以此探究发达国家在气候适应援助方面的核心分配标准。

二、文献综述与假设

一般来说,气候适应援助分配标准面临优先考虑最脆弱国家、最不发达国家援

① UNFCCC, United Nations framework convention on climate change. Document FCCC/INFORMAL/84, 1992.
② UNFCCC, Decision 2/CP.15. Copenhagen Accord. Document FCCC/CP/2009/11/Add.1, 2009.
③ OECD, Aggregate trends of Climate Finance Provided and Mobilised by Developed Countries in 2013—2020, 2022, https://www.oecd.org/climate-change/finance-usd-100-billion-goal.(登录时间:2023 年 6 月 20 日)
④ Kelman, I., "Disaster Mitigation is Cost Effective", World Bank, Washington, DC.© World Bank, 2013.
⑤ United Nations, "Small island states fight back against nature loss, climate change", 02 MAR 2023, https://www.unep.org/news-and-stories/story/small-island-states-fight-back-against-nature-loss-climate-change.(登录时间:2023 年 6 月 20 日)

助与确保援助有效性、效率之间两者的权衡。①从公平性角度讲,作为气候脆弱性最强的小岛屿发展中国家和最不发达国家,其排放的温室气体最少,但却因自然地理条件承受最严重的气候变化负面结果,应优先对其进行援助。②从有效性角度讲,这些气候脆弱国家其国家能力较差,无法将气候援助资金利用最大化,会对资金造成大量浪费。③综合以上因素,目前学界在适应性气候援助分配标准方面主要有以下观点:

在脆弱性(Vulnerability)方面,多数研究者认为受援国的脆弱性在总体水平上应然且实然地影响适应援助的多少。从应然角度,《联合国气候变化框架公约》中规定"气候变化谈判的缔约方原则上同意,'特别容易受到气候变化不利影响'的国家应被优先考虑"。④学者慕克吉(Mukherjee)根据数学推导发现,捐助者向受援国提供适应援助的有效分配规则之一是必须考虑受援者对气候变化的脆弱性。⑤学者格雷克施(Grecksch)根据正义、公平和公正(Justice, Equity and Fairness)原则,认为只有正确评估脆弱性和其责任问题,才能实现气候正义。⑥此外,从实然角度,学者贝佐德(Betzold)已经发现,高度易受气候变化风险影响的国家,即脆弱国家,无论是在本国人均气候适应援助数量方面,还是本国气候适应援助总额方面,均获得了更多的适应资金。⑦

然而,一些研究也表明,适应性援助的分配与受援国脆弱性之间几乎没有任何关联。例如,学者罗伯特松(Robertsen)认为,援助国在分配决策中没有考虑到脆弱性,无论是较贫穷的国家还是更容易受到气候变化影响的国家,都没有得到更多的适应援助。⑧因此,本文将再次验证脆弱性与援助数量之间的联系,提出如下

---

① Barr, R., Fankhauser, S., & Hamilton, K., "Adaptation investments: a resource allocation framework". *Mitigation and Adaptation Strategies for Global Change*, 2010, Vol.15, pp.843—858.; Ferreira, P. G. "Equitable allocation of climate adaptation finance: Considering income levels alongside vulnerability", CIGI Papers, No.152, 2017 November.

② 许健:《气候正义视阈下的"适应"制度考察》,《南开学报(哲学社会科学版)》2020 年第 1 期。

③ Vinuales, Jorge E. "Balancing effectiveness and fairness in the redesign of the climate change regime." *Leiden Journal of International Law*, Vol.24, No.1, 2011, pp.223—252.

④ UNFCCC, Decision 1/CP.21. Paris Agreement. Document FCCC/CP/2015/10/Add.1, 2015.

⑤ Mukherjee, V., Rübbelke, D., Stahlke, T., & Brumme, A. "Allocation of Adaptation Aid: A Normative Theory". *Jahrbücher für Nationalökonomie und Statistik*, Vol.242, No.4, 2022, pp.471—499.

⑥ Grecksch, K., & Klöck, C. "Access and allocation in climate change adaptation". *International Environmental Agreements: Politics, Law and Economics*, Vol.20, No.2, 2020, pp.271—286.

⑦ Betzold, C., & Weiler, F. "Allocation of aid for adaptation to climate change: Do vulnerable countries receive more support?". *International Environmental Agreements: Politics, Law and Economics*, Vol.17, 2017, pp.17—36.

⑧ Jamie Robertsen & Nathalie Francken & Nadia Molenaers, "Determinants of the flow of bilateral adaptation-related climate change financing to Sub-Saharan African Countries," Working Papers of LICOS-Centre for Institutions and Economic Performance 517217, KU Leuven, Faculty of Economics and Business (FEB), LICOS-Centre for Institutions and Economic Performance, Available at SSRN 2697497, 2015.

假设:

H1.1:脆弱性越高的国家,接收的适应援助数量越多

此外,本文尤其关注被联合国列为最易受气候变化影响的特别脆弱国家,是否接收到更多气候适应资金,即被联合国正式列出的小岛屿发展中国家(Small Island Developing States,SIDA)、最不发达国家(Least Developed Country,LDC)①和众多非洲国家。因为环境脆弱的发展中国家对气候造成的破坏最小,但却承受高昂的经济代价,也没有财政能力解决气候变迁的后果,其是应然的适应援助接受者。根据 IPCC 的最新报告,在 2010 年至 2020 年间,在"严重脆弱"地区,洪水、干旱和风暴造成的死亡比"非常低程度脆弱"地区高出 15 倍。②据世界银行数据,太平洋小岛国有估值为 1 120 亿美元的基础设施和经济作物正面临着自然灾害风险。③因此,考察这些国家是否因为被列入"特别脆弱"国家而获得更多援助是很有价值的,据此提出如下假设:

H1.2:被列入特别脆弱国家,其接收的适应援助数量多于其他国家

在援助有效性(Effectiveness)方面,本文则强调受援国的治理能力。经济合作与发展组织发展援助委员会(OECD-DAC)将援助有效性定义为干预实现或预期实现其目标结果的程度④;联合国经济及社会理事会(ECOSOC)将援助有效性定义为最大限度发挥资金对发展的影响⑤。以援助有效性为核心的《巴黎宣言》,其制定了具有操作性的有效分配援助资金的"巴黎原则",(Paris Principles)分别为自主性(Ownership)、一致性(Alignment)、协调(Harmonisation)、成果导向管理(Managing for Results)、共同责任(Mutual Accountability)。⑥如表 1 所示,该原则号召给予受援国更多权力,援助国和受援国之间加强合作,因此,本国政府治理能

---

① United Nations, Office of the High Representative for the Least Developed Countries, Landlocked Developing Countries and Small Island Developing States, https://www.un.org/ohrlls/.(登录时间:2023 年 6 月 20 日)

② IPCC, Impacts, Adaptation and Vulnerability. Working Group II Contribution to the IPCC Sixth Assessment Report, 2022.

③ World Bank. Pacific Islands Overview:Development news, research, data. Sep 23, 2022. https://www.worldbank.org/en/country/pacificislands/overview.(登录时间:2023 年 6 月 20 日)

④ OECD.Evaluation Criteria. https://www.oecd.org/dac/evaluation/daccriteriaforevaluatingdevelopmenta ssistance.htm # effectiveness-block.(登录时间:2023 年 6 月 20 日)

⑤ UN, Accelerating Progress in Aid Effectiveness: from here to 2011, http://www.un. org/en/ecosoc/newfunct/pdf /acce lerating_progress.pdf.(登录时间:2023 年 6 月 20 日)

⑥ Paris Declaration and Accra Agenda for Action. https://www. oecd. org/dac/effectiveness/paris-declarat ionandaccra agendaforaction.htm.(登录时间:2023 年 6 月 20 日)

力对援助有效性至关重要。①同时,学界研究也肯定在国际发展领域中,援助有效性的重要机制解释之一便是,受援国的制度环境和治理能力决定援助是否能被有效利用。②

表1 巴黎原则

原　　则	内　　容
自主性(ownership)	由发展中国家制定自己的发展战略、改善机构、打击腐败
一致性(Alignment)	援助国根据援助目标提供支持并使用当地系统
协调性(Harmonisation)	捐助国协调其行动、简化程序并共享信息以避免重复
成果导向管理 (Managing for results)	发展中国家和捐助者专注于产生和衡量结果
共同责任 (Mutual accountability)	捐助者和发展中国家均对发展成果负责

资料来源:OECD, Paris Declaration and Accra Agenda for Action。

综上所述,本文在援助有效性方面主要关注一个国家或政府的治理能力,即在国内有效地将收到的适应援助资金逐级传递给基层和最需要的地区的能力。现有研究认为,一个国家治理得越好,其应该得到的适应援助就越多,因为捐助者可以用适应援助奖励治理良好的国家,形成有效的正反馈,从而改善援助效果。③此外,学者莫里(Mori)发现,一个国家其强大的机构能力在吸引适应资金方面发挥了突出的作用。④学者多西(Doshi)认为执行能力越强,援助国越愿意将援助分配给这个国家,适应援助就越有效。⑤根据这些结果,本文提出以下假设:

H2:受援助国的治理能力越强,接收的适应援助数量越多

此外,由于双边援助是一国政府的财政拨款,在选择分配国家时自然会考虑到捐助者自身的国家利益。现有文献提供了大量援助国视角下援助分配行为的分

① 王妍蕾、雷雯:《〈巴黎宣言〉的框架分析》,《北京联合大学学报(人文社会科学版)》2013 年第 2 期。

② 郑宇:《援助有效性与新型发展合作模式构想》,《世界经济与政治》2017 年第 8 期。

③ Michaelowa, K., Michaelowa, A., Reinsberg, B., & Shishlov, I. "Do multilateral development bank trust funds allocate climate finance efficiently?". *Sustainability*, Vol.12, No.14, 2020, p.5529.

④ Mori, A., Rahman, S. M., & Uddin, M. N. "Climate financing through the adaptation fund: what determines fund allocation?". *The Journal of Environment & Development*, Vol.28, No.4, 2019, pp.366—385.

⑤ Doshi, D., & Garschagen, M., "Understanding adaptation finance allocation: Which factors enable or constrain vulnerable countries to access funding?". *Sustainability*, Vol.12, No.10, 2020, p.4308.

析,越来越一致认为援助者的自身利益是决定分配的主要影响因素。①因为无论在传统的南北援助还是不断发展的南南合作中,都很难将一个国家的对外援助归为投资、慈善、团结等某一单一范畴,而是多种目的集合体。②比如,对外援助常被看作塑造国家形象、开展公共外交的重要外交政策工具。③美国的国会参众两院与共和民主两党也均认同,在"二战"后对外援助是为国家利益之有效和必要工具。④在日本对东南亚地区的对外援助中,保障本国的经济利益与安全、服务于政治大国的理想贯穿始终。⑤因此,在对主要双边援助国的分配行为进行分析后,发现所有双边援助国都会根据自身利益和受援者的需求分配援助,而且捐助国的分配行为在受援国之间往往存在显著差异。⑥这一情况同样也出现在双边气候援助中。学者巴雷特(Barrett)认为,捐赠者的个人效用为整个气候捐助资金的分配提供了最有说服力的解释。⑦甚至有学者认为,环境援助的捐赠者更倾向于与他们之前有经济和安全关系的国家、民主国家。⑧总而言之,对于气候援助来说,捐助方利益的重要性等同甚至大于受援方的需求。

而在各种国家利益中,本文主要关注政治利益。因为现有适应援助的主要缺点之一就是发达国家持续开展资源、环境与国际政治相互耦合的"领域塑造"(Territorial Shape),其中的地缘政治色彩、权势竞逐意识比以往更为强烈。⑨据此,本文提出如下假设:

H3:与捐助者有更密切政治利益的国家获得更多的适应性援助

① Berthélemy, J. "Aid allocation: Comparing donor's behaviours". *Swedish economic policy review*, Vol.13, No.2, 2006, p.75.

② 贺平、陆诗怡:《中日经济外交的区域权执相争:分径与合流》,《日本学刊》2017 年第 2 期。

③ 刘丽娜:《援助能改善对华印象吗——关于中国对外援助的国家形象管理效应的海量数据分析》,《世界经济与政治》2022 年第 7 期。

④ 丁韶彬:《美国对外援助的战略功能——以特朗普政府援外政策争论为背景》,《当代世界》2018 年第 11 期。

⑤ 赵剑治、欧阳喆:《战后日本对外援助的动态演进及其援助战略分析——基于欧美的比较视角》,《当代亚太》2018 年第 2 期。

⑥ Hoeffler, Anke, and Verity Outram. "Need, merit, or self-interest—what determines the allocation of aid?." *Review of Development Economics*, Vol.15, No.2, 2011, pp.237—250.

⑦ Barrett, S. "Subnational climate justice? Adaptation finance distribution and climate vulnerability". *World Development*, Vol.58, 2014, pp.130—142.

⑧ Lewis, T. L. " Environmental aid: Driven by recipient need or donor interests?". *Social Science Quarterly*, Vol.84, No.1, 2003, pp.144—161.

⑨ 张锐、张瑞华、李梦宇、岳锋利、相均泳、寇静娜:《碳中和背景下发达国家的气候援助:进展与问题》,《全球能源互联网》2022 年第 1 期。

三、数据与模型

（一）数据与变量

本文按照学者麦金莱（McKinlay）提出的援助分配研究的标准方法①，结合研究需求，自行构建了一个全新的包含 138 个气候适应援助受援国的截面数据集（Cross-sectional data）。在数据搜索过程中，每个受援国的相应数据横跨 2010—2021 年，如果所需指标是无时间序列的截面数据则直接使用，如果是具有一定时间序列的面板数据（Panel Data）则通过计算平均数后计入数据库。

1. 因变量：人均适应援助数量

为了更准确地描述一个国家获得的适应性援助的数量，本文将发展中国家从 2010 年到 2021 年获得的人均气候适应援助的总额作为因变量。之所以没有像多数学者采取的将适应援助总量作为因变量，是因为它很容易受到一个国家人口规模的影响，也就是说，即使一个国家的脆弱性不高，也会因为人口多而在数量总量上获得更多援助。例如，学者贝佐德（Betzold）指出，大国比小国获得的适应性援助总量更多。②

本文采用了该领域最权威、最常用的数据库，即经合组织债权人报告系统（OECD Creditor Reporting System，CRS）。双边适应性援助的识别主要是基于 2010 年引入的"里约标记"（Rio Marker），因此本研究的时间跨度为 12 年，从 2010 年开始到经合组织（OECD）最新更新年份 2021 年结束。根据其他关于援助分配的研究，使用的是 OECD 国家"承诺"而不是"支付"的总额，因为承诺额度在更大程度上反映了援助国的最新决定。③在本文中，每一年的援助总额将除以该年的总人数，以计算该年的人均援助额，最后再将历年平均额再次求出一个平均数，作为

---

① McKinlay，R. D.，& Little，R. "A foreign policy model of US bilateral aid allocation". *World Politics*，Vol.30，No.1，1977，pp.58—86；McKinlay，R. D. "The German aid relationship：a test of the recipient need and the donor interest models of the distribution of German bilateral aid 1961—1970". *European Journal of Political Research*，Vol.6，No.3，1978，pp.235—257.

② Betzold，C.，& Weiler，F. "Allocation of aid for adaptation to climate change：Do vulnerable countries receive more support?". *International Environmental Agreements：Politics，Law and Economics*，Vol.17，2017，pp.17—36.

③ OECD and CPI. Climate finance in 2013—2014 and the USD 100 billion goal. Paris：OECD；Venice：Climate Policy Initiative，2015.

最终的因变量数值。

2. 自变量

根据假设,首先是对脆弱性(Vulnerability)的测量。脆弱性是一个复杂的学术概念,并无统一定论,但大多数学者都认为脆弱性可以大致分为两个方面,一个是对自然灾害的物理暴露和敏感性,另一个是对气候变化的适应能力。因此,本文的脆弱性数据来自圣母大学全球适应性倡议(ND-GAIN)的"脆弱性指数"(Vulnerability Index),其提供全面的全球国家脆弱性数据。脆弱性指数是通过测量六个生存支持部门——食物、水、健康、生态系统、人居环境和基础设施,来衡量一个国家对气候变化负面影响的暴露程度、敏感性和适应能力。[①]脆弱性的得分越低,国家的脆弱性就越低。此外,对于被联合国列为"特别脆弱"国家,由于其类型较多且每个类型背后所代表的经济、社会背景不同,所以本文按照种类分别设定了 3 个拟合的虚拟变量,分别为最不发达国家(Least developed country,LDC)、小岛屿发展中国家(Small Island Developing States,SIDS)和非洲国家。

其次是对政府治理能力水平的测量,该方面有两个指标。第一个指标是来自圣母大学全球适应性倡议(ND-GAIN)的"准备度"(Readiness Index),即一个国家利用投资并将其转化为适应行动的能力,包括经济、治理和社会准备度。经济准备度是指国家的商业环境,该方面是适应援助降低脆弱性并提高一国适应能力的基础;治理准备度是指确保正确投资、使用的制度力量;社会准备度则涉及影响一国的社会不平等程度、教育程度、信息系统是否完善和是否具有促进气候投资和促进气候适应行动的创新能力。[②]一个国家准备度的分数越低,其在气候适应资金的使用效率就越低。第二个指标是民主程度(Democracy Index),数据来自《经济学人》杂志社(The Economist Intelligence Unit),该指标分析了世界上大多数国家或地区政权的民主程度。众多理论表明,一个国家越是民主,气候治理就越有效。因为民主国家有更好的信息获取渠道,决策过程更加透明。[③]该指数衡量五个指标:选举过程和多样性、政府运作、政治参与、政治文化和公民自由。

最后是关于援助国自身的政治利益,主要分为两个方面:第一,政治利益之一是殖民关系,因为现有在适应援助中发挥主要作用的国家主要来自欧洲,而且大多数在近代具有殖民背景。因此,本文预计前殖民地将获得更多的适应援助,因为捐

---

①② ND-GAIN, https://gain.nd.edu/our-work/country-index/rankings/.(登录时间:2023 年 6 月 20 日)

③ Tobin, and Paul. The Governance of Climate Change: Science, Economics, Politics and Ethics by David Held, Angus Hervey and Marika Theros(eds). Cambridge: Polity Press, 2011, p.228.

助者希望维持他们对前殖民地的影响力。[①]殖民关系数据来自政府质量研究所 (Quality of Government Institute)。第二,援助国通过对与其具有良好外交关系 的国家进行适应援助,能增加国际话语权,也被称为软权力。因此,本文使用联合 国大会的投票数据来捕捉捐助者和受援者之间的外交关系。[②]援助国和受援国在 国际舞台上的关系越密切,获得的适应性援助就越多。

3. 控制变量

根据其他人研究,还有很多其他因素影响适应援助的数量。对于受援国,本文 控制了受援助国的人口数量、人均 GDP。因为一个国家的人口规模越大,收到的 援助金额就越大;GDP 在很大程度上与援助金额呈负相关,但一些研究表明,援助 方更倾向于中等收入国家,而不是最低收入国家,因为它们的治理能力更好。[③]

表 2　变量的描述性统计

变　量	样本数	均　值	标准差	最小值	最大值
因变量					
人均适应援助	139	2.805	7.369	0.005	68.701
自变量					
脆弱性	138	0.49	0.079	0.318	0.686
最不发达国家	139	0.324	0.47	0	1
小岛屿发展中国家	139	0.245	0.431	0	1
非洲国家	139	0.381	0.487	0	1
民主程度	139	4.81	1.721	1.08	8.288
准备度	139	0.346	0.073	0.186	0.588
历史殖民关系	139	3.978	2.572	0	10
外交关系	138	0.453	0.09	0.16	0.51
控制变量					
人口	139	30.238	121.504	0.009	1 099.373
人均 GDP	139	0.659	0.53	0.064	2.961

---

① Dahlberg, S., Holmberg, S., Rothstein, B., Khomenko, A., & Svensson, R., "The quality of government basic dataset, version Jan. 16", *University of Gothenburg: The Quality of Government Institute*, 2016.

② Voeten, E. "Data and analyses of voting in the United Nations: General Assembly". *Routledge handbook of international organization*, 2013, pp.54—66.

③ Betzold, C., & Weiler, F. "Allocation of aid for adaptation to climate change: Do vulnerable countries receive more support?". *International Environmental Agreements: Politics, Law and Economics*, Vol.17, 2017, pp.17—36.

（二）模型：多元线性回归

目前气候援助已有多年实践，相关数据众多，为了更好从宏观角度把握全球气候适应援助的分配规律，本文采用定量研究方法，找出决定因素对获得双边气候适应性援助数量的边际效应。由于适应援助数量是一个连续因变量，且自变量众多，因此需要多元线性回归分析中的普通最小二乘法回归模型（Ordinary Least Square，OLS），评估哪些自变量有助于预测双边援助资金量。对于一个有 k 个自变量的多元回归模型来说，其模型设定如下：

$$y_i = \beta_0 + \beta_1 x_{i1} + \beta_2 x_{i2} + \cdots + \beta_k x_{ik} + \varepsilon_i$$

其中 y_i 表示个体 i（$i = 1, 2, \cdots, n$）在因变量 y 中的取值，β_0 为截距的总体参数，β_1，$\cdots$，β_k 为斜率的总体参数，ε_i 为总体的随机误差。根据本文研究需求和上述变量，最终确定如下模型：

$$\text{PerAid} = \beta_0 + \beta_1^* \text{Vulnerability} + \beta_2^* \text{SIDS} + \beta_3^* \text{LDC} + \beta_4^* \text{Africa} + \beta_5^* \text{Readiness} + \beta_6^* \text{Democracy} + \beta_7^* \text{UN\_voting} + \beta_8^* \text{Ht\_colonia} + \beta_9^* \text{perGDP} + \beta_{10}^* \text{Population} + \varepsilon_i$$

其中，PerAid 为人均适应援助数量，Vulnerability 为脆弱性，SIDS、LDC 和 Africa 分别代表小岛屿发展中国家、最不发达国家和非洲国家，Readiness 为准备度，Democracy 为民主度，UN_voting 为外交质量，Ht_colonia 为历史殖民关系，perGDP 为人均 GDP，Population 为人口数量。

四、2010 年至 2021 年双边适应援助总额的趋势

（一）总体援助趋势

根据 OECD 提供的数据，2010—2021 年双边适应性气候援助总额的变动趋势如图所示。根据"里约指标"，适应性援助被定义为以适应为目的的援助，OECD 按照气候适应在气候援助中的重要程度，划分为以气候适应为"首要目标"的气候援助和以气候适应为"重要目标"的气候援助。可以发现，适应性气候援助绝对额虽然存在波动，但总体上呈现出明显的上升趋势。其中，以适应为"重要目标"的援助数量增长速度非常快。这反映出各国确实在逐步重视适应援助对全球环境治理的重要性。

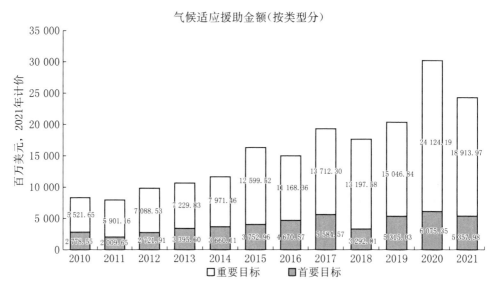

图1　双边气候适应援助总额的变化趋势

资料来源：OECD，债权人报告系统（CRS）。

（二）地区分布特征

图2显示了2010—2021年双边适应性气候援助总量在亚洲、非洲、美洲、欧洲及大洋洲等地区的分布情况。如图2所示，双边适应性气候援助主要流入了亚洲地区，其次为非洲及美洲地区，欧洲和大洋洲地区也有少量气候适应援助。特别是，亚洲与非洲的援助总量最大，难以区分谁的总量最多。

这是因为以下两个原因：第一，在全球温室气体排放日益严峻的背景下，全球气候变暖趋势短期内不可能被停止或逆转，多数非洲地区国家的气候脆弱性更加凸显。同时，非洲众多国家的经济主要基于对气候敏感的自然资源，如依赖雨水灌溉的温饱型农业，资源禀赋特征使得这些国家更易受到气候变化的影响。[1]第二，亚洲地区幅员辽阔、天气多样，既有环境脆弱性高的地区也有脆弱性低的地区，并且拥有庞大的人口数量，因此在援助总量上占有优势。这更加说明以人均援助接收量而不是援助接收总量作为因变量更具有科学性。

---

[1]　引自联合国秘书长潘基文（Ban Ki-moon）在2015年巴黎联合国气候变化大会（COP21）上的讲话，资料来源：United Nations, "Secretary-General's remarks at High-level meeting on Africa and Climate Change", 01 December 2015, https://www.un.org/sg/en/content/sg/statement/2015-12-01/secretary-generals-remarks-high-level-meeting-africa-and-climate。（登录时间：2023年6月20日）

气候适应援助金额(按地区分)

图 2 双边气候适应援助在各大洲分配的趋势

资料来源:OECD,债权人报告系统(CRS)。

(三)国家收入分布特征

图 3 显示了 2010—2021 年双边适应性气候援助总量在不同收入水平国家的分布情况。如图所示,双边气候适应援助主要流入了中低收入国家,其次是低收入

气候适应援助金额(按国家收入分)

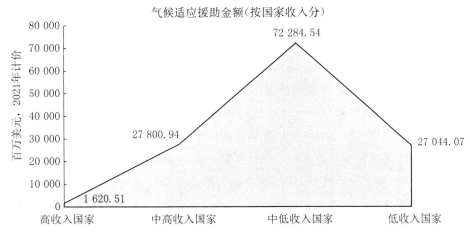

图 3 双边气候适应援助在不同收入水平国家中的分配趋势

资料来源:OECD,债权人报告系统(CRS)。

国家和中高收入国家,仅有少量援助流入高收入国家。中低收入国家和低收入国家之所以得到了最多的援助,原因可能在于上述国家面临着国内基础实施相对落后、社会服务供给短缺、生态系统较为脆弱等现实问题,进而导致其在应对气候变化所带来的灾害方面能力不足。上述现状意味着中低收入国家、最不发达国家更加迫切地需要得到发达国家的资金援助。此外,中低收入国家能接收到比低收入国家更多的援助,印证了援助国因为前者政府治理能力更强,从而能更有效分配援助的现有研究结果。

五、回归结果

(一)脆弱性与适应援助

表3中的模型1显示了脆弱性水平与适应援助金额之间的关系。从表3中可以看出,脆弱性指标与适应援助数量之间呈现正相关关系,即一个国家环境脆弱性越强,就越有可能获得双边气候适应援助。这一发现与大多数学者的研究结果部分一致,并强化了现有的看法,即大多数国家都认识到适应援助的重要性,愿意将援助分配按照各个国家的环境脆弱性强度分配,脆弱性已经成为一个重要的实施标准。因此,H1.1被证明是有效的,气候正义在该维度上得到一定程度实现。

此外,"特别脆弱"国家中小岛屿发展中国家和非洲国家,与适应援助数量之间呈现显著的相关关系。更为有趣的是,小岛屿发展中国家是正相关关系,非洲国家是负相关关系。因为这两个虚拟变量是0—1的二分变量,这意味着如果一个国家是小岛屿发展中国家,它将获得更多的适应性援助;如果一个国家是非洲国家,它将获得更少的适应性援助。在前半部分,小岛屿发展中国家是符合气候环境越脆弱,接收到适应援助数量越多的普遍结论;在后半部分,虽然该结论与当前脆弱性论点相悖,但与学者巴尔(Barr)提到过的结论一致,即非洲国家是高度脆弱的,因为其自身能力不强,接收的援助也是不足的。[①]因此,H1.2被证明是部分有效的,小岛屿发展中国家将获得更多的适应性援助。这也说明在考虑给具体国家分配适应援助资金时,除了脆弱性外,其他因素也自然会被考虑在内,设计一个包含多种因素的模型至关重要。

---

① Barr, R., Fankhauser, S., & Hamilton, K. "Adaptation investments: a resource allocation framework", *Mitigation and Adaptation Strategies for Global Change*, Vol.15, 2010, pp.843—858.

表3　双边气候适应援助的多元线性回归模型

	因变量:人均适应援助			
	(1)	(2)	(3)	(4)
人口	−0.002 3	−0.010**	0.000 76	−0.004 8
	(0.004 7)	(0.004 4)	(0.004 5)	(0.004 1)
人均GDP	0.94	−5.18***	0.81	−0.88
	(1.51)	(1.17)	(1.11)	(1.39)
受援国需求:				
脆弱性				
脆弱性	25.5**			28.9***
	(12.5)			(10.8)
小岛屿发展中国家	6.18***			1.30
	(1.47)			(1.45)
最不发达国家	0.56			0.020
	(1.85)			(1.58)
非洲国家	−2.82**			−1.85
	(1.38)			(1.29)
受援国优势:				
治理能力				
准备程度		72.4***		53.4***
		(9.54)		(10.0)
民主程度		−0.83**		−0.43
		(0.37)		(0.36)
援助国利益:				
政治利益				
历史殖民关系			0.87***	0.54**
			(0.24)	(0.25)
外交关系			41.9***	22.3***
			(6.24)	(6.35)
截距	−10.8*	−14.5***	17.8***	−18.6**
	(6.20)	(2.66)	(2.92)	(7.14)
拟合优度	0.213 3	0.294 8	0.261 9	0.458 2
有效样本	138	139	138	137
BIC模型检验	938.1	920.7	921.4	896.6
卡方值	0.000 0	0.000 0	0.000 0	0.000 0

注:***、**、*分别代表1%、5%、10%的显著性水平。

（二）治理能力与适应援助

表 3 中的模型 2 显示了治理能力与适应援助之间的关系。很明显,准备程度与适应援助金额在 1% 的水平上显示出强烈的正相关关系,且影响系数非常大。这表明,强大的政府治理能力在吸引适应资金方面发挥了突出的作用。即援助国在考虑是否给予某个国家适应性援助时,该国家是否具有将援助转化为适应行动、项目的能力至关重要,比如,提前准备好一套完善的资金使用方案、治理贪污腐败确保投资能在制度监管下正确使用、营造良好的商业环境促使援助资金能在市场作用下正常发挥作用等。这说明,援助有效性依旧被援助国所重视,《巴黎宣言》确实为援助国与被援助国树立了清晰的行动指导框架。

然而,民主与援助金额呈明显的负相关关系,这意味着民主水平越低,获得的援助越多。从实践中可知,非洲国家和小岛屿国家获得了更多的援助,但本身并不民主,所以这个结论是科学的。同时,它支持了另一个常见的观点,即民主的治理形式不能满足气候变化带来的挑战。因此,总体看来,H2 被证明是部分有效的,即受援助国的准备程度越高,其获得的适应性援助越多。

（三）政治利益与适应援助

表 3 中的模型 3 显示了政治利益和适应性援助之间的关系。由表可知,无论是殖民背景还是外交关系,两者与适应性援助数量之间均在 1% 的水平上显示出强烈的正相关关系。这意味着,援助国在进行适应援助分配时,确实考虑到了本国的政治利益,即具有前殖民地背景的国家获得的来自原宗主国的气候适应援助更多;援助国和受援国之间的外交关系越好紧密程度越高,受援国得到的气候适应援助数额就越多。此外,从系数角度看,外交关系的系数远大于历史殖民背景,这说明,相较于历史政治联系,当前政治关系质量更为重要。因此,H3 被证明是有效的,无论是在气候适应援助领域,还是气候减缓援助领域,援助国自身的政治利益都无法被忽视,援助均包含增强自己政治影响力、维护本国安全等目的。

（四）总体模型

表 3 中的模型 4 结合了上面提到的所有指标,为我们提供了一个更清晰的总

体情况。可以发现，原本在模型 1 中显著的小岛屿发展中国家和非洲国家在模型 4 中不再显著，而脆弱性指标的显著性加强。这从侧面说明，客观的脆弱性评分才是决定适应援助分配的决定性因素，而小岛屿发展中国家和非洲国家之所以显著，是因为他们本身的脆弱性评分较低，存在自变量之间的共线性问题，从方差中也能看出模型 1 的解释力低于模型 4。准备度在模型 4 中的显著程度与模型 2 中一样，说明准备度是一个可靠的分配标准。政治利益同时保持其显著性，表明总体上，政治利益确实是一个重要影响因素。

对于控制变量，人口数量和人均 GDP 在四个模型中均是显著，这可能表明这两个因素确实对适应援助的分配有影响。总而言之，有三个重要因素影响着分配，即脆弱性、准备度和政治利益。

六、总　　结

气候危机是 21 世纪最显著的危机之一。小岛屿、非洲等环境特别脆弱国家是主要的受害者，在减排要求屡屡无法达成共识的情况下，近些年适应气候变化逐渐成为重要任务。因为国家规模小、地理位置特殊、资源非常有限，发展中国家面临巨大的资金困难问题。因此，发达国家何时能兑现每年 1 000 亿美元气候资金承诺十分重要。而作为官方发展援助之一的气候适应援助是全球公共气候资金的重要组成部分，也是发达国家扩展对外影响的政策工具。本文在此背景下，旨在定量确定双边气候适应资金分配的决定因素，为发展中国家尤其是脆弱国家如何获得更多资金支持提供帮助，从而优化分配原则、增强全球气候正义。

本文发现，援助国在进行分配时，主要考虑三方面因素，即脆弱性水平、受援国自身的准备度和援助国自身的政治利益，且这三个因素均与援助数量呈现正相关关系。一方面，这表示双边适应援助分配确实在一定程度上遵循了气候正义原则，给予脆弱性更高的国家更多援助；另一方面，援助国本身也并非价值中立，而是有自己的偏好，考虑到自己的政治利益，尤其是衡量与受援国的外交和历史殖民关系。此外，准备程度为获得援助提供新思路，即充分利用资金并将其转化为适应行动的能力，发展中国家的准备程度越高，受援助数量越多，这意味着众多发展中国家只要政府本身能够认真准备气候适应方案并改进治理方式，就可以通过提高自身治理水平的方式来获得更多适应援助。

最后,本研究仍有不足之处,如未使用 2010—2021 年的面板数据可能在准确性上有所欠缺;捐助方的利益有很多种,如政治、经济、安全等,这里只考察一种;在衡量政治利益的时候,有更具代表性的指标等。

（赵晨汐,复旦大学国际关系与公共事务学院研究生）

金砖国家可持续金融的发展及挑战

钟润芊　牛东芳

【内容摘要】 近年来金砖国家在可持续金融领域取得重大进展,但仍面临诸多挑战。可持续金融标准不一致、投资方法和监管体系缺乏统一、市场发展不均衡及国家间竞争与合作关系冲突是关键问题。金砖国家应将培育市场主体的可持续发展理念放在首位、提升可持续金融标准一致性、加强国家间及国际合作、积极创新激励政策吸引私人资本投资、加强数字经济与金融的关联合作。通过采取适当措施,金砖国家可推动可持续金融合作发展,实现经济增长和环境保护的双重目标。

【关键词】 可持续发展;金砖国家;绿色金融

随着环境、社会和治理(ESG)因素在投资决策中日益受到重视,全球金融市场正朝着更绿色、包容和可持续的方向发展。各国政府、监管机构和金融机构正在采取措施推动可持续金融的普及,以应对气候变化所带来的挑战,并促进经济增长和社会福祉。全球范围内正在加快可持续金融体系建设的步伐:根据全球可持续金融中心网络的调研数据显示,已有 30 多个国家制定了可持续金融体系规划,从整体层面加强统筹安排,形成合力。① 在全球可持续金融发展的大背景下,金砖国家作为新兴市场和发展中国家的代表,也逐渐重视可持续金融问题。

2022 年 6 月,金砖国家财长和央行行长会议发布的《金砖国家财长和央行行长联合声明》提出,可持续金融对于实现绿色、具有韧性及包容性的全球经济复苏至关重要,金砖国家需推进 G20 可持续金融路线图的实施,认识转型金融在支持有序、公正及可负担转型,降低温室气体排放,提高经济的气候韧性方面发挥的重

---

① 袁吉伟:《构建可持续金融体系的国际经验和启示》,《银行家》2023 年第 3 期。

要作用,支持发展可持续金融市场,促进包括发展中经济体和中小企业在内的各国及企业以可负担的方式获得可持续融资等方面积极行动。[①]同月,金砖国家工商理事会发布了《金砖国家工商理事会关于携手共建可持续伙伴关系的联合声明》,提出支持推动建立绿色低碳循环经济体系,坚持"共同但有区别的责任"原则,全面有效落实《联合国气候变化框架公约》和《巴黎协定》,实现更加绿色的全球发展。理事会通过的《金砖国家工商理事会年报》提出了五项合作议题,其中包括"把握数字化和绿色低碳转型时代机遇"和"加大金融支持转型发展力度"。此外,金砖国家工商理事会金融服务工作组从 ESG 体系、绿色金融合作报告、最佳实践案例集、融资新体系等七个方面持续提升绿色金融和 ESG 领域合作的深度与广度,以期加快推进绿色低碳转型。[②]

在 2022 年 6 月金砖国家领导人第十四次会晤中,中国国家主席习近平发表题为《构建高质量伙伴关系 开启金砖合作新征程》的重要讲话。讲话指出金砖五国在新冠疫情和乌克兰危机影响交织叠加下应坚持合作发展,共同应对风险和挑战。促进产业链供应链互联互通势在必行,更重要的是支持新开发银行做大做强,推动完善应急储备安排机制,筑牢金融安全网和防火墙,推动联合国 2030 年可持续发展议程,助力构建更强劲、绿色、健康的全球发展共同体。[③]

一、可 持 续 金 融

可持续金融伴随可持续发展而兴起,各国政府均在可持续金融发展规划中明确了其边界,但全球还没有形成统一的定义。

根据欧盟的观点,可持续金融主要涵盖金融机构将环境、社会和治理因素纳入投资决策,以提高长期投资的可持续经济活动过程。相比之下,泰国政府则认为可持续金融指的是金融机构在融资、投资和保险业务决策中充分考虑环境、社会和治理因素。而菲律宾政府认为可持续金融是指在商业模式中考虑环境、社会和治理因素,以促进经济增长,并为客户和社会提供可持续福利的任何金融产品和服务。总体来看,各国对于可持续金融的定义略有差别,但是核心均强调要重视环境、社

---

① 金砖国家财长和央行行长联合声明,国际经济关系司,载 http://www.mof.gov.cn/zhengwuxinxi/caizhengxinwen/202206/t20220606_3815918.htm. 2022 年 6 月 6 日。

② 殷红:《金砖国家可持续金融合作前景广阔》,《中国金融》2022 年第 18 期。

③ 《金砖国家领导人第十四次会晤举行习近平主持会晤并发表重要讲话》,中华人民共和国外交部,载 http://brics2022.mfa.gov.cn/chn/dtxw/202206/t20220624_10709296.html. 2022 年 6 月 24 日。

会和治理因素,支持经济社会可持续发展。

与可持续金融相似的概念较多,诸如绿色金融、气候金融、社会责任投资、ESG投资等。绿色金融、气候金融、碳金融均聚焦环境因素;社会责任投资和 ESG 投资主要是指投资决策考虑环境、社会和治理因素。相比较而言,可持续金融涵盖范围更广泛,是绿色金融、气候金融、ESG 投资的集合。其中,绿色金融主要关注环境保护、资源节约和循环利用等方面,通过提供资金支持来推动绿色产业的发展。①绿色金融产品包括绿色债券、绿色信贷、绿色基金等。社会责任投资(SRI)是指投资者在选择投资对象时,不仅关注企业的经济回报,还关注企业在环境、社会和公司治理方面的表现。2006 年联合国环境规划署(UNEP)和联合国全球契约(UN Global Compact)共同发起联合国负责任投资原则(United Nations Principles for Responsible Investment)倡议,鼓励全球投资者在投资决策中综合考虑可持续发展因素,以推动经济、社会和环境的可持续性。②环境、社会和治理(ESG)整合:ESG 整合是指将环境、社会和公司治理因素纳入传统的金融分析和投资决策过程中,以实现长期价值最大化。ESG 整合可以应用于各类金融产品,如股票、债券、基金等。

可持续金融具有长期性、普惠性、价值性特点。长期性是指金融机构不再仅仅注重经济利益,而是进而充分考虑业务发展对环境和社会的影响,注重业务发展的可持续性,这有利于降低金融市场短期波动,提高金融行业稳定性。普惠性是指金融机构要致力于满足所有人的金融服务需求,特别是传统金融覆盖不足的贫困人口、小微企业等领域,提升金融供给水平。价值性是指金融机构业务决策充分考虑环境、社会和治理因素,将自身发展与全球可持续发展目标和《巴黎协定》保持一致,而且通过影响被投资企业,为客户创造可持续的福利,创造更积极的经济社会效应。③

二、金砖国家可持续金融的发展

随着全球气候变暖、环境污染、资源耗竭、能源危机和新冠病毒大流行等的多重冲击,可持续发展和绿色发展理念不断落实深化,金砖国家持续完善可持续金融

---

① 七部委印发《关于构建绿色金融体系的指导意见》,中华人民共和国国务院新闻办公室,载 www.scio.gov.cn. 2016 年 8 月 31 日。

② 《负责任投资原则(与联合国环境署金融倡议和联合国全球契约协作的投资者倡议)》,https://www.unpri.org/download?ac = 10968。

③ 袁吉伟:《构建可持续金融体系的国际经验和启示》,《银行家》2023 年第 3 期。

法律框架,创新可持续金融相关措施,将保护生态环境和适应气候变化作为提高经济发展韧性的重要前提。

(一)金砖国家可持续金融法律框架逐步完善

金砖国家在提出绿色金融合作之前,各成员国已经逐步在本国建立了可持续金融政策和措施框架。

2008 年,印度政府制定了《国家气候变化行动计划》,旨在减少碳排放。随后于 2011 年,印度财政部设立了气候变化金融部门(CCFU),负责协调绿色金融市场体系中的各个机构。2019 年,印度证券交易委员会发布了《证券发行和上市规则》,要求上市公司披露环境、社会和治理信息,并制定相应的披露标准。同时,印度政府成立了国家绿色金融委员会,负责制定可持续金融政策并推动可持续金融业务的发展。目前,印度已经推出了绿色信贷、绿色债券等金融产品,但其绿色金融分类方案仍在制定过程中。①

2002 年,南非南部非洲董事协会发布《公司治理报告及公司治理准则(第二版)》,在 1994 年第一版准则的基础上增加了要求企业发布综合可持续性报告的新内容,并分别在 2009 年和 2016 年进行第三次和第四次修订。2022 年,南非颁布《绿色金融分类目录》,推动落实绿色投融资相关实践,涵盖的"绿色"内核继续拓展。②

自 2006 年起,巴西证监会和电监局要求能源类上市公司编制年度可持续发展报告,重点关注社会和环境因素。旨在展示巴西电力部门为实现经济、社会和环境的可持续发展所采取的具体措施和行动。2009 年,巴西制定了国家气候变化计划(PNMC),该计划将气候保护与社会经济发展相结合,并采取了一系列金融工具,包括发展国家限额与交易机制、激励减排的财政和税收措施,以及公共和私人机构的信贷和融资。③2019 年,巴西央行和巴西证监会联合发布了《巴西绿色债券指南》,对绿色债券的认定标准、发行流程、信息披露等方面作出了规定。同时,巴西政府还成立了国家绿色金融委员会,推动可持续金融业务的发展。巴西中央银行还出台了《关于风险管理与社会、环境和气候责任的新规定》,强制要求银行、保险等金融机构建立社会、环境和气候责任政策并进行相应披露。④2020 年 11 月,巴西

---

① ② ④ 殷红:《金砖国家可持续金融合作前景广阔》,《中国金融》2022 年第 18 期。
③ Madli Rohtla、毛倩:《巴西绿色金融发展与中巴合作前景展望》,中央财经大学绿色金融国际研究院,2021 年 8 月 14 日。

的《绿色金融分类方案》开始征求公众意见。①

2002 年 1 月,俄罗斯联邦政府颁布《俄罗斯联邦环境保护法》,奠定了国家在环境保护及物种多样性等领域的法规。同年,联邦金融市场服务局公司治理专家小组出台《俄罗斯公司治理守则》,包含了对企业责任的原则和建议。2011 年,俄罗斯央行金融市场服务局发布了一项命令,签署了关于证券发行人信息披露的新条例。2018 年,普京确定俄罗斯联邦 2024 年国家发展战略,再次强调环境保护与可再生能源发展的重要性。2019 年,俄罗斯央行出台了《可持续金融发展指导原则》,要求金融机构在业务中融入环境、社会和治理因素,并积极投资于可持续项目。同年,俄罗斯政府还成立了绿色金融委员会,制定可持续金融政策和推动可持续金融业务的发展。批准《俄罗斯绿色金融分类目录》,涵盖废物管理、能源、建筑、工业、交通、水供应、生物多样性和农业等领域。2020 年 7 月,俄罗斯对外经济银行发布俄罗斯首份绿色金融指导意见,该意见确立了俄绿色金融的总体架构体系并明确绿色金融相关概念。

2015 年 9 月,中共中央、国务院联合发布了《生态文明体制改革总体方案》,首次明确了建立绿色金融体系的顶层设计。该方案将发展绿色债券市场视为重要内容之一,并为绿色债券发展提供了初步框架。同年年末,人民银行和国家发展和改革委员会相继发布了《绿色债券支持项目目录(2015)》和《绿色债券发行指引》,明确了绿色债券支持的项目范围,为中国绿色债券发展提供了可行的政策方针。

2016 年,中国人民银行、财政部、国家发展和改革委员会等七个部委共同发布了重要《构建绿色金融体系的指导意见》。②这份文件给出了"绿色金融"的官方定义,指出其为支持环境改善、应对气候变化和资源节约高效利用的经济活动所提供的金融服务,包括环保、节能、清洁能源、绿色交通、绿色建筑等领域的项目投融资、项目运营和风险管理等。2021 年,新版《绿色债券支持项目目录》发布,绿色债券评估认证标准进一步完善,并不再将煤炭等化石能源项目纳入支持范围。同年 11 月,中国人民银行推出了"碳减排支持工具",引导金融机构向碳减排重点领域内的各类企业提供碳减排贷款。③

---

① 中国工商银行与中央财经大学绿色金融国际研究院"金砖五国绿色金融合作报告"课题组:《发展金砖国家绿色金融 共创可持续发展未来》,《现代金融导刊》2022 年第 7 期。
② 构建绿色金融体系的指导意见,中华人民共和国生态环境部,载 https://www.mee.gov.cn/gkml/hbb/gwy/201611/t20161124_368163.htm. 2016 年 8 月 31 日。
③ 深化中国—印度绿色金融合作助推两国高质量经济发展,中央财经大学绿色金融国际研究院,载 http://iigf.cufe.edu.cn/info/1012/4942.htm. 2022 年 3 月 20 日。

中国建立了绿色金融顶层架构,并不断制定完善标准体系,强化气候风险压力测试和环境信息披露,绿色信贷、绿色债券等产品规模跃居世界前列,绿色保险、碳金融、绿色基金加速发展,担任二十国集团可持续金融工作组共同主席,参与发起央行与监管机构绿色金融网络(NGFS)和《"一带一路"绿色投资原则》(GIP)。[①] 2021年,中国参与制定的可持续金融框架性文件《G20可持续金融路线图》发布,中欧共同牵头完成《可持续金融共同分类目录》。同年,中国新版《绿色债券支持项目名录》完善了绿色债券评估认证标准,兼顾了与国际绿色项目判断标准的协同,不再将煤炭清洁利用等涉煤项目纳入支持范围,并采纳国际通行的"无重大损害"原则,[②]与欧盟绿色债券标准进一步对接,为中国参与全球可持续信息披露标准制定打下基础。[③]

表1　金砖五国部分可持续金融相关法律政策

国　　家	政策/法律
中　国	《构建绿色金融体系的指导意见》(2016年)、《上市公司治理准则》(2018年)、《绿色债券支持项目目录》(2021年)
印　度	《国家气候变化行动计划》(2008年)、《证券发行和上市规则》(2019年)
巴　西	《巴西绿色债券指南》(2019年)、《关于风险管理与社会、环境和气候责任的新规定》(2019年)
俄罗斯	《俄罗斯联邦环境保护法》(2002年)、《俄罗斯公司治理守则》(2011年)、《可持续金融发展指导原则》(2019年)、《俄罗斯绿色金融分类目录》(2019年)
南　非	《公司治理报告及公司治理准则(第二版)》(2002年、2009年、2016年)、《绿色金融分类目录》(2022年)

(二)金砖国家不断创新可持续金融措施

作为新兴市场经济体,金砖五国积极探索可持续金融发展之路,并持续创新可持续金融措施。2016年,绿色金融理念成功纳入二十国集团全球治理议程,成为减缓和适应气候变化、支持生物多样性和资源保护等环境可持续性政策工具。作为对2017年6月美国退出《巴黎协定》的回应,金砖国家在同年9月举行的第九次领导人峰会上发表了《厦门宣言》,宣布继续在可持续发展和消除贫困框架下推动

① 殷红:《金砖国家可持续金融合作前景广阔》,《中国金融》2022年第18期。

② 中国工商银行与中央财经大学绿色金融国际研究院"金砖五国绿色金融合作报告"课题组:《发展金砖国家绿色金融　共创可持续发展未来》,《现代金融导刊》2022年第7期。

③ 曹国俊:《国际可持续发展信息披露标准新发展及对我国金融业的影响与启示》,《西南金融》2022年第6期。

绿色和低碳经济发展,并扩大绿色融资,以减轻美国退出《巴黎协定》可能对全球环境治理带来的负面影响。

1. 绿色债券

绿色债券是指任何将所得资金专门用于资助符合规定条件的绿色项目或为这些项目进行再融资的债券工具。相比于普通债券,绿色债券主要在债券募集资金的用途、绿色项目的评估与选择程序、募集资金的跟踪管理及要求出具相关年度报告等四个方面具有特殊性。①

近年来,金砖五国政府和企业纷纷发行绿色债券,用于资助清洁能源、节能减排等环保项目。由图1可见,金砖国家的绿色债券发行总金额呈现逐年增长的趋势。2014年至2016年间,金砖国家的绿色债券发行总金额相对较低,仅中国、印度、巴西发行量较多。2016年至2022年,中国的绿色债券发行金额逐年增长,于2016年的212.1亿美元增长至2022年的853.8亿美元,增幅达到303%;巴西、印度发行量较之量小,但整体也呈上涨趋势。南非和俄罗斯的绿色债券发行金额相对较低,俄罗斯的绿色债券发行相对有限,自2019年开始第一次发行绿色债券,近年平缓增加。

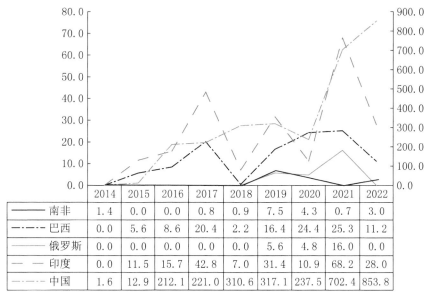

	2014	2015	2016	2017	2018	2019	2020	2021	2022
南非	1.4	0.0	0.0	0.8	0.9	7.5	4.3	0.7	3.0
巴西	0.0	5.6	8.6	20.4	2.2	16.4	24.4	25.3	11.2
俄罗斯	0.0	0.0	0.0	0.0	0.0	5.6	4.8	16.0	0.0
印度	0.0	11.5	15.7	42.8	7.0	31.4	10.9	68.2	28.0
中国	1.6	12.9	212.1	221.0	310.6	317.1	237.5	702.4	853.8

图1　2014—2022年金砖五国绿色债券发行金额(单位:亿美元)

数据来源:Climate Bonds Initiative。②

---

①　《绿色金融与绿色"一带一路"》,中华人民共和国商务部,载 http://kz.mofcom.gov.cn/article/scdy/202008/20200802994698.shtml,2020年8月21日。

②　Climate Bonds Initiative,https://www.climatebonds.net/market/data/。

（时任）中国人民银行行长指出，中国已形成以绿色贷款和绿色债券为主、多种绿色金融工具蓬勃发展的多层次绿色金融市场体系，本外币绿色贷款和绿色债券余额均居全球前列。①

印度也是一个快速发展绿色债券市场的国家。2015 年印度发行首批绿色债券，该债券为可再生能源和节能项目募集资金。同时，印度政府也出台了一系列政策，支持和鼓励绿色债券的发行和投资。截至 2022 年底，印度累计发行绿色债券达 215.5 亿美元。

巴西于 2015 年发行了其首只绿色债券，以支持可再生能源项目和可持续城市发展项目。此后，巴西的绿色债券市场逐步成熟。2021 年，巴西发行的绿色债券总量达到 25.3 亿美元，创下历史新高。

俄罗斯绿色债券市场虽然相对较小，但近年来也在逐渐发展。2019 年，俄罗斯首次发行了绿色债券，规模为 5.6 亿美元。

南非绿色债券市场也在不断发展壮大。截至 2022 年底，南非绿色债券总量已经达到 18.6 亿美元。

2. 绿色金融机构

绿色金融机构是专门为环保、节能减排和可再生能源等绿色领域提供融资服务的金融机构。

中国建设银行和中国农业银行是中国的两家绿色金融机构。截至 2021 年底，中国建设银行绿色金融贷款余额达到 1.95 万亿元人民币，增速 45.67％②；截至 2022 年 5 月末，中国农业银行绿色金融贷款余额超过 2.2 万亿元人民币，其中县域绿色贷款 8 000 亿元，基础设施绿色升级贷款 9 000 亿元，清洁能源领域贷款 6 000 亿元。③此外，中国还成立了中国绿色金融国际合作中心，致力于推动绿色金融国际化发展。

印度绿色金融机构发展相对较晚，但近年来也在积极推进。2019 年，印度成立了国家绿色金融机构，旨在提供绿色融资服务和技术支持，推进印度的可持续发展。巴西的绿色金融机构包括巴西开发银行和巴西国家经济社会发展银行。两家

---

① 易纲：《我国绿色贷款和绿色债券余额均居全球前列》，中华人民共和国中央人民政府，载 https://www.gov.cn/govweb/lianbo/bumen/202306/content_6885304.htm. 2023 年 6 月 8 日。

② 建设银行行长王江：《绿色信贷余额 1.95 万亿元 增速 45.67％创新高》，载 https://baijiahao.baidu.com/s?id=1721312049837107586&wfr=spider&for=pc. 2022 年 1 月 7 日。

③ 《金融创新赋能 农行绿色信贷超 2.2 万亿元》，载 https://baijiahao.baidu.com/s?id=1736547448885944497&wfr=spider&for=pc. 2022 年 6 月 25 日。

机构提供的绿色融资主要用于可再生能源项目和城市可持续发展项目。

俄罗斯绿色金融机构较少,但近年来也在积极发展。2020 年,俄罗斯国家发展银行成立了绿色金融部门,专门负责绿色融资业务。南非绿色金融机构包括南非发展银行和南非绿色基金会。这两家机构主要将资金投置于可再生能源和清洁技术项目。

2012 年,原巴西证券期货交易所和南非约翰内斯堡证券交易所发起了联合国可持续证券交易所倡议。孟买证券交易所、印度国家证券交易所、中国上海证券交易所和深圳证券交易所以及香港交易所分别在 2012 年、2015 年、2017 年和 2018 年加入了该倡议。

3. 绿色投资基金

中国绿色投资基金主要由国有企业和金融机构共同发起。截至 2021 年底,中国绿色投资基金总规模已经超过 1 万亿元人民币。

印度的绿色投资基金主要由政府和私人投资者共同发起。印度政府还设立了印度绿色能源基金,用于投资可再生能源项目和能源效率提升项目。印度储备银行于 2015 年将可再生能源行业纳入优先部门贷款(Priority Sector Lending,PSL),并在 2020 年将贷款额度提高到 3 亿卢比。[①]

巴西的绿色投资基金的主要目的是在可再生能源项目、森林保护和恢复等领域进行投资。巴西政府积极利用国际绿色资本,以实现保护亚马孙森林的生物多样性、减少森林退化和增加森林碳汇等目标。

俄罗斯绿色基金会是俄罗斯规模最大的绿色投资基金之一,专注于投资环保和可持续发展项目。另外,俄罗斯政府于 2014 年成立了工业发展基金(Industrial Development Fund),旨在为采用对环境没有明显负面影响的"最佳可用技术"(Best Available Technology)的产品生产提供低息贷款支持。

南非的绿色投资基金的主要目标是在可再生能源、能源效率提升、水资源管理和城市可持续发展等领域进行投资。为了支持南非的绿色产业,南非政策性银行——南非开发银行(Development Bank of Southern Africa,DBSA)于 2012 年成立了绿色基金(Green Fund),该基金由南非财政部提供初始资金,并利用这些财政资金的杠杆作用吸引更多社会资本的参与。

---

① 中国工商银行与中央财经大学绿色金融国际研究院"金砖五国绿色金融合作报告"课题组:《发展金砖国家绿色金融 共创可持续发展未来》,《现代金融导刊》2022 年第 7 期。

三、金砖国家可持续金融合作

尽管金砖国家在经济增长、政策制定和市场监管等方面存在差异,但它们都认识到可持续金融对于应对全球气候变化挑战及实现经济社会可持续发展的重要性。然而,单靠各自国家自身的努力还不足以应对日益严峻的全球环境问题,因此金砖国家在可持续金融合作领域展开了各种合作。

(一)高度共识和合作意愿

在过去十年里,金砖国家展现了作为全球经济治理体系变革者的强烈意愿,并共同推动可持续发展。作为发展中国家,金砖五国在追求工业化进程中都面临低碳转型的巨大挑战。这些国家之间存在着许多发展问题需要紧急交流,并且有着可以借鉴的解决方案。从 2012 年至 2013 年的金砖国家领导人第四次和第五次会晤关注构建更紧密的"金砖国家伙伴关系",到 2014 年第六次会晤将主题确定为"包容性增长的可持续解决方案",领导人会晤主题逐年递进,凸显出包容性增长是实现金砖国家伙伴关系的重要途径,而实现包容性增长的关键在于坚持可持续发展理念。

金砖各国在经济金融、环境保护、能源资源、国际发展、科技创新等领域逐步形成高度共识,经济发展与资源保护及生态环境协调一致的可持续发展理念贯穿于历届金砖国家领导人会晤宣言之中。

早在 2009 年金砖四国领导人首次会晤时,《叶卡捷琳堡宣言》就明确提出"可持续发展理念应成为改变经济发展模式的主要方向",反映了全球四大新兴大国对传统经济增长模式的深刻反思。

2016 年,在中国积极推动下,绿色金融理念成功融入二十国集团全球治理议题。2017 年金砖国家领导人第九次会晤《厦门宣言》首次提及"扩大绿色融资",强调其在支持环境改善、应对气候变化和资源节约高效利用经济活动中的重要作用,以及推动全球可持续发展目标实现的关键地位。自此,以绿色金融为代表的可持续金融逐渐成为金砖国家领导人关注的焦点。

2018 年中国主办的金砖国家领导人会晤和印度主办的第九届金砖国家峰会均将"可持续发展"列为重要议题。巴西提出建立跨国绿色投资基金,并与中国、南非等国家共同发起倡议。中国还积极参与二十国集团框架下的可持续金融发展推动工作。2018 年金砖国家领导人第十次会晤《约翰内斯堡宣言》强调"发展绿色金融,促进金砖国家可持续发展",明确指出绿色金融是实现可持续发展及其目标的重要政策工具。

2019 年金砖国家领导人会晤期间,五国领导人一致同意推动可持续金融的发展,并承诺在推进过程中秉持共商共建共享的原则。同年金砖国家工商论坛上,五国工商界领袖共同发布了《金砖国家可持续金融共识》,旨在促进金砖国家之间的可持续金融合作。共识提出了一系列建议,包括设立可持续金融研究中心、鼓励制定可持续金融标准和规范以及推广可持续金融产品等。

金砖国家在应对气候变化方面也展现出了坚定的决心,共同制定了自主减排和碳中和目标。2022 年 5 月 13 日,金砖国家应对气候变化高级别会议达成重要共识,聚焦加快低碳与气候韧性转型、推进气候多边进程以及强化应对气候变化领域协作等关键议题。会议审议通过了《金砖国家应对气候变化高级别会议联合声明》,旨在携手应对气候挑战,共同探索实现可持续、平衡和包容性复苏发展之路。

2018 年,金砖五国领导人签署了《金砖国家可持续发展伙伴关系宣言》,为金砖国家在可持续发展领域提供了明确的共同目标和承诺,并制定了一系列具体行动计划,如加强可持续金融合作、推动可持续基础设施建设以及促进绿色投资等。

2019 年金砖国家领导人会晤期间,五国领导人再次确认了他们对可持续金融的共同承诺,并一致同意推动可持续金融发展,加强政策协调,共同应对气候变化等全球性挑战。

2022 年 6 月,金砖国家贸易部长会议通过了《金砖国家贸易投资与可持续发展倡议》。该倡议强调加强金砖国家在经贸投资领域的合作,以推动可持续发展。与此同时,《2025 年金砖国家经济伙伴关系战略》提出了加强金砖国家在气候变化问题上的合作,以确保充分有效地履行《联合国气候变化框架公约》和《巴黎协定》。在实现可持续发展的过程中,金砖国家将优先关注经济、社会和环境等三个方面的问题,并协同解决这些挑战。

(二)金砖国家可持续金融合作机制

金砖国家在可持续金融领域的合作取得了显著成果。通过金砖国家领导人会晤、新开发银行、银行合作机制、跨国绿色基金以及国际金融架构改革倡议等多种机制,五国共同推动可持续金融发展,为应对全球气候变化和实现经济社会可持续发展作出积极贡献。这些合作机制不仅加强了金砖国家间的政策沟通与资金融通,还为其他新兴市场和发展中国家提供了宝贵的经验和借鉴。

1. 金砖国家领导人会晤

金砖国家领导人会晤是金砖国家间合作的重要机制之一。自 2009 年首次会晤以来,金砖国家领导人会晤已经成为五国高层交往的重要平台。在可持续金融领域,金砖国家领导人会晤也成为金砖国家推动可持续金融发展的重要机制之一。在 2018 年的金砖国家领导人会晤中,五国领导人签署了《金砖国家可持续发展伙伴关系宣言》,明确了五国在可持续发展方面的共同目标和承诺,并提出了一系列具体的行动计划,包括加强可持续金融合作、推动可持续基础设施建设、促进绿色投资等。

2. 新开发银行

金砖五国于 2015 年共同创立了金砖国家新开发银行(New Development Bank,NDB)。作为全球首家由发展中国家独立成立的多边开发银行,该银行早在 2015 年就开始运营。为了支持绿色金融发展,新开发银行制定了《环境和社会框架》和《可持续融资政策框架》等两项绿色投融资政策,并将其作为发展战略的重要组成部分。近年来,该银行将大部分信贷资金投入绿色基础设施建设领域。此外,新开发银行还在金砖国家和全球市场上成功发行了多笔绿色债券和可持续债券,为可持续发展提供了资金支持。

自 2015 年成立,截至 2022 年三季度末,新开发银行批准了 90 多个项目,贷款总额约 320 亿美元,涉及基础设施、能源、环保、交通、数字经济等多个领域。[①]新开发银行的贷款余额主要用于可持续发展领域的项目,如可再生能源、清洁交通、水资源管理等。2022 年 5 月,新开发银行理事会批准了主题为"扩大发展融资,面向可持续未来"的 2022 年至 2026 年总体战略。该战略指明了未来五年新开发银行致力于成长为全球领先的多边开发银行,为新兴市场和发展中国家的基础设施和可持续发展提供解决方案的发展方向。[②]总体战略包括以下具体目标,即在 2022 年至 2026 年期间:提供 300 亿美元资金支持;30%的资金以本币提供;30%的资金投向非主权业务;20%的项目与其他多边开发银行进行联合融资;40%的资金用于

---

① 《新开发银行将致力于为新兴市场和发展中国家的基础设施和可持续发展提供解决方案》,载新华网,http://www.xinhuanet.com/2022-10/25/c_1129079551.htm. 2022 年 10 月 25 日。

② 《"扩大发展融资,实现可持续未来"研讨会在沪举行》,载人民网,https://baijiahao.baidu.com/s?id = 1747698771332266612&wfr = spider&for = pc. 2022 年 10 月 26 日。

支持促进气候变化减缓和适应的项目,包括能源转型。①此外,金砖国家还建立了金砖国家紧急储备安排(CRA),旨在加强五国之间的货币合作和金融稳定。

3. 金砖国家银行合作机制

金砖国家银行合作机制创立于 2010 年 4 月 15 日。迄今为止,各成员行签署了多项多边合作协议,涵盖了本币授信、可持续发展和基础设施融资、金融科技、负责任融资等多个领域,为金砖国家的金融合作和经贸投资便利化作出了积极贡献。作为中方成员行,国家开发银行一直依托于金砖国家银行合作机制,积极推动务实的金融合作。在金砖国家范围内,国家开发银行累计发放的贷款超过 1 000 亿美元,其中包括 440 亿元人民币贷款,项目涵盖了基础设施、中小企业和金融合作等重点领域。在 2022 年的金砖国家银行合作机制年会上,五个成员行与金砖国家新开发银行共同签署了《关于开展总体合作的谅解备忘录》。此外,国家开发银行还发布了题为《聚焦绿色与数字,促进协调与创新——金砖国家可持续发展研究报告》的文件,旨在推动实施《2030 可持续发展目标》和《巴黎协定》中规定的国家自主贡献目标。这些举措将为金砖国家的可持续发展发挥积极作用。②

(三)金砖国家可持续金融合作规模

自金砖国家峰会成立以来,金砖国家可持续合作机制已经在各领域取得显著成果。为实现金砖国家可持续金融合作机制的长期稳定和可持续发展,金砖国家在不断推动可持续金融合作规模的扩大。

1. 金砖国家间银行合作推动可持续金融发展

2015 年,中国成立了绿色金融委员会,以促进绿色银行业务的发展;印度则通过《可持续金融指南》鼓励银行业和资本市场向低碳经济转型。金砖国家还建立了金砖国家贸易金融机构(BRICSTFC),旨在促进五国之间的贸易和投资。2013 年金砖国家领导人第五次会晤后,各成员国进出口银行及开发银行联合签署《可持续发展合作和联合融资多边协议》和《非洲基础设施联合融资多边协议》,以满足非洲大陆基础设施资金方面的巨大需求。2014 年新开发银行的宣告成立开启金砖国家国际发展合作的新时代。根据该行理事会在 2017 年制定的"2017—2021 总体

---

① 《新开发银行:累计批准 90 多个项目,贷款总额约 320 亿美元》,载 https://www.thepaper.cn/newsDetail_forward_20445404.

② 《金砖国家银行合作机制 2022 年年会暨金砖国家金融论坛在京召开》,载 http://brics2022.mfa.gov.cn/chn/zdhzlyhjz/zyhd/202208/t20220826_10754234.html. 2022 年 6 月 21 日。

战略",支持成员国可持续基础设施发展是该行此期间运营重要核心。为加大对金砖国家可持续发展基础设施项目建设资金支持力度,新开发银行于 2016 年在中国银行间债券市场上发行了期限五年、规模 30 亿元人民币的绿色债券,成为首家以绿色债券形式在中国融资的多边开发银行。[①]2023 年 4 月 20 日,新开发银行宣布银行首次发布以美元计价的绿色债券。此次发行的债券是规模为 12.5 亿美元的三年期绿色债券,[②]该笔债券是新开发银行在国际资本市场采取的又一积极融资举措,体现了银行促进资本市场可持续发展的积极意愿。2022—2026 年总体战略提出,2022 年至 2026 年期间,有 40% 的资金将被用于减缓气候变暖的进程。

2. 金砖国家环境合作带动可持续金融发展

(1) 能源合作

金砖国家在能源领域的合作主要围绕可再生能源和清洁能源展开。中国和巴西之间的可再生能源合作项目中,中巴太阳能电站和中巴风电站项目分别为两国可再生能源发电的重要组成部分,也是中巴能源合作的典型案例。另外,南非和中国也在可再生能源领域展开了合作,南非与中国的合作项目包括太阳能和风力发电项目等。金砖国家还在可再生能源技术方面展开合作。各国共同开展科研项目,推动清洁能源技术的创新和应用。通过定期举办可再生能源论坛、研讨会等活动,金砖国家加强信息交流和经验分享,以助于各国更好地了解彼此的政策措施、市场需求和技术进步,从而促进可再生能源合作的深化。2022 年 9 月,中国国家能源局局长章建华在北京通过视频形式主持召开第七届金砖国家能源部长会议。会议充分交流分享了各国能源发展情况,共议金砖能源研究合作平台未来发展方向,就进一步深化金砖国家能源合作、推动能源绿色低碳转型、深入参与全球能源议题等达成了广泛共识。会议通过了《第七届金砖国家能源部长会议公报》,发布了《金砖国家能源报告 2022》《金砖国家可再生能源报告 2022》和《金砖国家智能电网报告 2022》。[③]

(2) 气候变化合作

金砖国家积极参与全球气候治理,支持《巴黎协定》等国际气候变化框架。各国通过加强政策对话、技术交流和资金支持等方式,共同应对气候变化挑战。中国

---

① 骆嘉:《金砖国家可持续金融合作的现状、问题与对策》,《金融教育研究》2019 年第 4 期。

② NDB launches new USD 1.25bn 3-year Green Bond, New Development Bank, 20 April 2023, https://www.ndb.int/news/ndb-launches-new-usd-1-25bn-3-year-green-bond/.

③ 《国家能源局主办第七届金砖国家能源部长会议》,国家能源局,载 http://www.nea.gov.cn/2022-09/23/c_1310665166.htm, 2022 年 9 月 23 日。

承诺在 2030 年前实现碳排放达到峰值,并力争在 2060 年前实现碳中和。①2015年,印度承诺在 2030 年将非化石能源占比提高到 40％,而在近日印度政府发布的官方文件中显示,目前印度能源结构中非化石能源占比已达到 40％。②

(3)碳市场合作

例如,中国已建立了全球最大的碳排放权交易市场,为其他金砖国家提供了宝贵经验。此外,金砖国家还探讨建立跨境碳市场合作机制,以促进碳排放权的国际交易。

(4)环保、防污合作

金砖国家在生物多样性保护方面加强合作。各国共同制定保护计划,推动野生动植物资源的可持续利用。例如:巴西通过《生物多样性法案》加强对亚马逊雨林等生态系统的保护;中国则在濒危物种保护方面与南非展开合作。各国共同制定环境标准,推动工业污染、水污染等问题的解决,共享数据以提高环境监测能力和检测准确性。例如:中国与俄罗斯在跨境河流污染防治方面开展合作;印度则与巴西在城市固体废物处理技术方面进行交流。中国与印度在空气质量监测技术方面进行合作;南非则与巴西在海洋环境监测方面展开交流。

四、金砖国家现有可持续发展合作存在的问题

尽管金砖国家在可持续金融方面取得了显著进展,但仍面临一系列挑战和难题。这些问题的存在,不仅影响着金砖国家自身的可持续发展进程,也对全球可持续金融合作产生了一定的制约。

可持续发展报告中的可持续发展目标(Sustainable Development Goals, SDGs)得分反映了各个国家在可持续发展目标方面的表现和进展,根据联合国可持续发展解决方案网络(United Nations Sustainable Development Solutions Network)的《可持续发展报告》数据,金砖国家 2018 年至 2022 年 SDG 得分、在联合国成员国中排名分别如图 2、表 2 所示。

---

① 《力争 2030 年前实现碳达峰,2060 年前实现碳中和——打赢低碳转型硬仗》,中华人民共和国中央人民政府,载 https://www.gov.cn/xinwen/2021-04/02/content_5597403.htm? gov&wd = &eqid = fa485be2001bd00400000002645f9575,2021 年 4 月 2 日。
② 《印度非化石能源占比达 40％ 提前完成气候目标》,载中国煤炭资源网,http://www.sxcoal.com/news/4641237/info,2021 年 12 月 6 日。

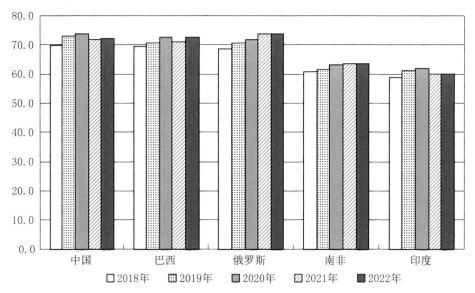

图 2　2018—2022 年金砖国家 SDG 指数变化趋势

数据来源：Sustainable Development Solutions Networks。①

表 2　2018—2022 年金砖国家在联合国成员国 SDG 指数排名

国　　　家	2018 年	2019 年	2020 年	2021 年	2022 年
中　　国	54	39	48	57	56
巴　　西	56	57	53	61	53
俄 罗 斯	63	55	57	46	45
南　　非	107	113	110	107	108
印　　度	112	115	117	120	121

数据来源：Sustainable Development Solutions Networks。②

　　整体来看，金砖国家的 SDG 得分在不同国家之间存在差异。中国、巴西在 2018—2020 年间保持相对稳定的水平，虽然在 2021 年因新冠疫情有所下跌，但是整体得分在金砖国家及联合国可持续发展成员国中相对较高，2019 年中国排名甚至上升至 39 位。俄罗斯的可持续发展得分 2018 年至 2022 年持续增长，排名也从最初的 63 前进至 45 名，是金砖五国中可持续发展方面进展最大的国家。南非及

---

　　①②　Sustainable Development Solutions Networks，https://www.unsdsn.org.

印度的 SDG 得分在这五年期间未得到显著提升,南非的增长幅度较小,印度 SDG 得分在 2018—2022 年间有一定上升,但在 2021 年和 2022 年略微下降,且排名呈持续下降趋势。可见,金砖五国均在可持续发展方面投入关注和努力,但是在与全球实现可持续发展目标的步伐上仍有不同步伐,面临不小的挑战。

(一)可持续金融标准不一致

当前,全球绿色和可持续金融界定标准存在多样性的问题。不同国家、行业协会和金融机构提出了各自的标准,这些标准之间存在不可比较、不兼容和不一致的情况。据估计,全球可能存在数百种不同的绿色和可持续活动界定标准或评价方法,其中在某些地区或市场被视为绿色或可持续的经济活动在其他地区或市场可能无法得到认可。这种多样性导致市场分割加剧,不同市场对彼此的绿色标签互不承认,同时也增加了绿色金融市场的沟通和交易成本。此外,多种标准的存在还可能导致洗绿风险增加,一些机构可能选择达成其中最低标准以获得绿色标签。

金砖国家在可持续金融领域的发展水平和经济结构存在差异,导致各国在制定可持续金融标准时依据的背景和需求不同。例如,中国在绿色金融方面具有丰富的实践经验,而印度更注重社会责任投资。各成员国在碳排放问题上持有不同的思路,这增加了金砖国家开展跨国碳排放配额交易的困难。中国主要采取"中国核证自愿减排量"措施,而印度倾向于采用碳税、可再生能源证书和执行实现与贸易等排放交易系统计划。南非试图通过征收可抵扣部分碳税的方法减少能源密集型企业的碳排放,而巴西在考虑实施排放交易系统或碳税问题上尚未确定方向。由于各国对可持续金融的理解和关注点不同,导致评估指标缺乏统一。举例来说,中国的绿色债券标准主要关注环境效益,而巴西的绿色债券标准则更加强调社会效益。针对绿色债券而言,由于不同国家对符合资质的绿色项目定义存在差异,不是所有金砖国家发行的绿色债券都符合国际绿色标准,这可能导致一些非绿色企业冒充绿色企业的情况。各成员国对绿色债券的定义和认证存在模糊性,使得未参与卢森堡证券交易所等离岸市场交易的投机性市场主体有机会进行套利。特别是根据气候债券倡议组织的债券分类方案,中国 2017 年发行的绿色债券中有 70% 的资金用于能源、水资源和低碳交通等行业,因此有观点认为在中国,商业银行发行绿色债券的主要作用是为未标记为绿色贷款的再融资提供资金支持。

（二）可持续投资方法和监管体系难以协调统一

金砖国家之间的差异性和多样性使得成员国在可持续投资和监管方面呈现出一定的分歧，可持续投资方法缺乏协调和统一。金砖国家在可持续投资方面采取了不同的策略，中国和俄罗斯更倾向于通过政府主导的方式推动可持续投资，而巴西和南非则更注重市场机制的作用。

项目评估标准存在不统一现象。由于各国对可持续发展的理解和关注点不同，导致在项目评估时所采用的标准存在差异。这使得跨国投资者在进行可持续投资决策时面临较大困难。

数据披露与透明度问题有待提升。金砖国家在可持续投资领域的数据披露和透明度方面仍有提升空间。这使得投资者在进行投资决策时缺乏足够的信息支持，从而影响可持续投资的效果。

监管体系不协调。金砖国家的监管框架存在差异，例如，中国实行中央银行主导的监管模式，而巴西则采用金融监管机构与环境部门共同参与的模式。此外，金砖国家对绿色金融的监管力度也存在差异，中国对绿色金融的监管相对严格，而印度和南非的监管则相对宽松。金砖国家在可持续金融监管方面的不协调导致企业在进行跨国投资时面临较高的合规成本，可能抑制企业积极参与可持续投资活动。

缺乏明确的指引和监管措施不仅会导致洗绿风险（指不符合绿色或可持续发展标准的项目，通过虚假手段贴上绿色和可持续发展的标签），使投资者对使用可持续金融工具感到不安，犹豫不决。

（三）各成员国可持续金融市场发育程度不均衡

尽管金砖国家的成员在可持续金融发展理念上达成了共识，但各成员国的可持续金融市场的发展程度存在差异。

巴西是 1992 年地球首脑会议和 2012 年"里约 + 20"峰会的主办国，在全球可持续发展领域长期扮演着领导者和协调者的角色。巴西的可持续金融市场具有较好的基础，尤其在绿色债券和绿色信贷方面表现突出。然而，由于政治和经济环境的不稳定，巴西的可持续金融市场发展仍然面临许多挑战。

相比之下，俄罗斯对应对气候变化的关注较晚，该国的可持续金融市场相对滞后。虽然政府已经开始关注绿色金融和 ESG 投资，但在政策制定和市场建设等方面仍有较大的改进空间。

印度的可持续金融市场起步较晚,但其发展速度迅猛。政府通过发布《可持续金融指南》等政策文件,鼓励银行业和资本市场向低碳经济转型。此外,印度在可再生能源领域的投资合作也日益增强。目前,印度的可持续金融市场发展相对成熟。尽管金融机构对可持续保险原则的支持相对薄弱,但该国的绿色债券发行规模在金砖国家中排名第二,两家全国性证券交易所也较早采纳了联合国可持续证券交易所倡议。

中国是金砖国家中首个由政府支持机构发布本国绿色债券界定标准的国家,也是建立比较完整绿色金融政策体系的先行者。近年来,中国的可持续金融市场取得了显著进展。政府积极推动绿色金融政策的制定和实施,绿色债券市场规模逐年扩大。同时,中国企业在环境、社会和治理(ESG)投资方面表现出越来越高的关注度。

南非的可持续金融市场是自下而上发展的,起步较早,具有一定的基础,尤其在绿色债券领域表现突出。然而,由于缺乏政府纲领性文件的指导,其发展动力不足。直到 2017 年,南非财政部才召集可持续金融工作组来探讨可持续金融的路线图。

（四）金砖国家竞争与合作关系复杂

作为新兴市场经济体,金砖国家(巴西、俄罗斯、印度、中国和南非)共同面临实现可持续发展的挑战。这些国家正努力加强合作,推动全球可持续金融发展。然而,在这一过程中,成员国之间及成员国与其他国家之间的竞争和合作关系给合作带来了一些挑战。金砖国家在可持续金融领域有着共同的动机和激励。它们都意识到可持续金融对于实现经济增长、减少贫困和应对气候变化等全球性问题至关重要。因此,一方面,它们在多边和双边层面开展合作,以提高金融资源的有效利用,支持可持续发展目标,包括基础设施建设、清洁能源项目和环境保护等;另一方面,金砖国家需要与发达国家和其他新兴市场经济体合作,以获取资金、技术和知识等资源,推动可持续金融发展。例如,金砖国家与世界银行、亚洲开发银行等多边金融机构合作,共同支持可持续发展项目。由于欧洲地区可持续金融的良好发展态势,金砖国家成员国纷纷与欧洲国家建立可持续金融合作渠道,进一步促使成员国之间形成竞争。以绿色债券为例,中国上海证券交易所与卢森堡证券交易所于 2018 年 6 月启动绿色债券信息通,前者绿色债券具体信息将在后者网站及其环保金融交易所等信息平台展示,以吸引国际资本流向中国绿色产业。

五、推进金砖国家可持续金融合作的对策

针对金砖国家现有可持续金融发展模式存在的问题,制定并实施一系列可持续金融发展对策势在必行。

(一)提高可持续金融标准的一致性

标准一致性有助于金砖国家之间更好的合作和协调。通过实行一致的可持续金融标准,金砖国家可以加建立起相似的行动框架,保障合作项目的顺利进行。

1. 加强政策沟通与协调

一方面,金砖国家应加强在可持续金融政策制定方面的沟通与协调,以消除标准不一致带来的障碍;另一方面,金砖国家应加强在可持续金融监管方面的合作,以实现监管体系的协调。例如,可以通过定期举办监管研讨会、交流培训等活动,分享各国监管经验和最佳实践。

2. 制定共同的可持续金融政策框架

金砖国家应制定一个共同的可持续金融政策框架,明确各国在可持续金融发展方面的目标和任务。此外,各国还可以就绿色债券、绿色信贷等具体业务制定统一的操作规程和监管要求,以提高金融市场的一致性。可参考中欧《可持续金融共同分类目录》,并充分考虑金砖国家国情,提升五国可持续金融分类标准的一致性,促进绿色资本跨境流动。使用共同目录来编制本国(地区)的分类目录,就可能帮助许多地区避免"重起炉灶"。一方面,为其节省了时间和精力;另一方面,也直接提升了各国标准的可比性、兼容性和一致性。2021 年 12 月,中国建设银行率先发行全球首支基于《共同分类目录》的绿色债券,募集资金 3 年期 5 亿美元,专项用于支持大湾区清洁交通、清洁能源领域的优质项目。2020 年,俄罗斯外经银行发布了首份绿色金融指导意见,该意见确立了俄绿色金融的总体架构体系,还向俄罗斯企业、银行明确了绿色工程、绿色贷款和绿色债券等概念。俄罗斯绿色金融的分类和标准与中国、欧洲的体系完全兼容,这为俄罗斯公司在欧洲和中国的交易所发行债券提供了方便。

3. 加强信息披露和数据共享

金砖国家应加强在可持续金融领域的信息披露和数据共享,建立一个共享平台,实现各国在环境、社会和治理(ESG)数据方面的互联互通。在数据信息共享基

础上进一步促进技术交流与合作,提高各国对可持续金融标准的认识和执行力度。

4. 就界定标准积极开展国际合作

金砖国家应学习借鉴欧美等先进国家在可持续金融领域的成功经验,尤其是在政策制定、监管体系建设、信息披露等方面,并且积极参与国际金融组织(如世界银行、国际货币基金组织等)在可持续金融领域的活动,了解国际最新的可持续金融发展动态和标准,为自身制定更为统一的标准提供参考。对具体的可持续经济活动,应尽可能采取定量指标来界定其与可持续目标的一致性。共同推进环境与气候信息披露,充分借鉴全球报告倡议组织(GRI)、负责任投资原则(PRI)、气候相关财务信息披露工作组(TCFD)和国际可持续发展准则理事会(ISSB)等的国际标准,结合金砖国家发展的实际情况,携手解决共同面临的难点问题,推进环境与气候信息披露,推动金砖国家绿色资本市场连接。

(二)培育高度认同可持续发展理念的市场主体

由于可持续发展领域涉及面较广且外部性较强,完全依靠市场机制促进成员国金融体系可持续转向并不现实。因此,应秉持"政府引导、市场运作、社会参与"原则,平衡好公共部门与私人部门间利害关系,构建多层次、宽覆盖、可持续金融政策框架,积极培育高度认同可持续发展理念的市场主体,促进金砖国家可持续金融市场发展的深入和完善。将发力点集中在各国政府、金融机构、民营企业等三个方面。

各国政府、证券交易所、资产所有者、金融机构和企业等利益相关方均需增强可持续金融领域的专业知识和能力,更好地支持本国可持续金融政策、行动路线的规划和实施,以实现各自的可持续发展目标和《巴黎协定》承诺。为此需要强化以下几方面能力:提高对气候变化和其他可持续因素相关风险和机遇的认识分析能力;政府机构进行可持续金融战略政策制定的能力;建立和设计协调统一的界定方法、披露要求、符合可持续目标要求的数据生态系统和其他可持续发展的界定工具的能力;金融机构识别和管理环境相关风险的能力及可持续金融实践、产品开发、项目和关键绩效指标(KPI)评估的能力等。

1. 政府层面

制定和完善相关法律法规。金砖国家政府应加强对可持续金融发展理念的立法工作,制定相应的法律法规,为市场主体提供明确的法律依据。同时,政府还应不断完善现有法规,以适应金融市场的发展变化。各国负责企业信息披露标准制定的相关部门应积极参与 ISSB 的工作,探索降低信息披露和可持续数据评估成本方面的新方法。全国或者地方政府应考虑建设或者鼓励私人部门建设可持续信息数据平台以满足金融市场参与者的需求。

加大宣传推广力度。政府应通过各种渠道加大对可持续金融发展理念的宣传推广力度,提高公众对可持续金融的认识和接受程度。此外,政府还可以举办相关培训班、研讨会等活动,提升市场主体在可持续金融领域的专业素养。

设立专项资金支持。政府应设立专项资金,用于支持可持续金融发展相关项目,如绿色债券、社会责任投资基金等,用于扶持符合可持续发展要求的企业,降低其融资成本,从而激励更多市场主体参与可持续金融发展。借助成员国金融体系内部的可持续循环激励机制,降低本国社会环境责任意识强烈企业的融资成本。

引导金融机构积极参与。政府应通过政策引导,鼓励金融机构积极参与可持续金融发展。例如,可以设立绿色信贷指标要求,引导银行将更多资金投向绿色产业,同时,还可以推动金融机构加大对环境、社会和治理(ESG)因素的关注,提高其在投资决策中的权重。

2. 金融机构层面

建立内部可持续金融制度。金融机构应建立完善的内部可持续金融制度,确保在业务开展过程中充分考虑环境、社会和治理(ESG)因素。此外,金融机构还应加强对员工的可持续金融培训,提高其专业素养。

发挥主导作用。金融机构应积极参与绿色债券、绿色信贷等可持续金融业务,为符合可持续发展要求的企业提供优质的金融服务。同时,金融机构还可以通过设立专门的绿色金融部门或团队,进一步推动可持续金融发展。

加强风险管理。金融机构应加强对可持续金融业务的风险管理,确保业务的稳健发展。例如,在信贷审批过程中,充分考虑企业的环境、社会和治理(ESG)表现,以降低潜在风险。

3. 证券交易所层面

建立绿色债券市场。证券交易所应积极探索建立绿色债券市场,为符合可持续发展要求的企业提供便利的融资渠道。此外,交易所还可以制定相应的绿色债券发行和交易规则,确保绿色债券市场的健康有序发展。

加强信息披露监管。证券交易所应加强对上市公司在可持续发展方面的信息披露监管,要求上市公司定期发布环境、社会和治理(ESG)报告,以提高市场透明度,帮助投资者做出更加科学的投资决策。

推广可持续发展指数。证券交易所可以推广可持续发展指数,如绿色产业指数、社会责任投资指数等,为投资者提供更多关注可持续发展的投资工具。同时,交易所还可以与相关机构合作,开发新的可持续发展指数产品,满足市场需求。

4. 企业层面

提高可持续发展意识。企业应提高对可持续发展理念的认同度,将其纳入企业战略规划,确保在生产经营活动中充分体现可持续发展要求。

加强信息披露。企业应加强对外部信息披露,定期发布环境、社会和治理(ESG)报告,以提高市场透明度,帮助投资者更好地了解企业的可持续发展状况。

积极参与绿色金融市场。企业应积极参与绿色债券、绿色信贷等绿色金融市场,为自身的可持续发展筹集资金。同时,企业还可以通过参与绿色金融市场,提升自身的品牌形象和社会责任感。

（三）大力开展可持续金融合作,在全球可持续金融领域提高话语权

金砖国家作为新兴市场经济体和具有全球影响力的国家集团,在可持续金融合作中的领导作用和合作成果被国家社会持续关注。因此,金砖国家大力开展在可持续方面的项目合作能够吸引更多的国家和国际组织的参与,形成更广泛的合作网络,在制定全球可持续发展议程和标准时能够发挥更大的作用。

双边合作方面,2021 年,中国和欧盟联合编制了《可持续金融共同分类目录报告——减缓气候变化》(《共同分类目录》),该目录为国际绿色产业界定标准的趋同迈出了重要一步,有效推动提升国际可持续金融分类标准的可比性、兼容性和一致性。多边合作方面,2017 年,中国人民银行参与发起中央银行和监管机构绿色金融网络(NGFS),金砖五国均为 NGFS 成员。首先,金砖五国政府应加强政策交流和协调,通过产业、财税、金融政策的有机结合,积极支持金砖国家在能源、交通、工业等领域的绿色低碳发展,同时扩大可持续金融投融资市场,打通及优化彼此可持续金融市场交易的渠道,串联各成员国和并联其他国家,开展更广泛的可持续金融合作,提升金砖国家在全球可持续金融领域的话语权。

其次,金砖五国应进一步提升绿色资金流动的效率和便利性,加强五国可持续金融市场基础设施互联互通。通过优化监管机制和信息共享,打造一个高效、透明、稳定的可持续金融市场环境,为金砖国家的绿色低碳项目提供更多资金支持,并吸引更多国际资本参与,进一步巩固金砖国家在全球可持续金融领域的影响力,

将地缘关联成为开展可持续金融合作的助推器。

第三,金融机构应提高对境内外主体的风险评估与风险控制能力,扩充境内外资本投资可持续金融产品的种类和规模,同时加强可持续金融专业人才培养。通过建立更为全面的风险管理体系,金融机构能够更好地把握可持续金融领域的商机,并为金砖国家的可持续发展提供更多金融支持和服务。

(钟润芊,上海对外经贸大学国际经贸学院硕士研究生;牛东芳,上海对外经贸大学国际经贸创新与治理研究中心助理研究员)

俄罗斯进出口贸易与经济可持续发展

赵精一　周茜茜

【内容摘要】 在新形势下,金砖国家作为促进共同发展的重要力量,亟须深化全方位合作,构建高质量伙伴关系,推动世界经济可持续复苏。面对俄乌冲突持续和经济复苏乏力的双重考验,俄罗斯的经济陷入困境,但其经济形势展现出的良好韧性明显好于预期。本文将梳理近30年的俄罗斯进出口贸易变化,分析其各阶段实施的经济政策影响。为调整自身经济结构,实现经济可持续发展,俄罗斯大力发展新能源,并改变结算方式。2023年的金砖峰会上"扩员"和"本币结算"是讨论的重点内容,加速去美元化,可能会加快全球多极经济体系的建立。在西方持续强化对俄罗斯的经济和金融制裁背景下,俄罗斯需要在货币和金融方面建立过渡性世界秩序的要素,探讨在金砖国家协议基础上建立多边金融和经济机构,以及筹备一种新的储备货币的可能性,以摆脱美元霸权。

【关键词】 金砖国家;俄罗斯;进出口贸易;可持续发展

一、俄乌冲突背景下俄罗斯的进出口贸易变化分析

从2022年2月24日至今,俄乌冲突已经持续了一年多时间,尽管西方国家对俄实施了新一轮严厉的制裁,俄罗斯关键工业领域备受打击、深陷困境,但是俄罗斯GDP整体只萎缩了2.1%,这比当初预计经济下降10%要乐观了许多。为此,俄罗斯调整体制机制、加速修订行业规划、出台系列配套措施,进一步推进实施进口替代战略,但是俄罗斯的进口替代既不意味着全领域替代和全面自我封闭,也不会是一项短期战略;同时,平行进口将成为俄罗斯进口替代的权宜之计,而加强与非西方国家尤其是以中国为代表的亚太国家合作则是大势所趋,因此中俄务实合

作可能迎来新机遇。

俄罗斯近 30 年的进出口贸易可分为三个阶段:第一阶段,1991—2014 年,先后经历了叶利钦下台和普京的上台执政,俄罗斯的经济政策有两次重大的转向,进出口贸易额在 1992 年的时候达到巅峰,随后快速下降;第二阶段,2014—2022 年,在克里米亚加入俄罗斯后,俄罗斯经济遭受了美西方的严重制裁,尤其在 2015 年、2016 年的时候跌到谷底。八年来,俄罗斯一直在制裁与反制裁中不停地探索。随着俄罗斯自身逐渐打造经济上抵御制裁的体系及加快了"转向东方"的战略,后期在金融上实现了较为平稳的落地和过渡;第三阶段,2022 年俄乌冲突爆发后,虽然俄罗斯经济上再次遭受了美西方前所未有的制裁,但之前"难熬的日子"练就了俄罗斯经济的耐受力和民众的容忍度,俄罗斯的经济表现并不是那么不堪一击。据俄罗斯联邦海关局公布的数据,2022 年俄罗斯贸易顺差达到创纪录的 3 323.77 亿美元。同时,出口增长 19.9%,进口下降 11.7%,对外贸易额增长 8.1%,达到 8 505 亿美元。①

在叶利钦执政时期,俄罗斯宣布实行激进的经济改革措施,即所谓的"休克疗法",其具体内容包括:全面放开物价;紧缩财政开支,实行"没有赤字的预算";控制货币发行量和信贷规模;提高税率和控制工资增长。②虽然"休克疗法"能达到立竿见影的效果,但是事实证明这种带有明显的应急性质的政策调控会使俄罗斯原来的经济危机更雪上加霜,使得俄罗斯经济真的面临"休克"。原因在于,俄政府期望毕其功于一役,实现一步跨越的方法从计划经济到市场经济这条鸿沟,结果由于鸿沟太宽,一步未能跨越,反而重创了俄罗斯的经济。

2000 年 3 月普京上任后,国内第二次车臣战争的胜利,不仅稳定了整个高加索地区,更重要的是让俄罗斯人重拾民族自信,同时也为普京后来的改革铺平了道路。此外,1999 年到 2007 年的九年间,国际石油市场波澜起伏。原油价格从每桶 20 美元升高到一度冲破 100 美元。③尤其是 2002 年下半年开始,原油价格大幅攀升。这一时期,俄罗斯凭借出口原油获得很大的经济收益,俄罗斯的进出口贸易也逐渐恢复增长。2014 年,俄罗斯的出口额达到了 4 968 亿美元,进口额为 3 079 亿美元。能源和矿产资源是俄罗斯最主要的出口产品④,占出口总额的 70% 以上(见图 1)。

---

① 作者根据俄罗斯联邦海关总署(FCS)数据计算。

② "Шоковая терапия",30. Feb. 2017,载 https://www.rbc.ru/photoreport/02/01/2017/58626b0a9a79 47265f7cbe72。

③ 于春苓:《论俄罗斯的石油经济》,《世界历史》2011 年第 5 期。

④ Васильева,Ю. П.,and Р. И. Тихонова. "Энергетические ресурсы и экономическое развитие России." *Электронный научный журнал Нефтегазовое дело* 4(2016):246—264.

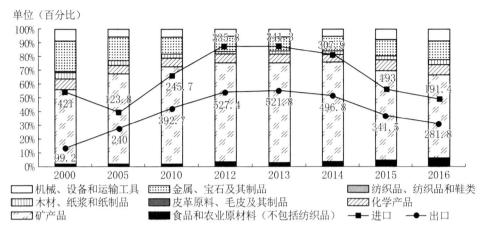

图1 2000—2016年俄罗斯进出口总趋势及出口占比图

信息来源:俄联邦统计局。

在第二阶段,2013年底俄罗斯卷入了乌克兰危机,并在克里米亚加入后遭受美西方国家对其实施严厉的经济制裁。美欧对俄罗斯的经济制裁可以分为四个阶段。第一阶段是"警告性经济制裁"。主要内容针对普京核心圈内的政治高官及油气企业高管,举措包括冻结在美财产,禁止进入美国国境等,以及对俄罗斯相关企业的进行金融制裁。这一阶段意在向俄罗斯政治领导层施压,以进一步推动乌克兰局势和解。第二阶段是"实质性经济制裁"。在该阶段的制裁中加大对俄罗斯的制裁强度,在对俄罗斯的金融行业做精准打击的同时也开始对俄罗斯"经济命脉"能源行业发起冲击,具体表现为削弱俄罗斯国内大型能源公司的融资能力和限制俄罗斯能源企业的长期开采能力。第三阶段是"经济制裁逐渐减弱"。由于在实质性阶段期间,西方的经济制裁对俄罗斯起到了重要的震慑作用,为此签署了《新明斯克协议》。[1]在安全利益得到一定保证的情况下,欧盟内部由于对俄能源依赖度不同而对俄制裁态度出现分歧,同时美国的制裁因为失去配合效力也逐渐变低,因此该阶段制裁呈逐渐停滞趋势。第四阶段是"经济制裁再度严厉"。美国"通俄门"事件掀起了对俄的新一轮制裁。特朗普总统迫于来自各方的压力也选择站在了国会一方,同意加大对俄罗斯的经济制裁,并出台了新的制裁法案。此次制裁的着力点依旧指向俄罗斯能源行业与普京核心圈。

在西方的制裁措施中,对俄罗斯打击强度最大的领域是金融制裁,主要包括两

---

① Масальский, М. Г. "Экономические санкции. Влияние экономических санкций на Российскую Федерацию." *Экономика и социум* 43(95)(2022):95—97.

方面:第一方面,制裁俄系统重要性银行。美国联合欧盟将俄罗斯主要银行和俄罗斯国有能源公司列入制裁黑名单,其目的是削弱俄国油气企业在欧美市场的融资能力。第二方面,封闭俄罗斯的美元支付通道。俄乌冲突之后,VISA 和万事达国际支付系统就暂停了 5 家俄罗斯银行的支付服务,一度造成俄罗斯许多客户支付瘫痪,50 多万张卡变相"失效"①,导致俄罗斯的进出口贸易在接下来两年大幅下降。

图 2　2014—2022 年俄罗斯进出口贸易变化研究

信息来源:俄联邦统计局。

由于俄亟须摆脱地缘困境的现实性要求,除了整合周边友好国家外,还努力发展与东方国家的关系,重点为在经济上打造抵御西方制裁的体系。一是加强国内政治防御与信息管理。俄政府官媒、大众传媒和网络空间宣传官方立场和政策来影响居民对事态的理解。②二是以进口替代为导向大力扶植国内生产。即用国产商品和服务替代外国商品和服务,以创造工作岗位并扩大国内的生产能力,包括中小企业的生产能力。三是借助新兴市场突围经济封锁。俄罗斯借力新兴市场突破西方国家的资金和技术封锁,加快了向东转的步伐,降低了对西方世界的依赖,并趁机把国际市场多元化的目标向前推进了一步。

普京反制裁措施的有效性也显示在俄罗斯进出口贸易中,亚太国家在俄罗斯外贸中的份额上升,从 2013 年的 25% 上升至 2016 年的 30%,而欧盟和独联体的份额下降,特别是传统上最大的贸易伙伴欧盟,其在俄罗斯外贸中的地位下降,从

---

①　张红侠:《制裁与反制裁:俄罗斯经济困局及脱困之路》,《俄罗斯东欧中亚研究》2016 年第 6 期。

②　刘春杰:《大众传媒立法视域下的俄罗斯政治精英治国理念变迁》,《俄罗斯研究》2016 年第 1 期。

2013 年的 50％下降到了 2016 年的 43％。①

　　同时,俄罗斯也凭借着一些国际组织如上合组织、金砖国家,作为重建大国威望的助力器及对全球治理改革的潜在平台。在俄罗斯看来,金砖国家不仅是政治稳定的因素,也是全球经济稳定的因素。2014 年乌克兰危机后,金砖国家在俄罗斯外交政策中的地位显著提高。由于俄罗斯与金砖国家的经济互补性很强,所以在能源、农业、军事合作领域可以获得最大的共同利益。俄罗斯在 2020 年担任金砖国家轮值主席国期间制定了《金砖国家经济伙伴战略 2025》,明确了贸易投资和金融、数字经济、可持续发展等三个重点合作领域,为未来金砖国家经贸合作明确了路线图。②新冠疫情的暴发和俄乌冲突的持续,使得对于俄罗斯现在的经济处境来说,与金砖国家的合作变得比以往更加重要,俄罗斯与金砖国家未来进行深层次合作的前景变得更加现实。

　　在第三阶段,2022 年俄乌冲突爆发后,俄罗斯整体对外贸易情况较 2021 年反而逆势增长,尤其是在前两个季度,但是在第三个季度后有所下滑(如图 3 所示)。

　　俄罗斯对外贸易较之过去有以下一些方面的变化:一是进口贸易下降,主要因为西方实施的制裁,也有很大一部分制造商和运输公司拒绝合作,这使得向俄罗斯采购和运送货物变得更加复杂;二是矿物燃料、石油及其蒸馏产品、沥青物质的出口增加了 42.8％,食品和农业原材料出口增长 14.8％,化肥供应增长 54.3％;三是德国等西方国家对俄出口额急剧下降,这些份额正逐渐被来自其他国家——土耳其、中国、印度、欧亚经济联盟的供应所取代。③尤其是中国和印度正不断加强与俄罗斯的石油和天然气合作。

　　截至 2022 年底,俄罗斯的主要贸易伙伴有中国、土耳其和荷兰。④欧洲国家对俄罗斯进出口贸易的减少,使得欧洲自身也付出了惨痛的代价。首先,西方国家再次对俄石油产品出口采取限价举措,对于汽油、柴油、煤油等较贵产品设定每桶100 美元的价格上限,对较便宜的石油产品如燃料油、石脑油等设定每桶 45 美元

---

① 曲文轶:《西方对俄制裁三周年:普京政府的应对及其成效和影响》,《俄罗斯东欧中亚研究》2018 年第 2 期。
② Плясова, Светлана Владимировна, Наталья Анатольевна Бондарева, and Юрий Васильевич Гриднев. "ОЦЕНКА ЦИФРОВОГО ПОТЕНЦИАЛА СТРАН БРИКС В УСЛОВИЯХ ФОРМИРОВАНИЯ НОВОГО ГЕОПОРЯДКА." Вестник Волгоградского государственного университета. Серия 3: Экономика. Экология 25.1(2023):128—142.
③ 作者根据德国联邦统计局数据计算。
④ 作者根据联邦海关总署(FCS)数据计算。

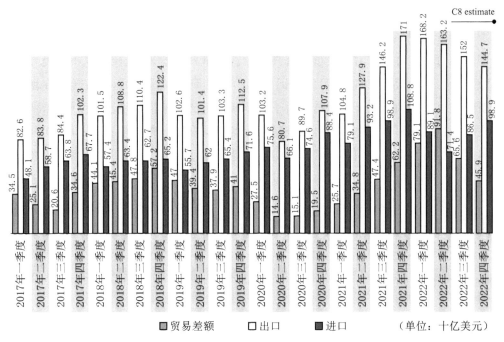

图 3　俄罗斯贸易差额

信息来源：俄罗斯银行。

的价格上限。①从欧洲这一限价政策的改变可以看出对俄的制裁，可谓是"伤敌一千，自损八百"。其次，由俄罗斯经波罗的海向欧洲输送天然气的"北溪"管道被炸毁，欧洲天然气批发价格在过去一年翻了一番以上，天然气价格高涨导致通货膨胀不断恶化，也使得欧洲的能源供遭遇巨大困难。②这不仅导致制造业成本变得高昂，而且增加了经济衰退的风险。

　　俄乌冲突爆发后，西方世界对俄罗斯的制裁，除了延续以往针对普京核心圈的高官，制裁俄系统重要性银行和设置融资壁垒之外，还增加了新的制裁举措：（1）禁用 SWIFT 系统。俄乌冲突后，西方世界很快宣布禁止俄罗斯的七家主要银行使

<hr />

　　① 　Timothy Ash，"Will an EU oil price cap limit Russian aggression?"，5 DECEMBER，2022，https://www. chathamhouse. org/2022/12/will-eu-oil-price-cap-limit-russian-aggression? gclid = EAIaIQobCh-MIwZz3ioXg_QIVkx0rCh1vOgpnEAAYASAAEgKrGvD_BwE.

　　② 　Steven R. Miles & Anna Mikulska，"Who's To Blame For Exorbitant Natural Gas Prices In Europe? Hint：Maybe Not Who You Think"，Oct 26，2022，https://www.forbes.com/sites/thebakersinstitute/2022/10/26/whos-to-blame-for-exorbitant-natural-gas-prices-in-europe-hint-maybe-not-who-you-think/? sh = 10c09f527fa9.

用 SWIFT 系统,切断俄罗斯与国际贸易体系的联系。(2)冻结外汇储备。限制俄罗斯在 G7 各国境内外汇储备资产的使用权,就相当于制约了俄罗斯利用外汇储备抵抗制裁的能力。(3)高新技术封锁。主要措施包括禁止向俄罗斯国防、航空和海事部门出口敏感技术,以剥夺俄罗斯获得先进技术的机会,最大程度限制俄实现经济多元化。[①](4)制裁能源行业和能源禁运。西方世界宣布禁止进口俄罗斯能源,美签署了禁止进口俄罗斯石油的法案,欧洲表示削减三分之二的俄罗斯天然气进口量并对俄罗斯实施煤炭禁运。

有了第一次反制裁的经验,俄罗斯采取的一系列反制措施,一定程度上有效对冲了此次美西方制裁的巨大损伤。相比较上一阶段的防御体系,俄罗斯新增了几项措施来更好地应对:(1)构建了天然气和卢布的绑定业务,对冲了俄罗斯退出SWIFT 体系的新的冲击,金融上较平稳地落地过渡。(2)为了进一步缓解禁用SWIFT 结算系统的压力,俄罗斯开始大力寻求与东方国家双边贸易的本币结算,特别是跟中国和印度。俄罗斯银行的商业客户正积极开设人民币账户,以及大幅增加账户内人民币的余额。(3)加速使用替代 SWIFT 的俄罗斯央行金融信息传输系统(SPFS)。俄央行于 2014 年分别开发了俄罗斯 SPFS 和国家支付卡系统(NSPK),目的就是在需要时替代 SWIFT 和 VISA、万事达卡。[②]随着西方世界全方位制裁的进一步升级,这些系统的应用深度和广度会进一步迅速加大。

二、俄罗斯推动经济去美元化进程

俄罗斯经济的美元化始于 1990 年的金融自由化,2008 年世界金融危机之后,全世界赶着在美国经济崩溃和损失前使石油贸易去美元化,自此俄罗斯开始"去美元化"的尝试。乌克兰危机以后,俄罗斯从 2016 年开始缓慢但坚定地降低本国对美元的依赖度。2018 年,面对美西方的多轮制裁,俄罗斯开始大刀阔斧地"去美元化"。[③]俄罗斯制定了完整的策略:建立本国的支付系统和金融信息交换系统、减少美元直接使用、降低美元在外汇储备中的比例、大幅抛售美国国债、扩展

---

① 刘军梅:《俄乌冲突背景下极限制裁的作用机制与俄罗斯反制的对冲逻辑》,《俄罗斯研究》2022 年第 2 期。

② Логинова, И. В., Б. А. Титаренко, and С. Н. Саяпин. "Экономические санкции против России." *Актуальные вопросы экономических наук* 47(2015):38—44.

③ Гостев, Д. В., and В. М. Александров. "Дедолларизация внешней торговли РФ." *Вопросы устойчивого развития общества* 4(2021):164—168.

新的国际结算方式等。①这种做法对于重组以美元为主导的国际货币体系,建立国际经济的可持续发展具有重要意义。

（一）建立本国的支付系统和金融信息交换系统

美西方多次威胁要将俄罗斯剔除出 SWIFT 系统为代表的国际支付系统。俄罗斯在西方现实的威胁之下,被迫迅速行动,在短时间内建立了自己的卢布结算支付系统（МИР）和金融信息交换系统（SPFS）。②自 2017 年 12 月执行 SPFS 第一笔涉及非银行企业的交易,截至 2020 年底,亚美尼亚、白俄罗斯、德国、哈萨克斯坦、吉尔吉斯斯坦和瑞士的 23 家外资银行接入了 SPFS。③2023 年 1 月 30 日,伊朗已与 SPFS 全面整合,随着协议的签署,52 家伊朗银行和 106 家俄罗斯银行通过 SPFS 建立了联系以帮助其加强贸易和金融业务,绕过金融基础设施的严格经济制裁。俄罗斯除努力提高 SPFS 系统在本国金融机构间的使用率外,也积极同一些知名国际金融机构建立合作,不断加强同周边国家开展合作。目前,俄罗斯与中国、伊朗、土耳其等国家的金融监管机构进行谈判,希望将 SPFS 系统与这些国家的金融信息系统对接,同时也在不断完善系统,使其更好地符合国际标准,以吸引更多的外国企业连接和使用 SPFS 系统。④但目前 SPFS 仍未达到预期效果,除了外部因素外,本身的系统还存在以下几点不足:首先是高消息成本,每条消息 1.5至 2.5 卢布;其次是没有将多个寄存器作为一条消息的一部分发送的选项;最后,SPFS 运行中持续存在技术差距,系统无法在晚上 9 点至上午 7 点（GMT＋3）,以及周末和公共假期发送电子信息。⑤

（二）外汇储备从美元过渡到黄金与其他外币

在 2018 年 3 月之前,美元一直是俄罗斯央行最重要的外汇储备之一,占比曾高达 43%—48%。之后,考虑到降低被制裁风险,俄央行开始不断减少美元在外

---

① Артёмов, Н. М., and А. А. Ситник. "Противодействие антироссийским санкциям в платежной и валютной сферах." *Актуальные проблемы российского права* 17.6(139)(2022):48—62.

② Кондукторов, А. С. "Замещение доллара США рублем РФ при оплате российского экспорта: финансово-правовой механизм реализации и последствия для денежно-кредитной политики." *Lex russica* 2 (183)(2022):24—33.

③ "Импортозамещение финансовой системы", Feb 28, 2022, https://sovcombank.ru/blog/glossarii/importozameschenie-finansovoi-sistemi-chto-takoe-spfs.

④ 许文鸿《去美元化:俄罗斯在俄美金融战中的反击》,《俄罗斯中亚东欧研究》2021 年第 5 期。

⑤ 参见俄罗斯银行金融信息传输系统（SPFS）,https://cyberft.com/about/comprasion/spfs。

汇储备中的占比,由黄金及其他外币进行替代。到 2020 年年底,美元及美元资产在俄罗斯国际储备中的占比已降至 21.2%,黄金和人民币占比提升至 23.3%、12.8%。2021 年 6 月,俄罗斯财政部长安东·西卢安诺夫在圣彼得堡国际经济论坛上透露,俄财政部和央行决定把国家福利基金中的美元占比减至零。①西卢安诺夫说,目前国家福利基金中约 35% 是美元,现在决定完全摆脱美元资产,实现美元占 0%,欧元占 40%,人民币占 30%,黄金占 20%,英镑和日元各占 5%。在 2023 年 2 月,人民币在莫斯科货币交易所的交易量已经超过了美元。②俄乌冲突爆发之后,截至 2023 年 3 月 1 日,俄罗斯外汇储备规模同比减少 8.7%,降至 4 106.5 亿美元。2023 年,俄罗斯央行的人民币储备有 3 030 亿元左右,相当于 450 亿美元,占俄罗斯外汇储备总额的 7.7%,占其可用外汇储备 1 364 亿美元的 33%,接近三分之一;货币黄金的规模从一年前的 1 412.35 亿美元降至 1 355.64 亿美元,但其比重从一年前的 22.9% 升至 23.6%。俄罗斯目前以 5 820 亿美元的黄金和外汇储备位居全球前四位。

（三）减持美债,减少使用美元

2021 年,在圣彼得堡国际经济论坛上,俄罗斯财政部宣布将在一个月内调整俄罗斯国家福利基金的资产结构,将美元资产份额降至零。③2021 年 2 月,俄罗斯几乎完全清空了美国长期国债(只剩 3.06 亿美元),当月减持美债 3.89 亿美元,最终持仓规模降到 58 亿美元,相比俄罗斯最高时期持有的美债,累计抛售比例达到 94%。2023 年 1 月,俄罗斯持有美债金额为 6 700 万美元左右。其中,1 300 万美元是美国财政部发行的短期债券,5 400 万美元属于长期债券。

除此以外,俄罗斯总统弗拉基米尔·普京还发布了一项关于用卢布支付燃料和能源商品的法令;对于从事出口贸易的公司,如果以卢布付款,他们将规定加速退还增值税并取消出口收益的强制退还。2023 年 3 月,中国国家主席习近平访问莫斯科时,俄罗斯总统普京透露,两国三分之二的双边贸易已经以卢布和人民币进行。普京总统补充说,"我们支持在俄罗斯联邦与其在亚洲、非洲和拉丁美洲的合作伙伴之间的交易中使用人民币"。④

---

① ② ③ "Власти решили полностью отказаться от долларов в ФНБПодробнее на РБК", June 3, 2021, https://www.rbc.ru/finances/03/06/2021/60b896829a7947ff39ed48fb.

④ Ben Norton, "Countries worldwide are dropping the US dollar: De-dollarization in China, Russia, Brazil, ASEAN", April 6, 2023, https://geopoliticaleconomy.com/2023/04/06/dedollarization-china-russia-brazil-asean/.

（四）拓展无美元结算新的支付方式

随着数字技术的发展，数字货币的发展和电子支付将有可能成为未来主流的支付方式。在中俄贸易额不断增长的背景下，2017 年 10 月 24 日，俄中两国宣布建立卢布和人民币 PVP（支付对支付，即 Payment Versus Payment）支付系统。[①]所谓 PVP，也就是"对等支付"。对于竞价交易，可由外汇交易中心统一发起 PVP 结算指令；对于询价交易，由交易双方分别通过大额支付系统或外币支付系统发起 PVP 结算指令完成资金结算。此外，数字技术的飞跃正在引发国际结算支付方式的变革，数字人民币在该领域应用方面预计将拥有广阔的合作空间。在 2015 年 7 月召开的金砖峰会上，金砖国家新开发银行和应急储备安排的成立，意味着未来国家间的贷款及应急救助将减少对美元的使用。在 2019 年 2 月底举行的金砖国家工商理事会俄方理事会会议上，俄罗斯方面提出了打造"金砖支付"系统的可能性。该系统旨在把金砖国家内部支付系统整合起来，方便这些国家的用户实现金融支付和转账，有效地简化跨国支付程序，减少国际贸易受美元汇率的影响。[②]2019 年 11 月 14 日，在第十一届金砖国家领导人会晤上签署了建立金砖国家支付系统的相关文件。

世界各国都在积极寻找摆脱美元霸权的出路，如欧元区的出现、亚投行的迅速发展、金砖国家新开发银行成立等，这些客观事实表明，国际金融体系正在发生新的变化，各国纷纷用自己的方式去美元化，去美元化已不再是几个国家单独的行为，而是在逐渐汇成全球性的大趋势。俄罗斯作为具有世界影响的大国所采取的诸多去美元化的措施反映了各国的普遍需求和未来的趋势。俄罗斯不仅在国内实行去美元化的政策，无论是在货币储备布局还是全球经贸的货币交易中也都如此，非美元货币已渐渐渗透在俄罗斯经济的方方面面。俄罗斯在推动国际去美元化的道路上起着越来越大的作用，对世界范围内去美元化潮流的形成具有显著的示范效应[③]，对打破以美元为主导的国际货币体系、建立新的国际经济金融体系、推动国际经济的可持续发展具有重要的现实意义。

---

① "Sino-Russian trade set to soar with PVP"，November 3，2017，http://english.scio.gov.cn/beltandroad/2017-11/03/content_41841201.htm.

②③ 许文鸿：《去美元化：俄罗斯在俄美金融战中的反击》，《俄罗斯中亚东欧研究》2021 年第 5 期。

三、俄罗斯新能源发展面临的问题及转型方向路径

（一）关键问题

其一，俄乌冲突背景下俄罗斯油气行业面临更大不确定性。随着此次俄乌冲突持续发酵，俄罗斯的油气产业和企业一直是美西方制裁的重点领域。俄罗斯油气企业受到严重影响，经营状况的恶化影响了俄罗斯在建大型能源项目的落实，项目面临延期或暂停的风险。在全球化的大背景下，选择积极融入全球经济模式转型和能源结构调整是大势所趋。19 世纪下半叶，可持续发展日渐成为世界各国经济发展所追求的目标，原先工业革命带来的高污染、高耗能的粗放式经济发展模式已经不符合当今信息革命时代的要求。

其二，俄罗斯能源经济结构性问题进一步凸显。俄罗斯经济高度依赖能源行业，而能源行业又高度依赖国外市场、技术和资金，由此进一步加剧俄罗斯经济结构的脆弱性。尽管早在 2014 年出台的《2035 年前俄罗斯能源战略》中便已提出了包括降低对能源经济的依赖程度、调整能源结构、加大能源科技创新等一系列措施，但俄罗斯经济对能源的依赖性并未得到改观。据 2020 年版《2035 年前俄罗斯能源战略》[①]，能源产业几乎占俄国内生产总值的四分之一，约占投资的三分之一、出口的二分之一和约 40％的预算收入。

然而，随着俄罗斯国内易开采油气资源储备不断下降，大量传统油气田储量已经处于较低水平，部分甚至临近枯竭。为维持产量和出口量，俄罗斯将发展重点投向北极、大陆架等开发程度较低、储量较高的新产地。[②]新产地大多气候和地质条件复杂，基础设施薄弱，需要大量投资和先进技术，在国内相关资源不足的情况下，这又进一步加深了俄罗斯能源行业对国外市场、技术和资金的依赖。

其三，俄罗斯能源结构不平衡，可再生能源比重过低。俄罗斯经济对化石能源的依赖度极高，化石燃料占 2019 年俄罗斯所有出口的三分之二左右。[③]俄罗斯绝

---

① "Nuclear Power in Russia", December, 2021, https://world-nuclear.org/information-library/country-profiles/countries-o-s/russia-nuclear-power.aspx.

② Бутузов, В. А., П. П. Безруких, and В. В. Елистратов. "Российская возобновляемая энергетика." Энергетик 9(2021):35—39.

③ Великороссов, Владимир Викторович, Евгений Викторович Генкин, and Александр Константинович Захаров. "Инновационные стратегические подходы к структурной модернизации энергетики в России." Экономика и управление: проблемы, решения 5.3(2019):112—120.

大多数温室气体由能源行业排放（78.9％）。这些排放中有近一半来自固体燃料、石油精炼和运输中使用的燃料的生产。可再生能源在俄罗斯的电力生产中仅占边际份额总计约 0.4％。虽然预计俄罗斯将在未来几年内用天然气取代大部分煤炭使用，从而减少碳足迹，但它远非可持续能源使用，预计到 2035 年，只有 4％的能源结构将来自可再生能源。[1]

（二）转型方向路径

俄罗斯于 2009 年开始发展可再生能源，同年 1 月和 11 月，时任俄总统梅德韦杰夫分别批准《2020 年前利用可再生能源提高电力效率国家政策重点方向》和《2030 年前俄罗斯联邦能源战略》，初步对能源结构转型和发展清洁能源作了政策规定与指引，设定了到 2024 年实现利用可再生能源发电占总量 4.5％的目标。[2]近年来，俄罗斯尝试走出一条符合自身特点的清洁、低碳可持续发展的能源之路，主要体现在下述重点领域。为了实现承诺的碳减排目标和维持自身的能源产业优势，俄政府陆续出台有助于新能源产业发展的政策措施，在发展战略和政策制定方面做出了如下调整：

第一，在可再生能源领域，重点支持风能、太阳能和水能。俄罗斯自 2015 年开始建设风能和太阳能发电站，并初步实现电力生产与供应。2015 年风能和太阳能发电站装机容量仅为 10.9 兆瓦和 60.2 兆瓦，不到当年总装机容量的 0.03％，至 2021 年第一季度，这两个数据已达到 1 257.6 兆瓦和 1 766.72 兆瓦，约占总装机容量的 1.2％。[3]在 2020 年，俄罗斯太阳能和风能电力设施的投产量首次超过了传统发电的投产量。为了进一步刺激扩大对绿色能源项目的投资，2021 年 6 月，俄政府批准了在 2035 年前支持该行业发展的政策规划。根据该文件，预计 2025—2035 年期间，俄政府将拨款 3 600 亿卢布，用于新建总功率为 6.7 GW 的可再生能源电力设施。俄罗斯的水力资源潜力巨大，在其领土上集中了全球约 9％的水资源储量，水电资源禀赋居世界第二位，发展前景广阔，而且，俄罗斯地处高纬度地区，河流的蒸发量较小，因此有着良好的水电发展基础。

---

① Тоганова，Наталья Владимировна．"Возобновляемые источники энергии." *Год планеты*．2017．42—49．

② 肖寒冰，葛新蓉：《俄罗斯新能源及绿色经济发展问题》，《欧亚经济》2023 年。

③ Мастепанов Алексей Михайлович ВОДОРОДНАЯ ЭНЕРГЕТИКА РОССИИ：СОСТОЯНИЕ И ПЕРСПЕКТИВЫ // ЭП．2020．№12(154)．URL：https://cyberleninka.ru/article/n/vodorodnaya-energeti-ka-rossii-sostoyanie-i-perspektivy(дата обращения：16.06.2023)．

俄联邦政府于 2016 年初制定了《2030 年前俄罗斯水电发展规划及到 2050 年的前景》,拟在水力资源集中的东西伯利亚和远东地区建造零碳环保的水电设施,总投资规模预计达 5.7 万亿卢布。俄罗斯许多地区的风能和太阳能具有很高的可开发技术潜力。风能项目在南高加索联邦区和北高加索联邦区、西北的北极地区、乌拉尔、西伯利亚和远东联邦区具有良好的前景。阿尔泰、阿斯特拉罕、斯塔夫罗波尔和伏尔加格勒地区、布里亚特共和国、普罗莫尔斯基边疆区及东北沿海地区(库页岛和堪察加半岛)的太阳能潜力特别高。①

第二,为减少对西方油气生产、服务技术和设备的依赖,俄罗斯政府和企业积极发展油气领域进口替代,着力降低进口依赖。2019 年,俄工贸部推出新版《石油天然气机械制造领域进口替代计划》,规划了 2019—2024 年油气开采技术、设备和服务领域进口替代,明确列出了石油开采、LNG 生产、大陆架开发等领域的 27 个具体项目,并提出落实目标。②

俄罗斯正在积极推进开发北极地区液化天然气。俄属北极地区油气资源占全球大陆架总资源的 52%,现已探明原油储量高达 50.4 亿吨,天然气达 363.2 亿吨油当量。③随着气候变暖,俄罗斯将北极油气资源视为重要的国家战略投资和经济复兴机遇,并将自身定位为未来北极能源的引领者。一方面,大力开发北极油气资源。乌克兰危机之后,俄罗斯竭力引入非西方国家的资本与技术,放宽民企参与北极开发的条件,积极开拓北极油气市场。2020 年,俄加速推进位于泰梅尔半岛的"东方"石油项目,计划建立一个新的含油气省,并带动俄工业和经济整体发展,"俄石油公司"总裁谢钦承诺 2030 年该项目将生产高达 1 亿吨石油。俄科学院预测研究所预测,对该项目相关行业产品(如钻井平台、船舶码头、机场、道路、船舶等)的需求增长将导致 2% 的俄 GDP 增长。④另一方面,加快开发北极航道。俄评估发现,对德国、意大利、土耳其和中国等主要销售市场的北极 LNG 海运成本平均低于管道气运输成本 40.2%。⑤因此,俄有意利用北极航道增加对亚太和欧洲市场的

① Kudelin, Artem, and Vladimir Kutcherov. "Wind ENERGY in Russia: The current state and development trends." *Energy Strategy Reviews* 34(2021):100627.

② Нефтегазовое машиностроение. https://gisp.gov.ru/plan-importchange/?type=neftj&ID=409.

③ 许勤华、王思羽:《俄属北极地区油气资源与中俄油气合作》,2019 年 8 月。

④ Магнит для инвесторов: в чем смысл продажи доли в "Восток Ойл". https://www.forbes.ru/biznes/414271-magnit-dlya-investorov-v-chem-smysl-prodazhi-doli-v-vostok-oyl.

⑤ Энергоноситель переходной эпохи и периода экономических войн. https://www.ng.ru/ng_energiya/2020-01-13/11_7766_gas.html.

LNG 供应,同时推动北极航道成为全球贸易新通道,强化俄罗斯在全球地缘战略中的地位。

第三,主导新能源转型——氢能。2020 年 6 月,俄罗斯政府发布《2035 年能源战略》,提出将氢能作为"资源创新型发展"的重点方向,提出氢能出口到 2024 年达 20 万吨、2035 年达 200 万吨的目标。同年 10 月,俄罗斯政府批准了俄能源部提出的《俄罗斯氢能发展路线图》,计划到 2024 年建成由传统能源企业主导的氢能全产业链。按照俄罗斯的规划,2035 年前蓝氢将成为俄罗斯制氢优先方向。俄罗斯天然气资源丰富,通过天然气制氢成本很低。如果能把制氢过程中排放的二氧化碳回注枯竭油气井,就可以满足"蓝氢"的减少碳排放要求。

2021 年 8 月 5 日,俄总理米舒斯京批准《俄罗斯联邦氢能源发展战略》,明确了低碳能源时代打造新能源产业的目标、战略倡议和关键措施,以确保国家经济在全球能源转型条件下的竞争力。[1] 该构想计划分三个阶段推进氢能发展,在 2021—2024 年第一阶段,俄境内将至少建成三个生产集群:面向欧洲出口的西北部集群;面向亚洲出口的东部集群;旨在为俄北极地区组建低碳能源供应和出口系统的北极集群。在 2025—2050 年接下来的两个阶段,俄罗斯将完成从落实首批氢能源商业项目到将氢能技术推向国际市场的过渡[2],上述战略举措展现出未来几十年,俄罗斯将用氢能源出口取代石油和天然气外销,致力于成为全球最大氢能源出口国的雄心。

四、总 结

尽管俄罗斯自身已经打造了一套比较成熟抵御制裁的体系,具有很强的免疫力。但从俄罗斯的贸易出口结构来看,能源产品占最大比重,其次是农产品和金属。俄罗斯各类产品种类出口占比多年来变化不大,一直是比较单一的。如果俄罗斯不改变其经济结构,经济是不可能真正好转的。虽然目前俄罗斯经济依旧欠缺活力,国内通货膨胀较严重,无法实现经济的快速稳定发展,但相比 2020 年新冠疫情带来的严重冲击,2021 年经济整体形势向好,呈现逐渐走出疫情阴霾的良性

---

① Яшин, С. Н., and Ю. С. Солдатова. "Оценка устойчивости инновационного развития предприятий." *Финансы и кредит* 32(512)(2012):9—17.

② 《俄罗斯发布氢能发展构想》,中国科学院科技战略咨询研究院,载 http://www.casisd.cn/zkcg/ydkb/kjczyzxkb/kjczxkb2021/kjzczx_202110/202111/t20211129_6273182.html, 2021 年 11 月 29 日。

发展趋势,这对俄罗斯促进能源转型、推动新能源及绿色经济发展是一个积极信号。在确认可再生能源的安全性、经济性和可行性的同时,俄罗斯将以平衡、渐进的方式实现本国能源产业的转型,意图在此过程中瞄准、进入世界高科技市场具有自身特色的专长领域,以维系和巩固其能源大国地位。中俄皆为能源大国,俄罗斯的"脱碳路线图"可为新兴经济体国家提供切实路径经验:一方面,包括减少化石燃料生产和运输,在石油开采领域引入现代系统,加强技术研发能力;另一方面,继续开发多元的能源资源储备,让天然气、氢气等在低碳能源结构中发挥更大作用。

(赵精一,复旦大学金砖国家研究中心科研助理;周茜茜,上海外国语大学国际关系与公共事务学院研究生)

金砖国家国别与议题研究

金砖国家跨境数据流动治理与"数字金砖"建设

高　瑜　吴炫蓉

【内容摘要】 跨境数据流动规则是数字经济发展的治理基底。随着数字经济时代的到来,金砖国家以其庞大的市场体量和强大的发展潜力产生出海量的数据。这些数据在跨境流动中被各类行为体充分挖掘,衍生出经济发展、个人隐私和国家安全等多方面的治理议题。金砖国家作为新兴经济体的典型代表,在跨境数据流动治理方面既有广泛的共同利益基础,又展现出各自独特的利益诉求和政策主张。如何确保数据作为信息承载体的安全性,同时又能充分保障数据作为生产要素的流动性,成为当前建设"数字金砖"的核心诉求。对此,中国应与其他金砖国家携手应对数据挑战,提升跨境数据流动治理规则的安全性和包容性,在全球数据规范中发出"金砖"声音。

【关键词】 金砖国家;跨境数据流动治理;数字合作

随着数据成为当前经济发展和社会规范的重要资源,跨境数据流动治理逐步成为全球网络空间治理中的核心议题之一。一方面,数据作为新的生产要素,金砖国家作为新兴经济体的代表,需要推动数据流动以挖掘数字经济的发展潜能;另一方面,数据蕴含着公民和政府的海量信息,金砖国家作为网络后发国,需要严防来自先发国利用技术优势差破坏数据安全。因此,平衡发展需求和安全需求成为数字时代金砖国家治理能力的新挑战。目前,金砖各国已大体形成各具特色的跨境数据领域的治理框架。展望未来,金砖国家应进一步深化数字合作:对内构建跨境数据流动的包容性规则,在尊重各国数据治理偏好的基础上为"数字金砖"奠定共通的数据流动规范;对外,金砖国家应携手应对共同的数据挑战,扩大在全球数据治理中的话语权,构建更加公平、更加高效、更加有序的跨境数据流动新秩序。

一、金砖跨境数据流动治理中面临的利益拉扯

数字经济是金砖国家把握新一轮发展机遇的战略支柱,核心考验是国家对于跨境数据流动治理的规则建设。具体来说,金砖国家需要平衡两方面的利益:一是发展利益,即通过全球数据流动来推动本国数字经济发展;二是安全利益,即维护本国数据主权安全,包括公民的个人隐私安全和国家的战略信息安全。但在具体实践中,这两种利益往往存在冲突,对于跨境数据流动治理模式造成不同方向的拉扯。

一方面,从追求发展利益的立场出发,金砖国家在跨境数据治理中需要尽可能减少数据流动壁垒以充分挖掘数字经济红利。根据市场经济的逻辑,促进数字经济发展的最大驱动力在于数据的自由流动。在大数据时代,数据本身的价值日益增加,成为世界经济和全球贸易中不可或缺的一大资源,数据在全球范围内自由流动是世界经济发展的必然结果和内在要求。当代的国际贸易竞争与以往不同,由商品质量竞争和价格条件的竞争变成数据流动的管制规则竞争,数据成为新的交易对象,跨境数据流动构成了新型贸易关系。[1]数据作为移动的生产要素,只有在充分交换和流动中才能最大程度地促进国际商品和服务贸易。[2]因此,跨境数据的自由流动成为国际贸易发展的必然要求。[3]

另一方面,从保护安全利益的角度出发,金砖国家必须对本国的跨境数据流动进行有效管控。数据中蕴含着个人隐私和国家安全的丰富信息,政府必须对跨境数据流动施加保护性管理措施。数据不仅包括经济信息,还有政治、社会、生活等方方面面的内容,是国家的基础性战略资源,其中跨境数据流动的有效管制是保障国家安全的时代急务。[4]此外,从网络基础设施和虚拟数据资源两个方面来看,数据资源在全球范围内的分配情况严重不均衡。各国的技术发展水平不一而足,在全球范围内存在明显的"数字鸿沟"。金砖国家作为网络空间的后发国,无论从技

---

① 李娜、沈四宝:《数字化时代跨境数据流动与国际贸易的法律治理》,《西北工业大学学报(社会科学版)》2019 年第 1 期。

② Mueller M, Grindal K. Data flows and the digital economy: information as a mobile factor of production, *Digital Policy*, Regulation and Governance, 2019, 21(1):71—87.

③ Meltzer J P. The Internet, Cross-Border Data Flows and International Trade[J]. Asia & the Pacific Policy Studies, 2015, 2(1):90—102.

④ 支振锋:《贡献数据安全立法的中国方案》,《信息安全与通信保密》2020 年第 8 期。

术硬实力还是规则软实力角度,都与美国等先发国存在不小的差距。近些年来,网络监听、数据密钥窃取、数据滥用等网络问题层出不穷,利用法律法规保护国家数据主权和安全的任务迫在眉睫。就目前的情况看,金砖国家若不对本国的跨境数据流动进行有效保护,很容易被以美国为代表的具备技术优势且希望占据数据主导权的国家所利用,易使主权安全和国家利益被暴露于更大的风险环境之中。因此,金砖各国应对跨境数据流动施加必要的安全保护,确保本国数据不被技术优势国所泄露、窃取、篡改甚至破坏。

上述两方面的数据利益考量,国家基于独特的历史背景和文化结构,结合国家的数字技术水平和现阶段发展任务,需要在数字经济发展和数据安全保护两种利益偏好中作出不同比重的权衡,最终的权衡结果决定了该国的跨境数据流动治理战略的基本模式。(如图1)

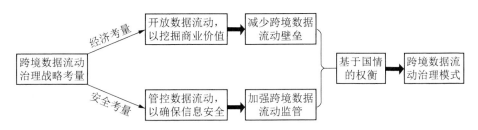

图1 基于经济和安全利益权衡下的跨境数据流动治理模式

二、金砖各国跨境数据流动治理的具体规则

对于金砖五国而言,基于各自的数字化发展水平、地缘政治环境和政治文化传统等因素,以不同的方式权衡跨境数据流动治理中的经济考量和安全考量,形成了本国的跨境数据流动治理模式。中国在挖掘数据的经济价值和实现数据安全保护之间取得了较好的平衡,在保障安全的基础上实现电子商务的蓬勃发展;俄罗斯由于受网络攻击的风险较高,更加侧重于数据的安全防御方面,数字经济的发展水平有限;印度拥有强劲的数字发展潜力,但在数据安全保护方面受西方的冲击较大,存在一定风险;南非的数字基础设施较为完善,同时加强与中国的技术合作,努力在经济和安全两方面实现稳步发展;巴西的数字经济发展水平有限,但数据安全保护意识较强。简言之,金砖五国的政府通过对国内外形势的评估,大体对本国的跨境数据流动问题形成了基本的治理路径。(如图2)

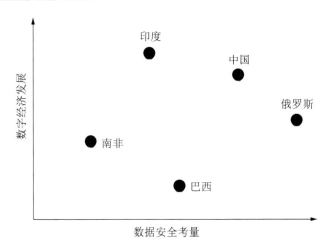

图 2 金砖国家的跨境数据流动治理坐标

（一）中国：通过数据分级分类保护制度，平衡经济发展与安全保护的要求

第一，我国充分尊重数据作为生产要素的重要价值，并基于庞大的数字市场探索出一套科学高效的方案来挖掘数据潜力。2019 年 8 月 20 日起，上海市政府正式施行了《（上海）自由贸易试验区临港新片区管理办法》，明确提出"展开数据跨境流动的安全评估，建立数据保护能力认证、数据流通备份审查、跨境数据流通和交易风险评估等数据安全管理机制"。①这是我国第一部提及跨境数据流动治理的地方性法规，以自贸试验区先试先行，逐步建立完善的跨境数据流动法律体系。根据上海试点取得的宝贵经验，我国政府初步形成了数据作为生产要素的治理思路，并逐步向全国范围内推广。2020 年 3 月 30 日，国务院颁发《关于构建更加完善的要素市场化配置体制机制的意见》，明确将数据定位为与土地、劳动力、资本、技术并列的第五大生产要素，并指出要通过数据开放共享，挖掘数据的资源价值，加强数字资源整合，"培育数字经济新产业、新业态和新模式"。②正是因为政府有了对于数字经济的长远规划和对数据要素的有效开发，我国的数字经济发展势头强劲，电子商务市场的飞速崛起举世瞩目，现已成为全球数字贸易的领头羊。

---

① 上海市人民政府令：《中国（上海）自由贸易试验区临港新片区管理办法—上海》，载 http://www.gov.cn/zhengce/2019-08/12/content_5724296.htm，2019 年 8 月 21 日。

② 《中共中央　国务院关于构建更加完善的要素市场化配置体制机制的意见》，载中国政府网，http://www.gov.cn/zhengce/2020-04/09/content_5500622.htm，2020 年 12 月 30 日。

第二,我国高度重视数据安全防御体系建设,采取措施,监测、防御、处置来自境内外的网络安全风险和威胁。早在 2012 年,国家工信部在《信息安全技术——公共及商用服务信息系统个人信息保护指南》中首次明确了处理个人信息的八项基本原则。①2016 年,全国人大常委会通过了《网络安全法》,充分保护数据主体的权益,对网络运营者在收集、存储、传输、使用数据的过程作出详细规定。②2021 年实施的《数据安全法》对数据的跨境流动作出细致管控,不仅要求与国家关键基础设施相关的数据和信息要符合《网络安全法》,还要求其他数据在进行跨境流动之前也要经过网信部门等相关机构的评估。③同年施行的《个人信息保护法》,进一步对信息处理的数量和数据的存储方式作出明确要求。④

第三,通过一段时间的政策实施,我国最终形成以数据分级分类的规制方式,达成经济和安全两方面的利益平衡。2021 年 11 月 14 日,网信办发布《网络数据安全管理条例(征求意见稿)》,对国家数据进行分类分级保护,将数据分为一般数据、重要数据、核心数据三种级别,分级进行不同的保护措施,对个人的一般数据及重要数据实行重点保护,对核心数据进行严格保护,不同级别数据的处理者需遵循相应级别的数据安全保护义务。对于公共数据,国家在监督的基础上推动数据开放共享,以加强对数据潜力的开发利用。对于个人信息的处理,具体规则应在醒目位置公开展示,在征得主体同意的基础上进行处理。对于跨境数据,需要首先通过网信部门的数据出境安全评估,传输方和接收方均应通过个人信息保护认证,并遵照标准规定签订合同。此外,涉及跨境个人信息和重要数据处理的运营者,需要每年编制数据出境安全报告,内容涵盖数据接收方的身份信息、数据的类别和数量及出境目的、境外的数据存放方式和时间地点等。⑤数据分级分类处理的保护方式,符合我国数据流动蓬勃发展的现状,在保障数据安全的基础上提升数据处理的公平

---

① 全国标准信息公共服务平台国家标准:《信息安全技术 公共及商用服务信息系统个人信息保护指南》,载 https://std.samr.gov.cn/gb/search/gbDetailed?id=71F772D7E6DED3A7E05397BE0A0AB82A. 2013 年 11 月 5 日。

② 中共中央网络安全和信息化委员会办公室:《中华人民共和国网络安全法》,载 http://www.cac.gov.cn/2016-11/07/c_1119867116.htm. 2016 年 1 月 7 日。

③ 全国人民代表大会:《中华人民共和国数据安全法》,载 http://www.npc.gov.cn/npc/c30834/202106/7c9af12f51334a73b56d7938f99a788a.shtml, 2021 年 6 月 10 日。

④ 全国人民代表大会:《中华人民共和国个人信息保护法》,载 http://www.npc.gov.cn/npc/c30834/202108/a8c4e3672c74491a80b53a172bb753fe.shtml, 2021 年 8 月 20 日。

⑤ 中共中央网络安全和信息化委员会办公室:《国家互联网信息办公室关于〈网络数据安全管理条例(征求意见稿)〉公开征求意见的通知》,载 http://www.cac.gov.cn/2021-11/14/c_1638501991577898.htm, 2021 年 11 月 14 日。

性,并给予数据流动充分的灵活性,为我国的数字经济和电子商务发展保驾护航。

（二）俄罗斯:通过严苛的本地化管理,保护国家数据安全

在跨境数据流动治理中,俄罗斯的安全考量明显高于经济考量,以高度严苛的本地化管辖对跨境数据流动施加诸多限制。形成这一态势的原因有三:一是由于俄罗斯受金融危机影响较大,经济形势不甚乐观,经济转型也面临较大阻碍,导致数字经济发展程度有限。因此,目前俄政府对于数字经济的规制还处于摸索阶段,并以着力完善网络基础设施建设、推动数字技术的市场化应用等为主。尚未形成将数据作为生产要素予以开发的政策环境。二是与俄罗斯的文化传统有关。一直以来,俄罗斯都是一个国家安全意识极强的国家,在数据领域也是如此。斯拉夫民族的文化传统是以骁勇善战为美德,从小接受军事技能训练,很早以前就有战士肉搏的传统。①因此,在面对技术发展带来的新变革时,安全防御很自然地成为俄罗斯民族的首要考量因素。三是俄罗斯遭受的网络攻击过多,引发政府对数据安全的强烈焦虑。随着2022年俄罗斯对乌克兰采取特别军事行动以来,来自西方社会的网络威胁压力愈发增强。2022年4月中旬,俄罗斯联邦文化部遭到了严重的网络攻击,黑客利用邮件服务器中的漏洞窃取了部门内部通信资料,共造成700 GB的数据泄露。②

简言之,俄罗斯采用高度严苛的本地化处理和存储方式,确保个人数据的跨境流动处于安全可控的范围内。自2006年起,俄罗斯就着手建立起较为全面的个人数据保护制度,颁布了《关于信息、信息技术和信息保护法》和《联邦个人数据法》两部重要的法律,旨在保障在数据运用过程中个人的权力和自由,特别是个人隐私。这两套法案规定了网络运营商保护用户隐私的具体义务,在个人数据跨境流动前,要求数据处理者确认数据流动的对象国会保证对个人数据主体的权利进行同等保护,一旦发现联邦公民权利或国家安全存在威胁嫌疑,要立即中止或限制数据的跨

---

① Union L R I T. Fist fighting in Russia and Its Origin,［2023-05-13］. https://learnrussianineu.com/fist-fighting-in-russia-and-its-origin/.

② Винтернет слили базу электронных писем Минкультуры РФ на сотни гигабайт［EB/OL］.［2023-05-10］. https://www.tadviser.ru/index.php/%d0%9a%d0%be%d0%bf%d0%b0%d0%bd%d0%b8%d1%8f:%d0%9c%d0%b8%d0%bd%d0%b8%d1%81%d1%82%d0%b5%d1%80%d1%81%d1%82%d0%b2%d0%be_%d0%ba%d1%83%d0%bb%d1%8c%d1%82%d1%83%d1%80%d1%8b_%d0%a0%d0%a4#:.2A_2022:_.D0.A5.D0.B0.D0.BA.D0.B5.D1.80.D1.81.D0.BA.D0.B0.D1.8F_.D0.B0.D1.82.D0.B0.D0.BA.D0.B0_.D0.B8_.D1.83.D1.82.D0.B5.D1.87.D0.BA.D0.B0_.D0.B4.D0.B0.D0.BD.D0.BD.D1.8B.D1.85_.D0.BE.D0.B1.D1.8A.D0.B5.D0.BC.D0.BE.D0.BC_700_.D0.93.D0.B1.D0.B0.D0.B9.D1.82.

境流动行为。①②2013 年"棱镜门"事件披露后,俄罗斯进一步加强对数据安全的保护,于 2014 年修改了《关于信息、信息技术和信息保护法》,规定互联网信息传播者在处理有关俄罗斯公民数据时,其接收、传输和处理过程必须在俄罗斯境内进行,并在六个月内向有关部门上报相关情况。进行文字、语音、图像等与用户直接相关的电子信息的传播和检索活动时,运营商必须在指定的设备和软硬件上处理,以防止数据泄露和滥用。③上述法律规范了俄罗斯个人数据本地化存储的基本要求。近年来,俄罗斯在此基础上继续加强跨境数据流动本地化规制。

(三)印度:政府着力帮扶本土企业发展,但数据安全政策受西方影响摇摆不定

一方面,印度政府基于本土优势和劣势的综合考量,在跨境数据流动治理中,将政策中心放在帮扶本国电子商务平台成长。从发展优势上看,印度的人口红利带来庞大的数字市场。印度的网民数量十分庞大,2022 年时,已成为继中国之后的全球第二大数字市场。到 2023 年,印度互联网用户已超 12 亿,预计到 2025 年,将有 16 亿以上的印度人使用互联网。④鉴于印度未来有潜力成为全球商业可利用数据的最大来源地之一,印度政府希望将本国的海量数据充分用于经济发展,使公民和企业从数据流动中获益。从发展劣势上看,印度的数字经济存在内生性障碍,本国的互联网平台难以突破既有龙头企业的挤压。作为新兴经济体,印度在数字经济中处于后发地位,且信息技术能力有限,难以与微软、谷歌、亚马逊等老牌公司抗衡,更难发展出本土的代表性企业。该问题很大程度上由电子商务大规模的"资本倾销"现象造成,大型互联网企业在网络空间独占鳌头,侵吞中小企业的发展空间。⑤据此,

---

① Закон о персональных данных | ГАРАНТ[EB/OL].(2006-07-27)[2023-05-10]. https://base.garant.ru/12148567/.

② Глава 2. Права и свободы человека и гражданина | Конституция Российской Федерации[EB/OL].[2023-05-10]. http://www.constitution.ru/10003000/10003000-4.htm.

③ Федеральный закон от 5 мая 2014 г. N 97-ФЗ "О внесении изменений в Федеральный закон" Об информации, информационных технологиях и о защите информации "и отдельные законодательные акты Российской Федерации по вопросам упорядочения обмена информацией с использованием информационно-телекоммуникационных сетей"[EB/OL].(2014-05-05)[2023-05-10]. http://ivo.garant.ru/#/document/70648932/paragraph/.

④ Basuroy T. India: number of internet users 2050 | Statista[EB/OL].(2023-07-18)[2023-08-07]. https://www.statista.com/statistics/255146/number-of-internet-users-in-india/.

⑤ Mahawar S. A review of India's new draft e-commerce policy: issues and challenges-iPleaders[EB/OL].(2022-05-02)[2023-05-10]. https://blog.ipleaders.in/a-review-of-indias-new-draft-e-commerce-policy-issues-and-challenges/.

2019 年 2 月 23 日,印度工业和内部贸易促进部发布了《国家电子商务政策草案》,针对"周转库存型"和"市场型"的业务活动分别出台不同的政策,只允许外国直接投资(FDI)进入"市场型"平台,不允许外资流入"库存型"的业务部分。①据此,外商资金无法掌握印度电商平台库存的所有权和控制权,使得第三方供应商可以公平竞争平台的内部品牌,而不会受到外资操纵。此举旨在遏制数字经济市场潜在的反竞争行为,防止外商滥用平台的市场力量,由此为印度的中小企业提供公平孵化的机会。

另一方面,印度政府的数据安全保护能力相对较弱,政策制定和法律法规缺乏一致性。纵观印度在数据安全方面的官方文件,大体分为三个摇摆不定的阶段。第一阶段中,印度政府对网络空间具有较高的警惕性,试图采用本地化方式保护本国的数据安全,1993 年的《公共记录法》和 2000 年的《信息技术法案》,大体确定了印度数据本地化治理的基本路线。②2013 年,印度电子和信息技术部(Ministry of Electronics and Information Technology)起草了首部国家网络安全政策(*National Cyber Security Policy-2013*),通过强化数据控制框架、创建网络安全预警机制、加强对关键基础设施的保护,以及提高网络安全意识等措施,实现对个人、金融和国家主权数据的保护。③第二阶段始于 2018 年欧盟《通用数据保护条例》(GDPR)的出台,印度政府开始将本国的跨境数据流动规制向 GDPR 靠拢,与西方政府的数据治理规范接轨。2018 年,印度电子和信息技术部向议会提交《个人数据保护法草案》(The Personal Data Protection Bill)并于 2019 年 12 月 4 日获内阁批准,对个人数据施加严格的保护。④第三阶段是 2022 年至今,印度政府逐步认识到,强行引入西方的治理标准并不适应本国的数据发展状况。《个人数据保护法草案》一经发布,迅速引发 Meta、谷歌、亚马逊等美国网络公司强烈不满。最终在美国政府和企业的不断施压下,2022 年 8 月 3 日,印度宣布撤回 2019 年发布的《个人数据保护法(草案)》。事实上,印度作为亲西方的新兴经济体,在价值观和意识形态上努力

① Draft National E-Commerce Policy | Current Affairs[EB/OL]. (2018-04-04)[2023-05-10]. https://www.iasparliament.com/current-affairs/draft-national-e-commerce-policy.

② India Code: Public Records Act, 1993[EB/OL]. [2023-05-10]. https://www.indiacode.nic.in/handle/123456789/1921?view_type=browse&sam_handle=123456789/1362.

③ Ministry of Electronics Information Technology G O I. National Cyber Security Policy-2013[EB/OL]. [2023-05-10].

④ The Personal Data Protection Bill, 2019[EB/OL]. [2023-05-10]. https://prsindia.org/billtrack/the-personal-data-protection-bill-2019.

向欧美靠近,但在经济和技术发展水平又与发达国家差距较大。这种现状映射在跨境数据流动治理领域,导致印度政府的政策反复无常,也是未来印度政府亟须解决的重要问题。

(四)南非:着力于数字经济发展但安全防护较弱,未来有望与中国深化数据合作

第一,在数字经济发展方面,南非在亚非拉地区国家处于较为领先的位置,政府对于数据产业的有较为清晰的规划。根据全球数字演进指数,在数字经济的网络基础设施方面,南非的总体水平与泰国相近,略领先于巴西、印度尼西亚和摩洛哥等国。互联网普及率为64%,略高于62%的世界平均水平,远高于非洲40%的平均水平。[1]2020年7月1日,《个人信息保护法》(POPIA)提倡政府和私营部门共享非敏感数据。2021年,南非通信和数字技术部发布了《国家数据和云政策草案》,提倡"数据为善"(Data for Good)的原则,让所有南非人都能够访问相关数据。[2]此外,南非政府近期计划建立高性能计算和数据处理中心(HPCDPC),优先部署在大多数服务不足的农村地区,以支持当地的数字创新并吸引数字基础设施投资,鼓励本土数字初创企业成长。

第二,在数据安全保护方面,南非政府目前对于国外的技术依赖较大,导致本国数据的保护程度不足,且法律法规具有明显的滞后性。南非的云计算基础设施投资分散在全国各地,数据中心主要集中在豪登省、夸祖鲁-纳塔尔省和西开普省的大都市,且大多为外资持有。这直接导致南非敏感信息存储在国外,包括国家人口特征、政府、公共基础设施和自然资源等,威胁到国家安全。此外,南非已有的法律法规制定时间较早,无法完全适应最新的跨境数据流动情况。例如,《南非独立通讯局法》(ICASA)、《最低信息安全标准》(MISS)、《促进信息获取法》(PAIA)、《电子通信和交易法》(ECTA)、《电子通信法》(ECA)等法案是在互联网使用率相对于南非人口显著偏低的情况下制定的,而如今的通信主要特点是数据密集型及由互联网驱动,智能数字技术的广泛应用超出了曾经的监管范围,导致法律的管辖范围有限。一旦发生跨境数据纠纷,南非政府难以拿出有力的法律武器保护国家

---

① Chakravorti B, Chaturvedi R S. Digital planet 2017: How competitiveness and trust in digital economies vary across the world[J]. The Fletcher School, Tufts University, 2017, 70:70.

② Department of Communications and Digital Technologies Annual Report 2020/2021 | South African Government[EB/OL]. [2023-05-10]. https://www.gov.za/documents/department-communications-and-digital-technologies-annual-report-2020-2021-30-sep-2021-0000.

数据安全。

第三，近些年来，中国在帮助南非一道完善国家数据安全保护系统。南非国家信息技术局（SITA）于 2017 年首次宣布正在努力将南非政府数据迁移到云服务。此后不久，华为和美国科技公司 IBM 宣布将帮助南非推出第一个政府云。就目前的建设情况来看，南非国家信息技术局的云基础设施主要使用华为制造的设备。①在未来，中国将与南非借助金砖国家平台加强合作，帮助南非政府建设更加成熟的数据安全保障。

（五）巴西：数字经济发展较为缓慢，数据安全保护向西方靠拢

第一，巴西的数字经济发展缺乏亮点，民众对于电子商务的了解程度不高。就目前的情况来看，巴西尚未建立其完善的数字生态系统，且民众对于数据权利的了解程度不高。根据最近的 ICT 家庭调查，在巴西，70％的人口（1.27 亿用户）连接到互联网。然而，巴西人并不知道他们的数据权利，也不清楚授权企业使用自己的数据。②创建数据驱动型文化对巴西的大多数公司来讲都是新事物，需要政府对社会各个层面进行系统性调整。目前，巴西政府的主要诉求是与西方接轨，通过减少跨境数据流动壁垒来刺激国内数字经济发展。巴西国家数据保护局（ANPD）已与英国当局和欧盟委员会展开合作，希望能够互相承认提供个人数据的保护程度足以满足双方数据保护法中的规定，以此来促进巴西与他国之间的个人数据传输。

第二，在数据安全保护方面，巴西政府的表现与印度较为类似，同样受西方的影响较大。《巴西通用数据保护法》（*Lei Geral de Proteção de Dados Pessoais*，LGPD）于 2020 年 8 月 16 日生效，是该国第一部提供全面监管所有个人数据使用和处理框架的法律。该法案以欧盟通 GDPR 为蓝本，采用"以用户为中心"的数据保护方法，赋予公民相当大的权力来控制自己的数据。然而，由于巴西公民社会尚未形成像欧盟社会一样的数据安全和隐私保护意识，因此在跨境数据流动的具体规则方面无法完全遵循欧洲模式。例如，《巴西通用数据保护法》第 41 条要求表明，任何处理个人数据的组织巴西都将需要聘请一名数据

---

① Smit S. Government data must stay in South Africa, says state technology executive, (2022-03-28) [2023-05-10]. https://mg. co. za/news/2022-03-28-government-data-must-stay-in-south-africa-says-state-technology-executive/.

② Filgueiras F, Flávio C, Palotti P. Digital transformation and public service delivery in Brazil, Latin American Policy, 2019, 10(2): 195—219.

隐私官（DPO）。①该条规定比 GDPR 的要求更加严格。总体来看，巴西是在更严格的解决方案和 GDPR 之间找到一个中间地带。

第三，在未来，巴西跨境数据流动的主要问题在于缺乏专业人才。此前，巴西大多将数据处理的部分外包给专业咨询公司，所以缺乏有资格胜任可以处理"IT 和业务角色"的专业人员，目前精通该方面的人才数量并不能够满足市场的需求。这将不仅对公司与政府机构的业务沟通造成一定程度的障碍，还将影响巴西与其他国家数据流动规则的对接，从而阻碍其数字经济的长足发展。

三、金砖国家跨境数据流动面临的挑战

纵观金砖各国的跨境数据流动治理体系，既有共同点，也有差异化特征。在具体的跨境数据流动业务中，常常因规制标准不一而产生矛盾。金砖各个国家处于数字化发展的不同阶段，对数据治理的目标诉求也不同，加之各国间在政治制度、文化背景和国内外环境等方面存在差异，导致各国在具体的跨境数据流动业务中容易产生冲突。近年来，金砖国家纷纷采取各种措施来完善跨境数据流动治理体系，但仍存在一些需要共同面对的挑战。

（一）内部挑战

第一，金砖国家的数字化发展程度不一。各国的网络技术、创新能力、数字化水平均存在差别，数字基础设施的建设程度不一而足，内部存在一定数字鸿沟。金砖国家的互联网普及率存在一定差异，到 2021 年，俄罗斯、巴西和中国的互联网普及率较高，分别 85.1％、②76.4％、③70.8％，④印度和南非的网络普及率较低，分别为 61.6％、⑤和 55.1％。⑥处于不同数字化发展阶段的国家，其数据保护能力、数字

---

① Simone Lahorgue Nunes D T P A. The Brazilian Data Protection Legal Framework-Privacy Protection-Brazil（2018-09-26）［2023-05-11］. https://www.mondaq.com/brazil/privacy-protection/739752/the-brazilian-data-protection-legal-framework.

②③ Data Reportal. DIGITAL 2021：THE RUSSIAN FEDERATION（2021-02-11）［2023-05-11］. https://datareportal.com/reports/digital-2021-russian-federation.

④ 央视新闻：《第 48 次〈中国互联网络发展状况统计报告〉发布：我国网民规模超十亿》，载 https://news.cctv.com/2021/08/27/ARTIAQ8bIAmQ68Vs88OMHnRa210827.shtml，2021 年 8 月 27 日。

⑤ India T R A O. The Indian Telecom Services Performance Indicators，April-June，2021（2021-09-21）［2023-05-11］. https://www.trai.gov.in/sites/default/files/PIR_21102021_0.pdf.

⑥ Data Reportal. DIGITAL 2021：SOUTH AFRICA（2021-02-11）［2023-05-11］. https://datareportal.com/reports/digital-2021-south-africa.

经济利益诉求和合作参与意愿都会有不同程度的差异。例如,中印由于人口基数庞大,网民数量也十分可观,因此在数字经济中具有天然的市场优势。根据金砖国家工业互联网与数字制造发展指数来看,中国(39.15)和印度(35.87)最具综合性发展优势,①在金砖数字经济合作方面承担较多的责任。相较之下,南非的数字发展能力相对较弱,在金砖数字合作中属于"搭便车者"。数字经济合作与传统领域的经济合作不同,更需要形成互利互惠的"生态圈",在技术创新、平台开发、数据共享、企业支持等方面形成一套完整成熟的产业链。然而,金砖国家之间的数字能力差异,使得数字经济合作需要克服更多的障碍。

第二,金砖国家在数字经济发展中面临一定程度利益冲突,若无法得到有效解决,可能会破坏合作关系。出于经济利益的考量,各国在数字经济发展浪潮中均会优先考虑维护本国企业的利益,新兴经济体尤其重视扶植本国互联网企业的发展,提升国际竞争力。在 2020 年,印度电子和信息技术部以安全威胁为由,封禁了 TikTok、UC 浏览器和微信等 59 个中国应用程序。在当前的全球数字经济市场中,存在一种"赢者通吃"的现象,即特定领域中往往只存在极少数的龙头企业。因此,为了抢占市场,培养用户习惯,互联网企业之间的竞争态势较为激烈。与此同时,若一国采取贸易保护主义的做法,将会进一步激化数字经贸博弈。因此,如何妥善处理金砖国家之间的经济利益竞争,并强化国家间互信互助,是金砖数字合作需要攻克的重要难关。

第三,金砖国家作为新兴经济体,在数据治理方面起步较晚,尚未构建起成熟完备的跨境数据流动治理体系。因此,具体业务往来中容易因立法不足产生纠纷,阻碍五国在深度合作上取得突破性成果。首先,关于"跨境数据流动"的概念,目前并没有形成协调一致的定义。无论是政策界、学术界还是产业界,都缺乏对这一问题的共识,阻碍金砖国家之间的沟通交流。其次,尽管部分金砖国家已对数据采取分级或分类的管理,但对于具体的类别和等级的区分并不完全一致。因此,在具体的数据跨境过程中,需要对不同数据进行特定国家的法律解读,为国家间数据流动造成了很多不必要的障碍,耗费大量商业和法律资源。最后,金砖国家对于跨境数据流动的本地化治理程度和具体方式尚未达成统一。对于新兴经济体而言,跨境数据流动的国内治理体系仍有待完善,金砖国家之间的合作不仅需要解决国家间的具体业务分歧,更需要率先完善国内的治理体系,以更加清晰明确的方式来共同

① 《金砖国家工业互联网与数字制造发展指数发布》,载新华网,http://www.news.cn/2022-05/24/c_1128680718.htm. 2022 年 5 月 24 日。

协商解决合作中遇到的新问题。

(二)外部挑战

第一,全球网络空间治理体系不够完善,各类网络安全威胁层出不穷。这是所有新兴经济体面临的重大挑战,也成为金砖国家数据合作共享的阻碍之一。我国曾与上合组织其他国家一道在 2011 年向联合国递交了《信息安全国际行为准则》(联合国大会文件 A/66/359),并在 2015 年再次递交该准则的更新草案(联合国大会文件 A/69/723),以期使该准则成为国际社会就信息和网络安全国际规则标准提出的首份较全面、系统的文件。虽然相关国家在准则中强调了各国应合作打击利用信息通信技术和信息通信网络从事犯罪和恐怖活动,如传播宣扬恐怖主义、分裂主义、极端主义及煽动民族、种族和宗教敌意的行为等,但是由于种种原因,该行为准则至今尚未能在国际社会达成共识。

第二,美国致力于维系网络霸权,借助发达经济体的优势能力挤压新兴经济体的发展空间。美国国防部制定了前置防御(defend forward)和持续交手(persistent engagement)政策,主张要把网络安全的防线扩展到他国主权范围内,并且通过网络行动对其网络对手进行反击。[①]美国已先后宣布对伊朗、朝鲜和俄罗斯的关键基础设施实施了网络攻击,并且以美国为首的西方国家长期主张"互联网自由",但是"棱镜门""震网"病毒,以及委内瑞拉因网络攻击造成的全国电力系统瘫痪等事件,都暴露出其滥用技术优势、维护自身安全和控制国际互联网侵犯他国主权的野心和目的。与此同时,发达国家采用"最先进的算法"和"人工智能驱动的解决方案"不仅不一定适合解决新兴经济体的问题,"算法入侵"可能还会使得新兴经济体本土产品的开发陷入绝境,让新兴经济体更加依赖西方的技术和基础设施。[②]

第三,单边主义和先发制人的思想盛行,跨境数据流动秩序逐渐陷入集体行动困境,容易导致"网络巴尔干化"。现有的国际安全架构无法适用于网络空间,同时,大国在创设新的国际安全机制上缺乏共识,通过对话建立互信亦举步维艰,导致各国跨境数据治理战略向自助和进攻性方向调整,普遍存在的进攻优势假设阻碍了探索通过合作来达成跨境数据流动安全与稳定的方式。[③]发达国家实质上早

---

① Smeets M. US cyber strategy of persistent engagement & defend forward: implications for the alliance and intelligence collection, *Intelligence and national security*, 2020, 35(3):444—453.

② Birhane A. Algorithmic colonization of Africa, SCRIPTed, 2020, 17:389.

③ Gartzke E, Lindsay J R. Weaving tangled webs: offense, defense, and deception in cyberspace, *Security studies*, 2015, 24(2):316—348.

已成为当前国际网络空间规则制定的主导者和基础资源的掌控者,新兴经济体为了争取平等的话语权和参与权面临很大的阻力与挑战,网络空间主权的不平等现状更是将跨境数据流动秩序推向各自为营的态势。

四、金砖国家跨境数据流动治理的合作前景

总体来看,金砖各国数据跨境流动政策受到地缘政治、国家安全、隐私保护、产业发展水平等复杂因素的影响。利益的复杂性、价值认同的差异性和国家间信任问题,可能会阻碍各国在短期内形成规则共识。金砖各国目前大都从数据主权、网络安全日益关切的立场出发制定相关法律法规,虽然各有不一样的重点关切点,但在跨境数据流动方面的主要目标是以数据驱动经济发展、以本地化规制保护数据安全、以数据主权平等抗衡美国数据霸权。由于一国法律制度的建立有其自身的法律传统和价值认同,要在国家法律制度层面协调统一绝非易事。所以需要就某一交易层面或交易主体之间进行利益的协调,以达成各方都接受的治理规制。比如关注在不同监管系统之间建立"互操作性"的总体概念,确立管理政府获取数据的共同原则、程序和保障措施。在数据跨境流动治理的机制构建方面,多边框架下分步建立一套适用于各成员国的跨境数据流动治理行动方案,以指导性、灵活性、统一性的最低标准提高整体治理水平,建设安全、可持续、转型升级的数字经济,对金砖各国具有较高的现实意义。一方面,对于改善数据治理和合理数据保护具有重要意义,这既能让金砖国家对数据共享增进互信,还能促进跨国贸易和数字经济增长;另一方面,基于金砖各国数据治理发展不平衡的现状,提供基于数据管理领域的自愿和非约束性指导,对于在跨境数据流动治理上支持多边主义,主张不同发展水平的国家共同发展数字经济,促进全球数字流通具有一定的示范与借鉴意义。

第一,金砖国家可在跨境数据流动治理方面构建联合争议解决机制。鉴于国家所持数据治理观念的差异,金砖各国数据法规在全球化浪潮中仍维持了鲜明的个性。数据实体规范的差异及本国法域外适用引发的管辖冲突不仅需要合作促进国内数据治理规范的协同,还需要设定争议解决机制来应对实际问题,来解决跨境数字流动中产生的争议。金砖各国目前在跨境数据流动治理方面都存在争议解决机制。然而其一,各国的争议解决机制之间存在很大差别,法律依据、程序也不同,最终导致审判结果和执行产生差异,还会面临跨境审理繁琐耗时的程序,以及在实施阶段的执行保证问题。其二,各国出于保护本国企业和消费者的目的,在案件管

辖权上可能产生分歧。其三,跨境数据流动纠纷可能因涉及国内法的域外适用问题导致当事国不予接受或承认裁判做出国的判决,进而直接影响执行结果。其四,由于跨境特殊性,将多采用在线裁决的方式进行,国际法中《承认及执行外国仲裁裁决公约》有涉及在线仲裁裁决执行,但是对于跨境数据流动,其适用范围、适用性都没有定论。此外,《联合国关于调解所产生的国际和解协议公约》对在线调解与和解能否适用也未提及。欠缺富有实效的国际法规则成为制约跨境在线纠纷执行的瓶颈。种种困境亟待解决,所以创设联合争议解决机制,既符合金砖各国的利益需求,又将为进一步对接跨境数据流动监管合作形成铺垫与基础。

第二,基于金砖国家对于数字产业发展的共同需求,可在知识产权保护方面深化合作。在数字经济环境下,无论网络的构建者还是终端用户,其根本出发点都是数据的分享和传播。在这一背景下,知识产权保护的新客体不断涌现,产业边界不断扩张,权利链条增加,引发利益纠纷风险。在数字内容领域,人工智能、短视频、网络直播等新兴业态的可版权性和合理使用标准引发众多争议和热点案件。数字经济增强了互联网平台在知识产权领域中的核心地位,引发对互联网平台治理责任的改造。拥有算法技术和内容流量优势的大型互联网平台对数据的控制力增强,世界范围内,"避风港规则"式微,以"版权过滤"义务为核心,强化平台版权治理责任的呼声纷至沓来。各方在知识产权体系中的角色定位需重新定位,进行"权责一致"的制度改进,金砖各国可以于此进行深入合作。同时,数字经济缩短了创新和应用周期,对知识产权保护效率提出更高要求,尤其是在跨国数据流动方面。数字经济时代,技术创新周期不断缩短,从以"年"为单位到以"月"和"季度"为单位,一些微创新甚至以"日"为单位。创新周期的缩短导致市场竞争的加剧。传统的"先授权再使用"难以应付海量 UGC 作品的交易和流通需求,通知到产出规则的时间无法跑赢流量关注度。创新保护的方法和效率亟待提升,形成跨国创新申报数字化处理平台于此大有裨益,金砖国家可作为最先试点的国家,以此形成新兴经济体的知识产权保护网络。

第三,在人才培养方面,金砖国家应加强交流合作,联合培养数据保护的专业人才。纵观金砖国家的数据保护法,数据保护人才是数据保护法律所要求的技术和组织措施中的重要一环,承担着数据保护合规中的关键角色。一是作为和监管机构的联络点,二是担负着监督控制者/处理者数据保护合规实施的角色,三是作为和数据主体的联络点(有国家强制规定数据保护官必须作为接收数据主体投诉的渠道,如巴西、印度),四是成为境外控制者或处理者在处理行为发生地的代表等。鉴于各司法管辖区数据保护立法可能对于数据保护官的设置规定不尽相同，且有的司法管辖区因其政治体制的不同，不仅要关注所在区域/国家的规定，也要关注所在州/地方的规定，所以数据保护人才不仅需要熟知数据保护法律知识，还需对该组织所在的业务领域和业务运营情况有一定程度的理解，如果该组织是公共机关或机构，还应当对其行政规则和程序有充分的了解。金砖各国相互间跨境数据流动量的不断提升，以及对于数据保护方面人才的海量需求，产生了联合培养人才的必要性与可行性，这些人才既是为金砖五国跨境数字流动提供保障的中流砥柱，亦是对抗欧美数字霸权的中坚力量，对于新兴经济体而言具有深远的意义。

金砖国家间在数据治理方面皆处于探索阶段，OECD 开发了数字服务贸易限制性指数(Digital Services Trade Restrictiveness Index)，对涵盖全球 40 个主要经济体的数字服务贸易及其跨境数据流动政策进行评估。评估数据显示，金砖国家限制指数偏高，发展水平和需求大致同步，加之有其他领域合作的基础和经验，促进跨境数据治理方面的合作具有很大的发展空间。

五、结语：迈向"数字金砖"新型合作

金砖国家基于本国的实际情况和利益考量，逐步形成各自的跨境数据流动治理模式。尽管在治理的具体路径中存在各自的特点，但总体来看，金砖国家对于跨境数据流动治理的理念基本一致：均支持以本地化的方式合理保护国家数据，在公平合理的框架下推动数据安全、有序流动，并充分发展数字经济，共享数字红利。事实上，自 2016 年提出"数字金砖"概念以来，金砖国家数字合作成效显著。2020年 11 月，在金砖国家领导人第十二次会晤中通过了《金砖国家经济伙伴战略2025》，将数字经济作为三大重点合作领域之一。在此期间还批准了《金砖国家投资便利化谅解》和《促进中小微企业有效参与国际贸易指南》，各方承诺继续在数字经济、知识产权和服务贸易等领域加强信息交流与合作。[①]2022 年 5 月 23 日，金砖国家工业部长会议通过了《第六届金砖国家工业部长会议联合宣言》，各方代表倡议金砖国家深化产业合作，推进数字化转型。[②]中国作为 2022 年的金砖国家主席

---

① 《金砖国家公布未来 5 年经贸合作"路线图"》，载中国政府网，http://www.gov.cn/xinwen/2020-11/18/content_5562301.htm，2020 年 11 月 18 日。

② 《第六届金砖国家工业部长会议发表联合宣言 深化新工业革命领域创新合作》，载新华网，http://www.news.cn/fortune/2022-05/23/c_1128677419.htm，2022 年 5 月 23 日。

国,以"构建高质量伙伴关系,共创全球发展新时代"为主题举办金砖国家领导人十四次会晤。此次会晤适逢全球疫情延宕、经济形势疲软、国际环境复杂等严峻考验,金砖国家作为新兴经济体的代表性力量,必将加强数字合作,深化沟通协调,共同推动全球跨境数据流动治理朝着更加公平、更加高效、更加安全的方向迈进。未来,金砖国家在数据治理方面具有广泛的合作前景,充分发挥新兴经济体的影响力,推动跨境数据流动治理规范建构,让世界各国共享数字红利。

(高瑜,复旦大学国际关系与公共事务学院博士研究生;吴炫蓉,复旦发展研究院金砖国家研究中心科研助理)

以办展促开放:制度型开放视野下的
中国国际进口博览会

叶艾婧

【内容摘要】 制度型开放是我国推进高水平对外开放的重要内涵,涵盖了规则、规制、管理、标准等方面的对外开放。其中,举办中国国际进口博览会作为国家层面的重大开放举措,在制度型开放视野下具有重要意义。本文探讨了制度开放概念在政策、理论、实践三个维度的发展过程,并以进博会为"以办展促开放"的个案,发现举办国际展会在推动规则、规制、管理、标准等方面对外开放起到了积极作用,特别是在加强展会知识产权保护和优化海关管理模式方面取得了显著成效。本文希望通过总结进博会的实践经验,为其他城市举办或承办国际展会提供参考和借鉴。

【关键词】 制度型开放;开放型经济;中国国际进口博览会;国际展会

一、问题的提出

2022 年,党的二十大报告首次将"制度型开放"写入大会报告,提出推进高水平对外开放,需要"稳步扩大规则、规制、管理、标准等制度型开放"。①在制度型开放视野下,举办中国国际进口博览会("进博会")、中国进出口商品交易会("广交会")、中国国际消费品博览会("消博会")、中国国际服务贸易交易会("服贸会")等国际展会不仅有直接促进进出口贸易的目的,更有服务于国家整体开放战略、完善高水平开放型经济新体制的考量。因此,本文将以上海自 2018 年至 2022

---

① 习近平:《高举中国特色社会主义伟大旗帜 为全面建设社会主义现代化国家而团结奋斗——在中国共产党第二十次全国代表大会上的报告》,载 http://www.gov.cn/xinwen/2022-10/25/content_5721685.htm,2022 年 10 月 16 日。

年已连续成功举办五届的中国国际进口博览会(以下简称"进博会")为实践个案,分析举办国际展会如何在推动规则、规制、管理、标准等方面对外开放发挥积极作用。

二、文献综述

(一)政策语境中的制度型开放

对外开放是我国的基本国策,制度型开放是我国推动高水平对外开放的重要标志。[1][2]党的二十大报告提出,我国未来五年的主要目标之一是基本形成"高水平开放型经济新体制"。[3]在"十四五"规划《纲要》中,"建设更高水平开放型经济新体制"的具体举措包含了"推进贸易和投资自由化便利化""持续深化商品和要素流动型开放"及"稳步拓展规则、规制、管理、标准等制度型开放",并从"加快推进制度型开放""提升对外开放平台功能""优化区域开放布局""健全开放安全保障体系"四个方面加以阐释,如表1所示。[4]

表1 "十四五"规划《纲要》目录(节选)

篇标题	章标题	节标题
实行高水平**对外开放**	建设更高水平**开放型经济**新体制	加快推进**制度型开放** 提升对外开放平台功能 优化区域开放布局 健全开放安全保障体系
	推动共建"一带一路"高质量发展	(略)
	积极参与全球治理体系改革和建设	(略)

从中可以看出,对外开放、开放型经济和制度型开放是从广义到狭义的层层递进的关系。对外开放作为中国的基本国策,涵盖了建设开放型经济、共建"一带一路"、参与全球治理体系改革和建设等多个战略规划,而制度型开放则更加专注于

---

①③ 习近平:《高举中国特色社会主义伟大旗帜 为全面建设社会主义现代化国家而团结奋斗——在中国共产党第二十次全国代表大会上的报告》。

② 王文涛:以高水平对外开放推动构建新发展格局,载 http://www.qstheory.cn/dukan/qs/2022-01/16/c_1128262049.htm. 2021 年 1 月 16 日。

④ 中华人民共和国中央人民政府:中华人民共和国国民经济和社会发展第十四个五年规划和2035 年远景目标纲要,载 http://www.gov.cn/xinwen/2021-03/13/content_5592681.htm. 2021 年 3 月 12 日。

经济领域中的规则、规制、管理和标准等方面的对外开放。

有关"制度型开放"具体内涵的表述,自 2018 年中央经济工作会议公报中首次提出以来几经演变:内容上,从"规则"扩大到"规则、规制、管理、标准"等多个领域;发展阶段上,从"推动由商品和要素流动型"向制度型开放"转变",到"推动"制度型开放,再到"稳步拓展"制度型开放;具体措施上,"十四五"规划对制度型开放进行了细化,包括规则衔接、外资准入、跨境贸易、技术贸易、金融开放、人民币国际化、管理服务等多个领域,并于 2018 年底国务院办公厅提出的《促进内外贸一体化发展的意见》中得到了进一步扩展,如表 2 所示。

表 2 政府文件中有关"制度型开放"的表述变化

时间	文 件	章/节标题	具体表述
2018 年 12 月	中央经济工作会议公报	推动全方位对外开放	推动由商品和要素流动型开放向**规则**等制度型开放转变
2019 年 10 月	中共中央关于坚持和完善中国特色社会主义制度、推进国家治理体系和治理能力现代化若干重大问题的决定	建设更高水平开放型经济新体制	推动**规则**、**规制**、**管理**、**标准**等制度型开放
2021 年 3 月	"十四五"规划	建设更高水平开放型经济新体制	稳步拓展**规则**、**规制**、**管理**、**标准**等制度型开放
		加快推进制度型开放	<ul><li>构建与国际通行规则相衔接的制度体系和监管模式。</li><li>健全外商投资准入前国民待遇加负面清单管理制度,进一步缩减外资准入负面清单,落实准入后国民待遇,促进内外资企业公平竞争。</li><li>建立健全跨境服务贸易负面清单管理制度,健全技术贸易促进体系。</li><li>稳妥推进银行、证券、保险、基金、期货等金融领域开放,深化境内外资本市场互联互通,健全合格境外投资者制度。</li><li>稳慎推进人民币国际化,坚持市场驱动和企业自主选择,营造以人民币自由使用为基础的新型互利合作关系。</li><li>完善出入境、海关、外汇、税收等环节管理服务</li></ul>

续表

时间	文　件	章/节标题	具体表述
2021年 12月	国务院办公厅关于促进内外贸一体化发展的意见	完善内外贸一体化制度体系	● 健全**法律法规**。推动健全有利于内外贸一体化的法律法规体系,梳理并推动修订妨碍内外贸一体化的法律、法规、规章和规范性文件。健全知识产权侵权惩罚性赔偿制度,加大损害赔偿力度,实行严格的知识产权保护,提高企业创新和产品内销的积极性。 ● 完善**监管**体制。对标国际先进水平,促进内外贸监管规则衔接,推进内外贸监管部门信息互换、监管互认、执法互助,提高监管的精准性有效性,优化内外贸营商环境。……深化海关国际合作,与贸易伙伴加强在技术性贸易措施、口岸监管、产品合规情况等方面的信息交换,推动检验检疫证书国际联网核查,积极稳妥推进商品检验第三方结果采信,提升通关、资金结算、纳税便利化水平。 ● 加强**规则**对接。……加强国内市场规则与国际通行贸易规则对接,做好贸易政策合规工作,在贸易自由化便利化、知识产权保护、电子商务、招标投标、政府采购等方面实行更高标准规则,更好联通国内国际市场,促进企业拓展内外贸业务。 ● 促进**标准**认证衔接。积极开展国内国际标准转化,补齐国内标准短板,提高标准技术水平,持续提升国内国际标准一致性。鼓励国内企事业单位积极参与国际标准化活动,加强与全球产业链上下游企业协作,共同制定国际标准。支持检验检测、认证认可等第三方合格评定服务机构为内外贸企业提供一站式服务,鼓励第三方合格评定服务机构国际化发展。 ● ……

资料来源:笔者自制。①

---

① 具体内容参见:a.中华人民共和国中央人民政府:《中央经济工作会议举行　习近平李克强作重要讲话》,载 https://www.gov.cn/xinwen/2018-12/21/content_5350934.htm,2018 年 12 月 21 日。b.中华人民共和国中央人民政府:《中共中央关于坚持和完善中国特色社会主义制度、推进国家治理体系和治理能力现代化若干重大问题的决定》,载 https://www.gov.cn/zhengce/2019-11/05/content_5449023.htm,2019 年 10 月 31 日。c.中华人民共和国中央人民政府:《中华人民共和国国民经济和社会发展第十四个五年规划和 2035 年远景目标纲要》,载 https://www.gov.cn/xinwen/2021-03/13/content_5592681.htm,2021 年 3 月 13 日。d.国务院办公厅:《国务院办公厅关于促进内外贸一体化发展的意见》,载 https://www.gov.cn/gongbao/content/2022/content_5672665.htm,2021 年 12 月 30 日。

综上所述,随着中国经济进入高质量发展阶段,商品和要素流动型开放逐渐向规则、规制、管理、标准等制度型开放转变,并扩展到投资、贸易、金融等多个领域。制度型开放概念具有随实践发展而发展的流动性,体现出对外开放与时俱进的本质。

(二)理论研究中的制度型开放

在制度型开放概念正式载入政策文件之前,学术界对于制度层面的对外开放已经有所讨论。例如张幼文指出,中国的改革开放自 20 世纪 70 年代末的特殊政策起步,这种"政策性开放"具有特殊性、变动性和不透明性的特点,而加入 WTO后,中国开始走上"制度型开放"的进程。[1]郑凯捷回顾对外开放历史,指出中国开放经济体制建设从"政策性开放"向"制度型开放"转变,需要积极建设公平、透明、良好的法制和制度环境。[2]江小涓认为"制度型开放"需要完善涉外经济法律体系,使开放体制在进出口、吸收外资和对外投资、本土企业和外资企业几对关系之间保持"中性",并使制度设计符合国际惯例。[3]总体而言,这一时期"制度型开放"概念的提出主要以中国面临入世谈判的压力为背景,具有"被动接轨"的特殊性。

党的十八大后,随着"一带一路"倡议及沿海地区自贸试验区建设等多项对外开放新举措齐头并进,学界对制度型开放的研究有了更多实践经验的支撑,如戴翔和张二震认为,"一带一路"建设在境内开放、政策协调、规则导向等方面推动了制度型开放的发展。[4]张乃根深入研究了以 TPP 为代表的国际经贸规则重构内容,认为上海自贸试验区在贸易便利化与贸易透明度、跨境电商规则统一化、服务贸易市场开放等方面还有所不足。[5]韦大宇和张建民指出,世界海关组织通过的《跨境电子商务标准框架》囊括了中国跨境电商综合实验区在管理理念、商业模式、监管模式、贸易便利化措施及统计方法等方面的丰富实践成果,标志着中国在引领跨境电商国际规则的制定上迈出重要一步。[6]此外,中美贸易摩擦的持续发展也是这时期的背景之一。东艳基于历史上日美贸易摩擦的比较分析,强调了在具有制度异质性的两国之间,经济制度、法律、规范等方面的"制度协调"将成为国家博弈的重点。[7]

---

①　张幼文:《入世与我国经济体制改革的深化》,《探索与争鸣》2001 年第 9 期。
②　郑凯捷:《从政策性开放到制度性开放的历史进程》,《世界经济研究》2008 年第 6 期。
③　江小涓:《中国开放三十年的回顾与展望》,《中国社会科学》2008 年第 6 期。
④　戴翔、张二震:《"一带一路"建设与中国制度型开放》,《国际经贸探索》2019 年第 10 期。
⑤　张乃根:《"一带一路"倡议下的国际经贸规则之重构》,《法学》2016 年第 5 期。
⑥　韦大宇、张建民:《中国跨境电商综合试验区建设成果与展望》,《国际贸易》2019 年第 7 期。
⑦　东艳:《制度摩擦、协调与制度型开放》,《华南师范大学学报(社会科学版)》2019 年第 5 期。

（三）具体实践中的制度型开放

根据裴长洪和彭磊的观点，改革开放以来中国开放型经济制度的建设可以分为三个阶段，如表3所示。

表3 中国开放型经济制度建设的三个阶段①

时间	阶段	主要目标	标志性事件
1978年至2001年	积极融入全球经济治理规则体系	改革外贸体制，适应出口贸易和吸引外商投资需要	• 制定"外资三法"（1978年）、《对外贸易法》（1994年）； • 下放外贸经营权（1979—1986年）、推行外贸经营承包责任制（1987—1993年）； • 推行外汇制度市场化改革、实行出口退税制度、启动关税制度改革、建立贸易救济制度（1994年起）
2002年至2013年11月	从模仿到成熟运用国际规则	积极参与经济全球化、努力学习运用世界贸易组织规则完善开放型经济治理	• 全面履行入世开放承诺：降低进口关税，开放服务市场； • 完善基于世贸规则的经贸法律法规：修订《对外贸易法》等（2004年）； • 完善行政管理体制：组建商务部（2004年）、设立国际贸易谈判代表（2010年）； • 全面履行透明度义务：商务部《中国对外经济贸易文告》定期发布贸易政策，定期向世贸组织通报国内相关法律、法规和具体措施的修订调整和实施情况，参与世贸组织贸易政策审议（2006年起）； • 利用WTO争端解决机制解决与美国钢铁纠纷（2002—2003年）。
2013年11月至今	探索中国特色开放型经济治理体系	互利共赢、多元平衡、安全高效	• 制定扩大开放投资市场的法律法规：三次修订《外商投资产业指导目录》（2015年、2017年、2019年），制定《外商投资法》、《外商投资准入特别管理措施（负面清单）》（2020年）； • 设立自由贸易试验区和自由贸易港； • 共建"一带一路"； • 推进世贸组织改革； ……

① 参见裴长洪、彭磊：《中国开放型经济治理体系的建立与完善》，《改革》2021年第4期。表格为笔者根据论文内容自行整理。

　　从中可以看出,中国的制度型开放从入世谈判开始启动,起初是由于原有特殊政策主导的渐进性改革受到挑战,而被动对现有经济体制进行改革,目的是和以世贸组织规则为代表的国际规则相接轨。但进入第三阶段以来,中国在规则、规制、管理、标准等方面的对外开放越来越积极主动,而如何将前一阶段的开放中产生的许多临时性、政策性安排转化为稳定、高质量的长效机制便成了这一时期的挑战。

　　2018 年,上海承办了首届中国国际进口博览会,吸引了来自 172 个国家和地区的 3617 家境外企业参展。①目前进博会已连续成功举办五届,累计意向成交金额 3458 亿美元②,成为中国乃至世界最引人注目的国际展会之一,是中国构建新发展格局的窗口、推动高水平开放的平台、全球共享的国际公共产品。习近平主席在第五届进博会开幕式上再次强调,"中国将推动各国各方共享制度型开放机遇,稳步扩大规则、规制、管理、标准等制度型开放"。③自首届进博会举办以来,上海连续五年缩减外资准入负面清单、不断扩大自由贸易试验区,完善进口贸易配套制度体系,作为进博会举办地的虹桥商务区也是长三角联动发展中的前沿阵地,各项优化营商环境的改革措施都在此"先行先试"。④但目前为止,尚未检索到有文献研究专门将进博会实践与制度型开放的概念进行关联,甚至关于举办国际展会对制度型开放有何影响的讨论都难得一见。因此,本文选取进博会为研究个案,希望通过分析进博会在开放规则、规制、管理、标准等方面的贡献,为未来其他城市在举办或承办国际展会的过程中更好地服务于国家对外开放整体布局提供参考和借鉴。

三、制度型开放视野下的进博会

(一)进博会的总体特点

　　作为以办展促开放的研究个案,进博会兼具普遍性和特殊性:一方面,进博会

---

　　①　上海市统计局:《2018 年上海市国民经济和社会发展统计公报》,载 http://tjj.sh.gov.cn/tjgb/20191115/0014-1003219.html,2019 年 12 月 15 日。

　　②　上海市人民政府:《龚正市长在上海市第十六届人民代表大会第一次会议的政府工作报告》,载 https://www.shanghai.gov.cn/nw12336/20230117/b511b08dd4e54a13bc592fed41ce2510.html,2023 年 1 月 17 日。

　　③　习近平:《共创开放繁荣的美好未来——在第五届中国国际进口博览会开幕式上的致辞》,载 https://www.gov.cn/xinwen/2022-11/04/content_5724715.htm,2022 年 11 月 4 日。

　　④　上海市人民政府:《上海市优化营商环境条例》,载 https://www.shanghai.gov.cn/yzcylyshj/20210526/199da8ce526f4077a48e8862a9c24f91.htm,2020 年 4 月 10 日。

作为国家层面高度重视的重大开放举措,在总体目标上服务于国家经济布局,这与其他国家级展会,如广交会、服贸会、消博会等具有共通之处,许多实践经验具有可推广性;另一方面,进博会是每年固定举办的长期性活动,其创新成果具有延续性,甚至一些优秀经验在一定程度上纳入了法制轨道,在中国的展会发展史上具有创制性意义。

1. 服务于国家对外开放总体部署

进博会虽然由地方主办,但整体上仍然在国家总体经济部署的框架下运作。习近平主席明确指出,"进博会是中国着眼于推动新一轮高水平对外开放作出的重大决策,是中国主动向世界开放市场的重大举措"。[①]在经济全球化受挫、贸易保护主义抬头的背景下,进博会对接自由贸易试验区战略、京津冀协同发展战略、长江经济带发展战略、粤港澳大湾区发展战略、"一带一路"倡议,以实际行动表明了中国支持建设开放型世界经济、支持经济全球化的立场。

2. 法制基础支撑长期办展成果

同样是国际展会,然而与只举办过一次性的世博会不同,进博会是要"年年办下去"[②]的常规活动,在长期办展的过程中,许多临时性、特殊性安排得以长期化、规范化,对扩大地方开放水平起到长远影响。自首届进博会开始,相关部门每年都会出台政策支持参展参会,但这些政策在宣传渠道上较为分散,性质上也属于展会临时措施,具有不系统、不确定、约束弱等缺点。2020 年商务部发布的《上海市服务业扩大开放综合试点总体方案》明确提出,要将中国国际进口博览会期间的展品通关监管、资金结算、投资便利、人员出入境等创新政策"固化为常态化制度安排"。[③]自第五届进博会开始,上海出台了《上海市服务办好中国国际进口博览会条例》,在吸收往届有益经验的基础上,对进博会的工作机制、支持办展办会、服务与保障、综合效应四个领域作了详细规定[④],通过地方规章形式,为进博会期间各项创新措施制度化、常态化提供了制度基础。

---

① 习近平:《共建创新包容的开放型世界经济——在首届中国国际进口博览会开幕式上的主旨演讲》,载 http://www.xinhuanet.com/politics/leaders/2018-11/05/c_1123664692.htm,2018 年 11 月 5 日。

② 习近平主席在首届进博会开幕式上的主旨演讲中承诺,"中国国际进口博览会不仅要年年办下去,而且要办出水平、办出成效、越办越好"。参见习近平:《共建创新包容的开放型世界经济——在首届中国国际进口博览会开幕式上的主旨演讲》。

③ 商务部:《商务部关于发布〈上海市服务业扩大开放综合试点总体方案〉的通知》,载 https://www.gov.cn/zhengce/zhengceku/2021-04/24/content_5601791.htm,2021 年 4 月 21 日。

④ 上海市人民代表大会常务委员会:《上海市服务办好中国国际进口博览会条例》,载 https://flk.npc.gov.cn/detail2.html?ZmY4MDgxODE4NjhkNjgwODAxODY5NzllZDM0ZDZjOWY%3D,2022 年 9 月 22 日。

（二）进博会推动高水平制度型开放

进博会作为展览、论坛、人文、外交"四合一"的大型国际展会,广泛涉及对外开放的多个领域。本文将紧密围绕制度型开放的主题,重点聚焦在对外贸易中具有代表性的知识产权保护和海关管理领域,分析进博会在推动规则、规制、管理、标准等方面对外开放的积极作用。

1. 加强展会知识产权保护,健全知识产权法律规章

加强知识产权保护是习近平主席在 2018 年博鳌亚洲论坛年会开幕式上提出的扩大开放四项重要举措之一。①国际展会中知识产权保护工作开展需要进一步努力,因为国际展会的举办集中在几天内,加之展会的聚合性和公开性,一旦发生知识产权纠纷,不仅权利人难以及时找到专业律师提供法律服务,法院及知识产权管理部门也面临着采集证据不易的挑战,使认定侵权行为困难重重。②尤其对于进博会而言,由于不少展品属于"首发首秀首展"的高科技产品,因此知识产权保护尤为重要。为此,进博会实行了多项措施保护参展商的知识产权,并在此过程中推动了上海的知识产权保护体系发展。

首先,首届进博会就明确制定了《关于参展项目涉嫌侵犯知识产权的投诉及处理办法》,并设立"知识产权保护与商事纠纷处理服务中心"专门负责处理知识产权保护相关事务,其组成、咨询服务、投诉处理材料和程序在《办法》中都有详细规定。③这是进博会对标国际高端展会、中国对接国际知识产权保护规则的重要举措,使知识产权保护工作有规可依、有章可循,为展会期间的知识产权保护提供了制度保障。

同时,在年年办展的过程中,地方的知识产权保护体系也在不断深入发展。2020 年,上海发布《关于强化知识产权保护的实施方案》,明确提出目标到 2025 年将上海建设成为"制度完备、体系健全、环境优越的国际知识产权保护高地"。④对于上海政府相关管理部门而言,每年举办进博会是完善知识产权保护机制、加强纠

---

① 习近平:《开放共创繁荣　创新引领未来——在博鳌亚洲论坛 2018 年年会开幕式上的主旨演讲》,载 http://www.gov.cn/xinwen/2018-04/10/content_5281303.htm,2018 年 4 月 10 日。

② 毛海波:《国际展会知识产权保护研究》,华东政法大学博士学位论文 2012 年。

③ 中国国际进口博览会:《中国国际进口博览会关于参展项目涉嫌侵犯知识产权的投诉及处理办法》,载 https://www.ciie.org,2018 年 10 月 12 日。

④ 上海市人民政府:《关于强化知识产权保护的实施方案》,载 https://www.shanghai.gov.cn/nw12344/20200813/0001-12344_64816.html,2020 年 4 月 29 日。

纷处理与跨部门协作能力的一大契机。《实施方案》明确提出,要"围绕中国国际进口博览会……等重大展会活动,完善展会知识产权保护快速处理机制。"①连续五年,上海在8月初至11月初(即进博会举办前)都会在全市范围内集中展开名为"知识产权百日行动"的专项行动,由上海市知识产权局牵头、上海市知识产权联席会议办公室发布行动方案,每年工作都在延续历届进博会成功经验和做法的基础上有所创新。

例如,在争议纠纷解决机制方面,首届进博会以行政调解和专家协调为主,其中专家团队中的法律服务团队由律师、调解专家、公证员、司法鉴定专家组成。到了第二届进博会时,这一团队增加了仲裁员类别的法律工作者,实现诉讼、调解、仲裁的一站式衔接。②实践发现,许多有企业虽然有咨询需求,但由于工作站设在展馆外而经常无人问津。③针对这一问题,第三届进博会中,法律服务团队进一步增加了"知识产权法律服务专业小组"和"长三角法律服务专业小组",以"现场驻场"和"场外响应"相结合的模式服务,从而化被动为主动。④第五届进博会进一步完善了争议纠纷多元解决机制,协同已在自贸试验区内运行多年的世界知识产权组织仲裁与调解上海中心展开服务⑤,在涉外知识产权争议解决方面进一步对接以世界知识产权组织为代表的国际规则。

进博会的实践经验载入了政策性文件,为涉外知识产权纠纷法律法规的完善奠定了基础。2020年,《上海市服务办好中国国际进口博览会条例》规定,市高级人民法院、司法行政等部门,以及有关仲裁机构在进口博览会举办期间应当组织专业人员进驻,提供现场法律咨询、纠纷处理等服务。⑥2022年,国家知识产权局发布《展会知识产权保护指引》,进一步明确了展前、展中、展后保护及其他管理规范,包括协调相关工作人员、执法人员、专业技术人员和法律专业人员进驻工作站,以承

① 上海市人民政府:《关于强化知识产权保护的实施方案》,载 https://www.shanghai.gov.cn/nw12344/20200813/0001-12344_64816.html,2020年4月29日。
② 解放日报:《仲裁员首次亮相进博会 24小时不间断提供法律服务》,载 https://sh.qq.com/a/20191105/003201.htm,2019年11月5日。
③ 刘素楠:《进博法律服务"天团":每一位都是"宝藏"》,载 https://www.guancha.cn/politics/2019_11_05_524019.shtml?s=zwyxgtjdt,2019年11月5日。
④ 邓玲玮:《进博的热度上海的温度|进博法律服务天团"四叶草"再集结》,载 https://www.thepaper.cn/newsDetail_forward_15267731,2021年11月7日。
⑤ 国家知识产权局:《上海组织开展第五届进博会知识产权保护百日行动》,载 https://www.cnipa.gov.cn/art/2022/8/3/art_57_176988.html,2022年8月3日。
⑥ 上海市人民代表大会常务委员会:《上海市服务办好中国国际进口博览会条例》。

担受理投诉、调解纠纷、提供咨询等工作,以及指导展会主办方建立知识产权信息公示制度,将展会投诉途径、投诉方式等信息予以公布等①,这些都是往届进博会中的成功经验。

此外,进博会发挥着对外宣传平台的作用,每年六天的线下展会是许多外国企业了解中国对外贸易投资最新法律制度的重要窗口。为此,每届进博会都会在现场发放中英版进博会"小蓝书",即《律师解读上海优化营商环境政策法规读本》《知识产权相关问答》和《国际贸易法律问题相关问答》,其中详尽介绍了中国的法律政策、商标注册、知识产权保护和公证等内容。每年"小蓝书"都与时俱进,由法律专家团队编写,内容上紧跟在华投资、跨境贸易、开办企业等领域最新政策。这套书在参展企业间有"进博网红书"之称,一经推出即大受欢迎。②这充分说明,扩大制度型对外开放,不仅需要健全法律法规制度上下"硬功夫",将国际通行规则"引进来",也需要在优化营商环境方面提供更多"软服务",主动将企业切实关心的法律信息公开透明地"送上门"。

表 4　知识产权保护领域进博会推进制度化开放举措

制度化开放领域	具体措施
健全法律法规	• 进博会主办方制定《关于参展项目涉嫌侵犯知识产权的投诉及处理办法》(2018 年),进博会现场公布和发放知识产权宣传手册 • 上海制定《关于强化知识产权保护的实施方案》(2020 年)、《上海市服务办好中国国际进口博览会条例》(2020) • 国家知识产权局制定《展会知识产权保护指引》(2022 年)
完善监管体制	• 进博会主办方设立"知识产权保护与商事纠纷处理服务中心" • 上海开展"知识产权百日行动"
加强规则对接	• 各法律法规对接国际知识产权保护规则 • 在展会中引入知识产权仲裁调解机构 • 积极发挥世界知识产权组织仲裁与调解上海中心作用

资料来源:笔者自制。

2. 完善海关管理体系,推进贸易投资便利化

海关是进博会中境外展品入境的第一道"国门",进博会也是考验海关管理能

---

① 国家知识产权局:《国家知识产权局关于发布〈展会知识产权保护指引〉的通知》,载 https://www.gov.cn/zhengce/zhengceku/2022-07/27/content_5703113.htm,2022 年 7 月 20 日。

② 郭泉真:《这本"小蓝书"凭什么成为进博网红?》,载 https://www.thepaper.cn/newsDetail_forward_4920074,2019 年 11 月 11 日。

力的"演练场"。海关总署明确将"支持办好中国国际进口博览会等展会"写入了"十四五"海关发展规划①，足以体现其对保障进博会顺利举办的重视程度。以进博会为契机，各级海关对进出口通关流程、监管、标准、服务等多个方面进行了优化创新，推动了贸易便利化和跨境贸易的顺利进行，为参展商提供了更高效、更便捷的贸易环境，也为持续深化海关改革提供了实践经验。

在机构设置方面，上海海关设立了上海会展中心海关作为常态化机构，专门负责进博会海关监管相关工作。会展期间，上海海关也派员入驻展馆，提供通关、监管、咨询等服务，随时响应需求。②机构人员专门化是服务专业化的前提基础，保证了对进博会相关事务的熟悉程度和问题处理的及时性。

具体监管措施大致可以分为以下几个环节：首先是在入境方面，许多参展商面临展品种类繁多并且分批运输的问题，如果按传统方式逐票向海关提交税款，则手续过于繁琐。对此，海关采取"一次备案、分批提交清单"的方式办理手续，确保物资抵达口岸后快速通关。③为了提高通关效率，进博会还设立了专用通道，以第五届进博会为例，上海海关共设立了 110 个通关专窗和专用通道，并结合口岸与展馆查检作业，避免了企业两次开箱。④税款担保也不再需要由参展商逐票向海关提交，而是由国家会展中心作为办展方统一向上海海关提供⑤，减轻了境外参展企业的负担。这一举措在 2021 年商务部发布的《上海市服务业扩大开放综合试点总体方案》中以"依法允许展会展品提前备案，以担保方式放行"的形式得到了规范化。⑥

其次是在检验环节，海关进行了技术创新与服务优化。对高价值文物艺术品，海关采用"鉴证溯源"的创新模式，高效进行特征数据采集和比对⑦；对涉及检验检疫行政审批事项的物资，可就近开展验核，免于境外实地评审；对于食品、化妆品等

---

①　海关总署：《"十四五"海关发展规划》，载 https://www.gov.cn/xinwen/2021-07/29/content_5628110.htm，2021 年 7 月 29 日。

②　海关总署：《2022 年第五届中国国际进口博览会海关通关须知》，载 http://gdfs.customs.gov.cn/customs/302249/302266/302267/4482211/index.html，2022 年 7 月 18 日。

③　海关总署：《海关支持 2022 年第五届中国国际进口博览会便利措施》，载 http://gdfs.customs.gov.cn/customs/302249/302266/302267/4482211/index.html，2022 年 7 月 18 日。

④　上海市人民政府新闻办公室：《上海举行第五届进博会新闻发布会》，载 http://www.scio.gov.cn/xwfbh/gssxwfbh/xwfbh/shanghai/Document/1732669/1732669.htm，2022 年 11 月 2 日。

⑤　海关总署：《海关支持 2022 年第五届中国国际进口博览会便利措施》。

⑥　商务部：《商务部关于发布〈上海市服务业扩大开放综合试点总体方案〉的通知》。

⑦　上海海关：《第五届进博会首批进境展品运抵上海》，载 http://zhanjiang.customs.gov.cn/shanghai_customs/423446/423448/4601380/index.html，2022 年 9 月 30 日。

展品,如果仅用于展览或少量试用品尝,可免核查备案和中文标签。①这一系列举措大大缩短了展品从入境到展出的中间环节。以水果类展品为例,由于水果据有保质期短、保鲜条件严格等特点,因此对快速通关有很大需求,而借助进博会的"无纸化通关"模式,主运代理商在产品抵港后只需通过单一窗口上报信息、上传证书、申请核销检疫许可证,再由上海海关线上审单,就能实现无缝申报放行,为展品入馆布展提供充足时间保障。②此外,进博会还推动了与参展国家的检疫准入谈判进度,通过风险评估的农畜产品可以入境参展及交易,扩大了对外贸易的商品种类。③

在进博会结束后,可结转到海关特殊监管区域和保税监管场所的暂时进境展览品可准予核销结案,简化了出境手续,减少了多次进出境的物流运输成本。④这一举措同样在《上海市服务业扩大开放综合试点总体方案》中得到了规范。⑤对于符合条件的文物展品和跨境电商零售进口商品,消费者在展览结束后可以免税留购。以展览品贸易方式进口的展品,会展后也可转入"区域中心"⑥转为保税货物,开展跨境电商网购保税业务,减少了交易的中间环节,降低了交易成本。还有一些展品出于后续商谈需求需要继续留在中国境内,为此,首届进博会起海关就推出延长 ATA 单证册项下展览品复运出境期限至一年的措施,并在后续几届进博会中固定下来。此项措施深受欢迎,不仅后续由海关总署推广至其他展会,还成为我国扩大接受《关于暂准进口的公约》(即《伊斯坦布尔公约》)的契机,使"专业设备"和"商业样品"用途的暂时进境 ATA 单证册的接受范围得到了扩大。⑦

通过优化海关管理模式和创新的便利化举措,进博会为参展国家和企业搭建了更加高效、便捷的贸易平台。这些举措不仅缩短了通关时间,简化了手续办理,还降低了交易成本,增强了进博会对海外展商的吸引力和竞争力。

3. 探索政企合作模式,完善地方市场机制

对外开放的制度化开放离不开内部机构的支撑。进博会的筹备遵循"政府引导、市场运作、企业化经营"的原则⑧,完善了政府各部门和各机构之间、政府与市

---

①③④　海关总署:《海关支持 2022 年第五届中国国际进口博览会便利措施》。

②　周丽君:《第四届进博会首批境外参展水果高效通关》,载 http://www.customs.gov.cn//customs/xwfb34/302425/3975485/index.html,2021 年 10 月 29 日。

⑤　商务部:《商务部关于发布〈上海市服务业扩大开放综合试点总体方案〉的通知》。

⑥　"区域中心"指经海关注册登记的海关特殊监管区域或保税物流中心(B 型)。

⑦　海关总署:《海关总署公告 2019 年第 13 号(关于暂时进出境货物监管有关事宜的公告)》,载 https://www.gov.cn/zhengce/zhengceku/2019-11/04/content_5448358.htm,2019 年 1 月 9 日。

⑧　新华社:《汪洋主持召开首届中国国际进口博览会筹备委员会第一次会议》,载 https://www.gov.cn/guowuyuan/2017-08/24/content_5220232.htm,2017 年 8 月 24 日。

表 5　海关领域进博会推进制度化开放举措

制度化开放领域	具体措施
健全法律法规	● 上海制定《上海市优化营商环境条例》(2020 年)、《上海市服务业扩大开放综合试点总体方案》(2021 年)
完善监管体制	● 设立上海会展海关为常设管理机构 ● "鉴证溯源""无纸化通关"等管理技术创新 ● "单一窗口""一次备案""一体化通关"等贸易便利化措施
加强规则对接	● 扩大接受《关于暂准进口的公约》(《伊斯坦布尔公约》) ● 延长 ATA 单证册项下展览品复运出境期限
促进标准认证衔接	● 推动检疫准入谈判,扩大对外贸易商品种类

场之间的合作协调机制。

从政府角度看,进博会牵涉商务、财政、海关、交通、旅游、文化等多领域,远远超出了原地方政府中单一部门的职能范围。因此,在举办进博会过程中,地方政府成立了由市委、市政府主要领导担任组长的城市服务保障工作领导小组,并下设17 个保障组负责 216 项重点任务(第五届进博会数据)。[1]在政府部门的整体部署与协调之外,具体承办事务则交由进口博览局、国家会展中心进行市场化运作。这使进博会的举办既有统一领导,又有科学合理的分工,使得人、财、物资源得到高效配置,为统筹资源、畅通信息提供了制度保障。

从市场角度看,进博会的举办也直接了推动了市场机制的完善。首先,自首届进博会举办以来,上海连续五年缩减外资准入负面清单、不断扩大自由贸易试验区,完善进口配套制度体系。其次,进博会也扩大了地方产业开放和平台开放。进博会为国内企业招商引资提供了平台,例如第二届进博会期间,上海召开城市推介大会,促成瑞典、比利时等国家的企业与我国企业达成合作协议。[2]进博会还吸引了海外商会的长期入驻,目前,有来自新加坡、瑞士、法国、西班牙、马来西亚、日本、克罗地亚、巴西、欧盟、泰国等国家与地区的近 30 家贸易与服务机构在虹桥商务区直接落户,并在"滚雪球"中与全球超过 150 家贸易及投资促进机构产生联系,如新加坡企业中心在入驻两年间就协助了 18 家新加坡企业落户长三角。[3]

---

① 田泓:《落实落细进博会城市服务保障》,载 http://paper. people. com. cn/rmrb/html/2022-11/02/nw. D110000renmrb_20221102_1-06. htm,2022 年 11 月 12 日。

② 中国社会科学院世界经济与政治研究所和虹桥国际经济论坛研究中心:《世界开放报告 2021》,中国社会科学出版社 2021 年版,第 145 页。

③ 李清娟、古诗菁:《上海故事的世界传播传统文化的现代表达》,载 http://wsb. sh. gov. cn/node564/20220517/44c55d62cf9e42c080f2712156ead9d9. html,2022 年 6 月 5 日。

四、结论与展望

本文梳理了制度型开放在我国的政策语境、理论研究和具体实践中的发展过程。制度型开放是中国推动高水平对外开放的标志,涵盖了规则、规制、管理、标准等方面的对外开放。

制度型开放视野下,进博会作为国家层面高度重视的重大开放举措,既具有普遍性又具有特殊性。它服务于国家对外开放总体部署,表明中国支持建设开放型世界经济和经济全球化的立场;同时,进博会作为每年固定举办的长期性活动,其创新成果具有延续性,并在一定程度上纳入了法制轨道。进博会对提高制度化开放程度起到长远影响,通过地方性法规形式,为进博会期间的创新措施制度化、常态化提供了制度基础与法治保障。

围绕2018年至2022年举办的五届进博会,本文聚焦知识产权保护和海关领域,考察了进博会在开放规则、规制、管理、标准等方面的贡献。在知识产权领域,进博会通过加强展会知识产权保护和制定相关法规,推动了知识产权保护体系的发展;进博会还提供专业法律咨询和纠纷解决服务,完善争议解决机制,将国际规则与国内实践对接;此外,进博会作为宣传平台,通过提供相关法律政策解读,完善了信息公开透明的营商环境。海关则通过健全法律法规、完善监管体制、加强规则对接、促进标准认证衔接等多个方面的改进,提供更高效、便捷的贸易环境,为进出口展商提供支持。最后,在进博会的举办过程中,地方政企的合作得以加强,市场机制也得以完善,为今后进一步扩大对外开放提供了基础。

(叶艾婧,复旦大学国际关系与公共事务学院本科生)

西方能源制裁对俄罗斯能源结构性权力的影响

邬竞舸

【内容摘要】 基于斯特兰奇的结构性权力理论,西方当前实施的能源制裁强烈冲击了俄罗斯能源结构性权力,进而对后者的国家安全构成了威胁。俄罗斯能源结构性权力是通过主导欧洲能源市场进而建构俄欧关系的权力,并且在苏联解体后成为俄罗斯与西方博弈中最重要的政策工具之一。该权力建立在稳固的生产结构、不稳定的安全结构及脆弱的金融结构上,并通过多样化定价和供应威胁这两种模式予以运用。随着地缘政治关系持续恶化,西方逐渐形成了对俄罗斯实施能源制裁的共识,并于俄乌冲突爆发后在生产结构、安全结构和金融结构这三个维度部署制裁政策,将俄罗斯以能源结构性权力为核心的对外战略置于濒临瓦解的境地。然而,西方毫无底线的能源制裁在事实上几乎将俄罗斯逐出了西方主导的国际秩序,反而令不受约束的俄罗斯能通过实施"天然气卢布"计划和发展新的能源合作共同体来调整能源结构性权力,并将该权力作为构建新秩序的工具。

【关键词】 能源制裁;结构性权力;俄欧关系;俄乌冲突

一、引　　言

2022 年俄乌冲突爆发后,俄罗斯与西方的矛盾关系彻底激化。美国和欧盟立即实施了一系列极其严苛的制裁措施以摧毁俄罗斯的经济基础,乃至期望困顿不堪的社会群众能推翻普京政权。其中西方对俄罗斯能源产业的制裁及其造成的影响成为全球热点话题,也受到学界的高度关注。许多研究者指出,西方制裁将打击俄罗斯的贸易收入,而随之引发的能源价格飙升也会制约欧洲经济发展。[①]世贸组织前副总干事易小准更是判断俄乌冲突以及西方的制裁在大体上终结了本轮的经济全球化进程。[②]这意味着西方能源制裁已经成为影响能源地缘政治乃至国际政治经济格局的重要变量,但也预示着仅从现有的经济视角去分析能源制裁并不足以揭示制裁后果的全貌,亟须引入国际政治经济学的视角以完善该领域的研究。

斯特兰奇提出的"结构性权力"理论作为国际政治经济学的重要分析视角,为学界带来了全新的整合了经济和政治逻辑的权力概念,并且显著地体现在俄罗斯能源战略中。事实上,相较于能源贸易带来的经济效益,建立在主导欧洲能源市场上的结构性权力对俄罗斯更加重要。该权力很大程度上帮助俄罗斯在冷战结束后维持体面的大国地位,并在经济和政治上实现民族复兴。但当前西方对俄罗斯能源采取的极限制裁将瓦解其利用能源作为外交手段和政策工具的能力,令俄罗斯处于更加不安全和不稳定的国际环境中,更将俄罗斯推向了既有国际秩序的对立面。因此本文的核心问题就是西方能源制裁究竟如何影响俄罗斯能源结构性权力。

对此,本文将回顾结构性权力和能源制裁领域的文献,在结构性权力理论框架下论述俄罗斯能源结构性权力的战略定位与构成基础,再者结合西方实施能源制裁的政策框架分析,深入探讨能源制裁给俄罗斯能源结构性权力带来的危机。最终,本文将分析在后制裁时代俄罗斯能源结构性权力潜在转型的方向与意义。

二、文 献 综 述

本文的重点在于分析能源制裁对结构性权力的影响,因此文献综述部分将对这两个领域的主要研究成果进行提炼总结和批判性分析,从而为全文奠定在概念和理论上的坚实基础。

(一)结构性权力

苏珊·斯特兰奇在《国家与市场》中系统提出的结构性权力理论为理解国家间

---

① 参见罗英杰、王菲:《乌克兰危机背景下俄欧能源安全及启示》,《国家安全研究》2022 年第 6 期;陈文林、吕蕴谋、赵宏图:《西方对俄能源制裁特点、影响及启示》,《国际石油经济》2022 年第 9 期;李巍、穆睿彤:《俄乌冲突下的西方对俄经济制裁》,《现代国际关系》2022 年第 4 期;赵行姝:《地缘冲突下美西方对俄能源制裁的逻辑及影响》,《当代世界》2023 年第 2 期。

② 易小准、李晓、盛斌等:《俄乌冲突对国际经贸格局的影响》,《国际经济评论》2022 年第 3 期。

关系提供了一种全新思想。斯特兰奇将结构性权力定义为"形成和决定全球各种政治经济结构的权力"。①这种权力"并不是存在于单一的结构之中，而是存在于四个各不相同但互有联系的结构中"，②也就是源于对安全、生产、信贷和知识的控制。同时，斯特兰奇将这四种结构形容为一种四棱锥架构，强调四种结构不是相互独立关系，而是相互影响和制约关系，且任一结构不会始终占据主导地位。③在此基础上，国际政治经济学的一些重要议题，如运输、贸易、能源和福利体系，实际上都是从属于四大基本权力结构的次级权力结构。

针对该理论，国内外学者基本认同其所具有的现实意义和理论贡献。普罗德鲁认为在当前的国际体系中，政治日益被复杂的相互依赖和日益增长的复杂性所支撑，使得国家传统的胁迫性政治行为中获取的利益更加间接、不稳定和不确定，④这导致行为体在体系中塑造规则的能力，即结构性权力变得愈发重要。张建新认为该理论拆除了经济与政治壁垒分明的界限，整合了政治学和经济学的共同逻辑，形成了新的理论范式。⑤但是该理论也存在着对国际政治经济体系变化的动因问题解释不足的缺陷，⑥而且由于缺乏理论应用情景的聚焦，结构性权力概念存在着概念泛化的问题。⑦

因此许多学者已经在诸如俄罗斯能源外交等领域试图应用结构性权力理论，将理论框架与实际相结合，既丰富理论的内涵，又为案例研究提供新视角。富景筠和张中元就从与产量和出口有关的生产结构、与管道运输有关的安全结构及与定价机制有关的金融结构出发，对俄罗斯在能源体系中的结构性权力进行研究。⑧李晴则结合结构性权力理论分析俄罗斯在"北溪-2"管道项目这一微观层面上的结构性权力。⑨然而这类研究同样没有考虑到结构性权力的动态变化，并且对能源结构

① [美]苏珊·斯特兰奇：《国家与市场》，杨宇光等译，上海人民出版社2012年版，第21页。

② 同上书，第22页。

③ 赵磊：《20世纪90年代以来日本对华ODA政策研究——基于结构性权力理论视角》，上海国际问题研究院硕士学位论文2022年。

④ Proedrou, Filippos, "Russian energy policy and structural power in Europe." *Europe-Asia Studies*, Vol.70, No.1, 2018, pp.75—89.

⑤ 张建新、王雪婷：《苏珊·斯特兰奇的国际政治经济学思想及其理论启示》，《复旦国际关系评论》2016年第1期。

⑥ 李滨：《解读斯特兰奇的国际政治经济学思想》，《国际政治研究》2010年第3期。

⑦ Stefano Guzzini, "Structural power: the limits of neorealist power analysis," *International Organization*, Vol.47, No.3, 1993, pp.443—478.

⑧ 富景筠、张中元：《世界能源体系中俄罗斯的结构性权力与中俄能源合作》，《俄罗斯东欧中亚研究》2016年第2期。

⑨ 李晴：《俄罗斯能源外交中的结构性权力研究——基于"北溪-2"项目的分析》，《中共济南市委党校学报》2020年第3期。

性权力的定义十分模糊,以至于全文只见"结构"而不见"权力"。

总之,既有研究成果已经肯定并丰富了结构性权力理论的内涵,提升了该理论的可操作性,即从生产、安全和金融结构分析俄罗斯能源结构性权力。①同时,部分学者的批判与相关研究存在的缺陷促使本文在理论应用的过程中需要对结构性权力的概念作出更清晰的界定,并充分考虑到国家层面的政策和战略对结构的影响,进而展现结构性权力的动态变化。

（二）能源制裁

长期以来,国内外学者对能源制裁已经进行了广泛且深入的分析,而且近年来西方对俄罗斯能源产业实施的大规模制裁及其深远影响也增强了学界对该领域的重视程度。目前学界主要从能源制裁的目标和实施这两个方面展开研究。

能源制裁的目标往往较为清晰,即通过让被制裁国受损的方式迫使其按照制裁国意志行事。②具体目标会包括通过威慑改变目标国的政策、通过颠覆来改变目标国的政权、破坏军事冒险行动或削弱目标国家的军事潜力。③制裁目标的选择可能会受到被制裁国规模及能源依赖状况等因素的影响。刘礼军在对美国实施能源制裁的案例分析中发现,当被制裁者是小国时就会面临全面制裁的风险,而美国对大国往往会采取定向制裁,重点在于打击其未来发展能力。④其次,制裁国对被制裁国能源依赖的程度也在很大程度上决定着制裁目标的设定。例如俄欧在能源问题上存在不对称的依赖关系,制裁俄罗斯可能危及欧盟自身的能源安全,因此欧盟相比美国所实施的能源制裁则更加谨慎,打击范围和力度皆不如不依赖俄罗斯能源的美国。⑤

对于能源制裁的实施,部分学者从根本上持有一种悲观的态度。⑥赫德兰等学

---

① 富景筠和张中元指出在斯特兰奇提出的四个结构中,知识结构包含信仰、知识和理解及相应传送渠道,与俄罗斯能源结构性权力的关联性不大,因此可以将重点放在另外三个结构上。(富景筠、张中元:《世界能源体系中俄罗斯的结构性权力与中俄能源合作》,第51页。)

② 富景筠:《能源政治中的制裁与反制裁——围绕美国制裁跨西伯利亚管道和北溪－2号管道的多方博弈》,《美国研究》2022年第4期。

③ Fischhendler, Itay, Lior Herman, and Nir Maoz. "The political economy of energy sanctions: insights from a global outlook 1938—2017." *Energy Research & Social Science*, Vol.34, 2017, pp.62—71.

④ 刘礼军:《美国对伊朗与俄罗斯能源制裁对比分析》,《国际石油经济》2022年第9期。

⑤ 李巍、穆睿彤:《俄乌冲突下的西方对俄经济制裁》,《现代国际关系》2022年第4期。

⑥ S·赫德兰、丁端、刘娅楠:《在乌克兰问题上制裁俄罗斯有无意义及效用?》,《俄罗斯研究》2015年第1期。

者认为由于低估被制裁国的防御能力,制裁通常不会达成预期目标。贺之杲基于观众成本的视角分析能源制裁,得出的结论是制裁双方各有优势,但也都会受到制裁的不利影响。①不过也有很多学者认为制裁的有效性取决于制裁目标与措施的相适性及能源供应特性等因素。埃利奥特通过分析美国石油禁运在乌坦战争中发挥的作用,证实设计良好的能源制裁可以实现现实或适度的目标;②但如果制裁试图实现颠覆或威慑等雄心勃勃的目标,却又缺乏相应力度的经济工具做支撑,那么制裁往往会失败。③除此以外,在不同细分能源市场实施制裁的能力不同。类似石油这样的能源商品被分散在包含许多行为体的供应链,而需要协调的行为体越多,制裁的可能性就越小。④

但是上述许多研究忽略了所有制裁都是在特定政治经济背景下的产物,对制裁的分析如果脱离了具体环境很有可能就会沦为空想,而无法真正揭示制裁国的目标和实施偏好。因此,本文将首先讨论本轮西方制裁所处的时代背景,其次对包含制裁目标与实施的政策框架进行分析,进而在结构性权力理论的视角下分析制裁对俄罗斯能源结构性权力的影响。

三、俄罗斯能源结构性权力分析

本文认为俄罗斯在能源领域的结构性权力是通过主导欧洲能源市场进而构建俄欧间国家关系框架的权力。该权力一直以来是俄罗斯对外战略中的关键组成部分,使俄罗斯能够以一种符合自己利益的方式安排与其他欧洲国家的互动往来,进而维持俄罗斯在对欧博弈中的有利地位。鉴于能源结构性权力对俄罗斯的重要意义,本章将阐述该权力的三大基础,并分析该权力如何在国际关系中被运用。

---

① 贺之杲:《乌克兰危机背景下欧盟对俄制裁的分析:基于观众成本的视角》,《德国研究》2015 年第 1 期。

② Elliott, Kimberly Ann. "The sanctions glass: half full or completely empty?" *International Security*, Vol.23, No.1, 1998, pp.50—65.

③ Lindsay, James M. "Trade sanctions as policy instruments: A re-examination." *International Studies Quarterly*, Vol.30, No.2, 1986, pp.153—173.

④ Hughes, Llewelyn, and Austin Long. "Is there an oil weapon?: Security implications of changes in the structure of the international oil market." *International Security*, Vol.39, No.3, 2014, pp.152—189; Goldthau, Andreas, and Jan Martin Witte. "Back to the future or forward to the past? Strengthening markets and rules for effective global energy governance." *International Affairs*, Vol.85, No.2, 2009, pp.373—390.

（一）俄罗斯对外战略中的结构性权力

苏联时期,以石油和天然气为核心的能源工业就已经成为国家经济增长中不可或缺的一部分,不过总体上能源并不是苏联外交战略中的核心主题。但是苏联的解体导致其后继者俄罗斯面临大国观念与国家实力的错位。叶利钦和普京接手的是一个工业体系瓦解、经济萎缩和意识形态混乱的俄罗斯,其在各方面都逊于美国与欧盟。而且在以和平与发展为主题的时代,俄罗斯庞大的军事力量很难在与西方的日常政治博弈中作为谈判筹码。为了能够快速实现经济发展及恢复世界强国的地位,俄罗斯不得不将希望寄托在能源工业上,并且围绕自身在能源市场上的主导地位重新构建能源战略及外交方针。

新世纪的俄罗斯逐渐形成了以强调权力的现实主义为理论基础及以能源资源作为政策杠杆的对外战略。能源由此在俄罗斯的宏观布局中上升到前所未有的高度。俄罗斯政府将能源视为一种战略商品,密切参与国家资源的管理和运输,以及所有能源交易。在经济层面,俄罗斯通过政策部署和定期调整使其能源产业在国际能源市场上保持竞争力(见表1)。在能源工业开足马力生产的情况下,俄罗斯在 2010 年产量超过沙特成为世界最大的石油生产国和出口国。[1]最终在 2014 年,能源工业贡献了俄罗斯三分之一的 GDP 和一半的财政收入,[2]成为名副其实的支柱产业,并为俄罗斯巩固国际地位和重建势力范围提供了宝贵的资源。

表 1　21 世纪以来俄罗斯能源战略政策

时间	文件名	政策目标
2003 年	《2020 年前俄罗斯联邦能源战略》	俄罗斯应成为国际能源市场的独立且重要的参与者,能源产业应成为俄罗斯经济发展的稳定动力
2009 年	《2030 年前俄罗斯联邦能源战略》	利用能源产业拉动经济,同时提升经济结构的多样性
2014 年	《2035 年前俄罗斯联邦能源战略》	继续降低对能源经济的依赖,推动欧亚统一能源市场的建立
2019 年	《2035 年前俄罗斯联邦能源战略(新版)》	维持能源对经济的推动作用,实现基础设施现代化和技术自主化

---

① 张建新:《能源与当代国际关系》,上海人民出版社 2014 年版,第 101 页。
② Elena Shadrina, "Russia's Natural Gas Policy Toward Northeast Asia: Rationales, Objectives and Institutions", *Energy Policy*, November 2014, Vol.74, p.54.

更为重要的是在政治层面,俄罗斯逐渐采取将能源"政治化"或"武器化"的措施,包括通过供应中断、多样化定价政策,以及敌意收购公司资产和基础设施等行为来收获地缘政治和经济优势。欧洲研究者认为这是俄罗斯寻求用油气替代冷战中的核武器,从而实现对邻国和欧洲的政治影响。[①]本文认为,这实际上是俄罗斯在运用其能源结构性权力以决定俄罗斯与欧盟之间的关系框架。由于以可负担的价格获得稳定的能源供应是西欧发达工业国的生产命脉,欧盟对俄罗斯的能源依赖就成为后者操纵前者政策的底层逻辑。因此,俄罗斯的能源外交需要维持来自欧盟的能源依赖,强化对欧盟的权力关系,并且基于合理的策略运用结构性权力,从而实现国家利益。

"冷战后,俄罗斯的地缘政治是由能源建构的"。[②]能源资源及能源结构性权力在很大程度上缓解了俄罗斯所面临的外部环境的险恶,让西方在打压俄罗斯的同时有所顾忌。然而能源关系也是俄欧政治关系的黏合剂,双方围绕能源贸易展开的互动使得各层次行为体都出现了利益交织,为俄欧之间避免直接冲突创造了缓冲的空间。因此从权力本身的关系属性而言,俄罗斯能源结构性权力并不只是俄罗斯单方面的政治武器,而应该是俄欧都合理对待的关系模式。但是在实际中,俄罗斯与欧盟的政策反而将能源结构性权力变为破坏双边关系的定时炸弹。

(二)俄罗斯能源结构性权力的基础

俄罗斯能源结构性权力主要建立在与产量、出口和技术等要素的生产结构、与能源运输有关的安全结构及与能源定价机制方面的金融结构之上。在实践中,俄罗斯充分利用自身丰富的能源资源和积极主动的能源战略,尽力巩固并强化能源结构性权力的基础。但这并不意味着俄罗斯能够完全控制每一个基本结构,美国、欧盟及其他能源市场主体的政策行动都可能会抵消俄罗斯的努力,甚至威胁后者结构性权力的基础。而且值得注意的是,俄罗斯能源结构性权力在很长一段时间里都受到西方主导的国际政治经济秩序的限制,导致极易受到打压。总之,只有基于多方博弈的视角才能更全面地阐释俄罗斯对基本结构的掌控程度。

1. 生产结构性权力

生产结构可以被定义为决定生产什么、由谁生产、为谁生产和生产方式等各种安排的总和。[③]俄罗斯充沛的能源产量、能源进口国对俄能源的依赖及对能源技术

---

① Angela Stent, "An Energy Superpower? Russia and Europe," in Kurt M. Campbell and Jonathon Price, eds., *The Global Politics of Energy*. The Aspen Institute, 2008, p.78.

② 张建新:《能源与当代国际关系》,上海人民出版社 2014 年版,第 309 页。

③ [美]苏珊·斯特兰奇:《国家与市场》,杨宇光等译,上海人民出版社 2012 年版,第 62 页。

自主性的提升让其能够基本掌控生产结构性权力。

表2　俄罗斯石油、天然气和煤炭储量情况(2020年底)①

能源类型	俄罗斯储量	储量占世界总储量比重	世界排名
石油	1 078 亿桶	6.2%	6
天然气	37.4 万亿立方米	19.9%	1
煤炭	1 621 亿吨	15.1%	2

表3　俄罗斯石油、天然气和煤炭产量占世界总产量比重②

年份	石油产量占比	天然气产量占比	煤炭产量占比
2015	12.085%	16.646%	4.687%
2016	12.321%	16.624%	5.171%
2017	12.290%	17.301%	5.361%
2018	12.187%	17.372%	5.473%
2019	12.305%	17.114%	5.436%
2020	12.053%	16.504%	5.169%
2021	12.176%	17.381%	5.306%

　　俄罗斯最主要出产的能源是石油、天然气和煤炭。截至2020年底,俄罗斯石油储量占世界总储量比重6.2%,位居世界第六,煤炭储量占比15.1%,位居世界第二,而天然气储量占比接近20%,更是超过了世界上任何国家(见表2)。丰富的资源为俄罗斯生产源源不断的足以影响世界能源市场和地缘政治的能源提供了充分的保障。在2015年至2021年,俄罗斯石油产量占世界总产量的12%以上,天然气产量占比在16%—17%之间,煤炭产量占比则从4.6%逐渐上升至5.3%(见表3)。到了2021年,俄罗斯已经成为世界第三大产油国(仅次于美国和沙特阿拉伯)、世界第二大天然气生产国(仅次于美国)以及世界第六大产煤国。③在2020年即使全

---

①　British Petroleum："Statistical Review of World Energy", https://www.bp.com/en/global/corporate/energy-economics/statistical-review-of-world-energy.html,访问时间：2023年5月11日。

②　笔者根据BP发布的"Statistical Review of World Energy"中的数据计算而来。

③　British Petroleum："Statistical Review of World Energy".

球能源需求萎缩的情况下，能源出口占俄罗斯贸易的比重依然接近 50%。其中，原油出口占能源贸易总额的 47.51%，原油产品出口占比为 30.62%。[①]

如此巨大的能源产量助推俄罗斯成为以能源商品出口为主导的外贸经济，而最主要的买家就是经济高度发达的欧盟国家。后者的经济发展和社会运行每年都需要消耗天文数字的能源，因此只能选择就近从俄罗斯获得稳定且廉价的能源供应。俄罗斯原油出口目的地集中在欧洲和亚洲，其中，对欧洲的原油出口占原油出口总额的 53.05%，亚洲占 45.22%。在欧洲大陆，荷兰进口 12.4% 的俄罗斯原油，德国进口 8.57% 的俄罗斯原油。在亚洲，中国是俄石油最大的买家，进口了俄罗斯 32% 的原油。欧洲还从俄罗斯进口了 60.37% 的成品油，亚洲进口的比重也达到了 26.59%。[②]总体上，欧盟在与俄罗斯长期的能源贸易中已经形成了对后者高度的能源依赖。

随着能源改革政策的实施，欧盟在近些年降低了对石油的需求，但也进一步提升了以天然气为主的清洁能源的消费，使得自身更加绕不开从俄罗斯这一邻近天然气大国进口能源的宿命。在这一背景下，直到 2022 年俄乌冲突爆发前夕，欧洲国家依然高度依赖俄罗斯的能源，继续从后者进口大量的天然气和石油（见图 1）。在 2021 年，欧盟从俄罗斯进口的石油、成品油和煤炭分别占欧盟各种能源进口的 29.64%、38.44% 和 48.08%，而来自俄罗斯的天然气进口占比更是达到

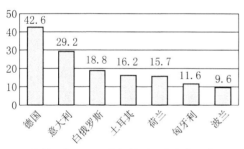

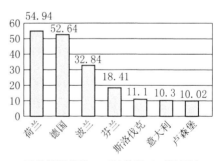

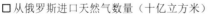

□ 从俄罗斯进口天然气数量（十亿立方米）　　□ 从俄罗斯进口石油数量（万桶/天）

图 1　2020 年从俄罗斯进口能源最多的欧洲国家[③]

---

①②　Chen, Yangyang, et al. "Impact assessment of energy sanctions in geo-conflict: Russian-Ukrainian war." *Energy Reports*, Vol.9, 2023, p.3084.

③　Michael Race: "EU divided over how to step away from Russian energy", https://www.bbc.com/news/business-61298791，访问时间：2023 年 4 月 24 日。

了55％。①这种深层次的依赖关系使得欧盟很难不屈从于俄罗斯的政治影响,甚至有时还需要谋求与俄罗斯的政治经济合作来换取能源供应优惠与安全。

对俄罗斯而言,与欧洲发达国家开展的合作也有利于提升能源生产技术上的自主性。发达的技术、设备和服务在如今能源生产与加工中占据着越来越重要的地位,但是俄罗斯一直以来在能源勘探、挖掘与加工相关的技术和设备方面对外依赖度高。80％—100％的油气开发软件、70％的涡轮机和锅炉、50％—60％的压缩机、20％的管材、80％的大陆架开发技术均依赖进口。②通过能源领域的合作,俄罗斯有机会获得先进技术的转让。例如在乌克兰危机发生前,欧洲企业为俄罗斯在深海、北极大陆架、页岩油勘探开发方面提供过相关技术和设备实施。俄罗斯与德国更是建立起长期的"能源换技术"的合作模式。这使得俄罗斯最终能够掌握较为完善和立体的生产结构性权力。

2. 安全结构性权力

从能源出口国的角度来看,能源安全主要是关于其出口需求的安全。俄罗斯为了掌握安全结构性权力,会采用策略性的政治经济手段维持安全稳定的能源输送通道。但不可否认的是,现代国际运输体系的权力是离散且多元的,运输项目的规划、建设、运行和保障等各个环节都可能受到输出国、进口国及过境国施加的影响。尤其是世界海运体系的关键环节主要掌握在西方国家手中,成为西方主导的国际秩序制约俄罗斯安全结构性权力的重要掣肘。各主体之间都会进行复杂的博弈,③而单一主体很难以一己之力维持整个运输体系的正常运行。在现实中,乌克兰、欧盟和美国就会在各种环节对俄罗斯主导能源运输的企图不断发起挑战。这在根本上意味着这些国家和俄罗斯共同享有安全结构性权力。

俄罗斯通向欧盟最主要的油气输送管道大多需要通过乌克兰的国境,使得后者可以以油气过境国的身份要求俄罗斯给予能源价格购买优惠,甚至还对俄罗斯赖以为生的能源出口贸易形成严重的威胁。在2004年乌克兰发生橙色革命及2014年乌克兰危机爆发时,乌克兰都阻挠天然气管道的正常输送,无疑对俄罗斯

---

① Chen, Yangyang, et al. "Impact assessment of energy sanctions in geo-conflict: Russian-Ukrainian war." *Energy Reports*, Vol.9, 2023, p.3084.

② 徐洪峰、王海燕:《乌克兰危机背景下美欧对俄罗斯的能源制裁》,《美国研究》2015年第3期,第75页。

③ 富景筠在对欧洲天然气地缘政治的分析中发现存在着生产国与消费国和过境国与生产国之间的双边博弈,以及生产国、消费国与过境国之间的三方博弈。(富景筠:《"页岩气革命"、"乌克兰危机"与俄欧能源关系——对天然气市场结构与权力结构的动态分析》,《欧洲研究》2014年第6期,第91—92页。)

形成了安全结构上的沉重压力。其次,美国作为坚定反俄的域外大国,在乌克兰危机后对俄罗斯的天然气管道实施严厉制裁,提出了包括《以制裁反击美国敌人法》(CAATSA)、《保护欧洲能源安全法案》(PEESA)以及《保护欧洲能源安全澄清法案》(PEESCA)等法案。①欧盟为了削弱俄罗斯对欧洲能源市场的控制,对俄罗斯和俄罗斯天然气工业公司(简称"俄气")发起反垄断调查,迫使俄罗斯自动取消了南溪管道项目。另外,世界上主要的船级社、海运保险及再保险业务都控制在西方国家手中,使得平时看似稳定的海运通道可能在极端情况下成为对俄罗斯而言最脆弱的环节。

对此,俄罗斯主要运用利益联盟的策略,通过实现权力寻租和调整股权结构扩大俄罗斯能源贸易的利益相关方,让俄罗斯得到内嵌于欧洲政治体制中的团体与组织的支持,以保障能源输送的安全。以北溪管道为例,由于该管道的建设触犯了大批中东欧和北欧国家的利益,并遭到这些国家的强烈反对。于是俄罗斯一方面在2005年开始聘请了德国前总理施罗德、芬兰前总理利波宁、时任瑞典首相府国务秘书申斯特勒姆和瑞典社会民主党新闻秘书斯瓦内尔等大批欧洲政要加入北溪管道财团为该项目游说;另一方面,俄气在建立北溪管道财团时积极与欧洲大陆上主要的能源企业分享股权,先后与德国意昂集团、温特沙尔公司、荷兰天然气管道运营商和法国燃气苏伊士集团等能源企业构成了强大的战略联盟,最终成功平息了周边国家的反对。另外在北溪-2号管道项目建设的过程中,俄罗斯支持建立的财团在美国、欧盟及德国政府进行游说,最终确保该项目的顺利完工。

实际上自从21世纪初开始,以俄气为代表的俄罗斯能源公司在能源领域就已经与大量欧洲企业建立起紧密的利益网络,令后者也能从稳定的能源贸易中获利颇丰。许多欧洲企业都投资了俄罗斯能源领域,包括西门子、英国石油公司、意昂集团、温特沙尔公司及荷兰皇家壳牌石油公司等。此外,俄气在爱沙尼亚天然气和电力贸易公司、拉脱维亚天然气公司和立陶宛天然气公司还分别掌握37%、34%和37.1%的股份。②这些企业在欧洲各国内部会游说政府,甚至制约政府的决策,以阻止其推行会损害自身利益的制裁俄罗斯的措施。尽管如此,运输体系的独特属性注定俄罗斯的安全结构性权力始终是不稳定且易受攻击的。在俄乌冲突爆发

---

① de Jong, Moniek. "Too little, too late? US sanctions against Nord Stream 2 and the transatlantic relationship." *Journal of Transatlantic Studies*, Vol.20, No.2, 2022, pp.213—229.

② Slobodian, Nataliia V, "Political Technologies of Russian Energy Diplomacy." *Nowa Polityka Wschodnia*, Vol.16, No.1, 2018, p.58.

后的能源制裁中,西方就将制裁重点之一放在俄能源运输体系上,对俄运输安全形成了严重威胁。

3. 金融结构性权力

能源市场中的金融结构意味着对能源价格和交易货币的安排。在当今的世界金融体系中,美国和西方无疑主导金融结构性权力,尤其是贷款投资、银行清算和贸易结算等都以美元为计价单位,使得俄罗斯在金融结构上天然地会受到美西方主导的国际金融秩序的控制。但是俄罗斯依然一直努力争夺国际能源定价权及保障进出口贸易结算的稳定性。对于前者,俄罗斯致力于在国际能源定价机制中占有主导权,主要形式为汇聚巨额产能操纵能源市场,从而以更加符合自身利益的价格出口能源,甚至放大能源作为政治武器的威力。对于后者,俄罗斯试图摆脱美元对大众能源商品的控制,并建立属于自己的能源交易平台,掌控能源金融主权。俄罗斯在构建金融结构权力基础的发展主要分为石油和天然气两条路径。

俄罗斯自 21 世纪初就开始推进"石油—卢布"的战略,试图以卢布取代美元作为石油出口的结算货币。2007 年,俄罗斯在圣彼得堡成立了俄罗斯石油交易所,又在 2008 年正式推出了石油交易平台,从而首先取得对国内成品油的定价权。[①]以此为基础,俄罗斯试图在独联体内部开展以卢布结算的能源贸易,再将此模式扩展到亚洲和欧洲。同时,俄罗斯也计划与伊朗、委内瑞拉和墨西哥等产油国组成采用卢布结算能源贸易的新欧佩克,以集团形式对石油定价产生影响。但是在后续的发展中,俄罗斯依然无法彻底摆脱石油—美元体系下的贸易规则。这一方面是由于俄罗斯与现行的欧佩克一直处于竞争状态,无法在产能安排上达成合作;另一方面,卢布在国际金融体系中的地位较美元而言实在相差太大,没有能够成为主要的国际交易和储备货币,无法真正推动卢布成为石油的结算货币。

与石油相反,天然气并没有在全球范围形成统一的定价机制,而是根据不同地区的市场结构采取特定的定价方式。俄罗斯在欧洲天然气市场具有相当程度的垄断地位,采用以石油指数化定价的长期天然气合约与"照付不议"的条款为其他欧洲国家提供能源。此外,俄罗斯还试图依托天然气出口国论坛(GECF)建立由自己主导的国际天然气贸易组织——天然气欧佩克(Gas OPEC)。[②]在 2001 年成立的

---

① 富景筠、张中元:《世界能源体系中俄罗斯的结构性权力与中俄能源合作》,《俄罗斯东欧中亚研究》2016 年第 2 期。

② 李晴:《俄罗斯能源外交中的结构性权力研究——基于"北溪-2"项目的分析》,《中共济南市党校学报》2020 年第 3 期。

GECF 包含着伊朗、俄罗斯和卡塔尔等天然气储量大国,加起来共拥有全球天然气储备的 57%。如果俄罗斯能够主导成立天然气欧佩克,将有助于天然气卢布贸易体系的建立。但是由于受到西方国家的强烈反对及 GECF 成员国在天然气战略上的分歧,天然气欧佩克的构建始终受到巨大的阻力。

事实上,俄罗斯已经在金融结构上付出了巨大的努力,甚至还在 2017 年建立俄罗斯银行金融信息传输系统(SPFS)作为 SWIFT 系统的替代品,以减少在进出口业务结算中美元的使用。但是金融结构依然是俄罗斯结构性权力中最主要的软肋,也是美西方削弱俄结构性权力的突破口。俄罗斯只要还在目前美国主导的国际金融体系下开展贸易,就无法绕开美元和西方贸易规则的约束,在与西方的对抗中就更容易受到西方的金融制裁,导致自身无法正常取得能源贸易带来的经济和政治收益。不过,倘若西方真的在严苛的制裁框架下将俄罗斯踢出现行的金融秩序,后者反而有可能在金融结构上实现突破性的成就。

(三)俄罗斯能源结构性权力的运用

通过持续构建和强化权力基础,俄罗斯能够发挥出能源的权力属性,以能源为政策杠杆去撬动与其他欧洲国家的关系。俄罗斯会操纵能源出口的价格或供应状况,通过威胁或保障他国的能源安全来影响后者的对俄政策。具体而言,俄罗斯能源结构性权力的运用可以分为多样化定价和供应威胁两种模式。两种模式在一定程度上成功帮助俄罗斯实现了对外战略的目标,但是也造成了许多负面影响,为能源结构性权力的可持续发展留下了阴影。

1. 多样化定价模式

多样化定价模式就是俄罗斯将通过基于与进口国的政治关系调整能源价格。偏高的能源价格将被用来惩罚和威胁试图制裁俄罗斯或者推行对俄罗斯不利的政策的国家,而偏低的能源价格将被用来维持与盟国的关系或者诱使他国顺从俄罗斯的地缘政治利益。这种价格歧视的做法还有助于离间共同利益不一致的欧盟诸国。针对反对自身的波兰和立陶宛等国家,俄罗斯往往采取强制性的高价格政策,为其经济发展创造了较高的能源成本;与之相反的是,俄罗斯长期以低于世界能源市场的优惠价格向独联体国家提供能源产品以维护俄罗斯在后苏联地缘政治空间中的领导地位。[①]类似的奖励政策在俄乌冲突爆发后依然发挥着影响。俄

---

① 徐博、威廉·瑞辛格:《国际关系角色理论视角下俄罗斯对中国能源外交决策探析》,《东北亚论坛》2019 年第 4 期。

罗斯就用大幅低于市场价的石油出口"奖励"拒绝加入能源制裁的匈牙利,在 5 月 29 日还与拒绝谴责和制裁俄罗斯的塞尔维亚以极低的 400 美元/千立方米签订了为期三年的天然气供应协议(此时欧盟市场上的天然气价格已经达到 1 355 美元/千立方米)。[①]

此外,俄罗斯一直试图通过部署能源结构性权力实现其在乌克兰的目标,其中就包括向乌克兰提供能源折扣使其从能源贸易中获益,以换取政治上的追随。但在 2004 年乌克兰爆发橙色革命后,基辅采取了亲北约、亲欧盟的外交政策。为了打击乌克兰的政治转向,俄气要求 485 美元/千立方米的高价。尽管这只相当于欧洲气价的 80%,但是乌克兰仍然拒绝接受俄罗斯天然气价格的向上调整。直到 2010 年,俄罗斯为了让乌克兰延长塞瓦斯托波尔海军基地租给俄罗斯舰队的期限及支持亲俄的亚努科维奇政府,重新向其提供了天然气价格折扣,令气价迅速从 485 美元/千立方米腰斩至 234 美元/千立方米。[②]随着 2014 年乌克兰反俄的波罗申科政府上台,俄罗斯再次取消了对乌克兰的能源折扣。

重新审视多样化定价模式则不难发现,能源结构性权力只有在利用能源优惠换取盟友的支持上发挥着较大的作用,能够强化盟友支持俄罗斯的立场;但人为操纵价格上调的强制性举措无法使波兰、立陶宛甚至是乌克兰在外交政策上发生较大的转变,这些国家也没有因此在基础设施或地缘政治方面给予俄罗斯让步。

2. 供应威胁模式

供应威胁模式要求俄罗斯直接采取中断能源供应的方式以对欧洲国家的能源安全造成威胁,从而威慑其采取敌对政策对抗俄罗斯的企图。以 2009 年的天然气危机为例,亲西方的季莫申科政府拒绝支付俄罗斯 24 亿美元的天然气欠款,而俄罗斯相对应地切断了通过乌克兰管道输送的天然气。然而俄罗斯中断供应的威胁没能让乌克兰让步,乌克兰转而利用其作为一个过境国的影响力,将俄罗斯输往欧盟的天然气改道用于国内消费,使欧盟卷入危机,从而对俄气施加降低价格的压力。考虑到此时乌克兰在向欧盟运输俄罗斯天然气中至关重要且难以取代的地位(见表4),德国、波兰和意大利等欧盟国家被迫参与调解,最终使俄乌和解并签订为期十年的天然气协议。

---

① Aljazeera:"Serbia secures gas deal with Putin, as West boycotts Russia", https://www.aljazeera.com/news/2022/5/29/serbia-ignores-eu-sanctions-secures-gas-deal-with-putin,访问时间:2023 年 4 月 14 日。

② 张春友:俄乌天然气谈判陷僵局 俄指乌将谈判引向死胡同,载 http://energy.people.com.cn/n/2014/0617/c71890-25159906.html. 2014 年 6 月 17 日。

表 4　2014 年乌克兰危机前俄罗斯对欧盟天然气出口的过境路线和数量①

运输线路	欧盟的入口点	管道容量（十亿立方米/年）	实际总流量（十亿立方米/年）			
			2011	2012	2013	2014
北溪管道	德国	55	0.5	10.6	22.1	32.8
亚马尔—欧洲管道	波兰	32.9	22.8	25.0	30.6	29.8
乌克兰管道	斯洛伐克、匈牙利、波兰、罗马尼亚	147.9	101.1	81.2	83.7	59.4

此后随着 2014 年乌克兰危机的爆发,俄罗斯宣布输往乌克兰的天然气从当年 4 月 1 日起恢复 485 美元/千立方米的"高价",导致乌克兰的天然气欠款在一个月内就激增了 13 亿美元。俄罗斯还表示和乌克兰的天然气贸易要重新使用"预付款"模式,如果乌克兰没有支付预付款,其将于 6 月 2 日停止给乌克兰输送天然气。但是乌克兰依然拒绝向俄罗斯妥协,乌克兰转而通过波兰、匈牙利、斯洛伐克等周边欧盟国家的储备走廊反向进口天然气。这种僵局下,俄乌欧三方在 10 月通过谈判解决了天然气供应问题。

从供应威胁模式的实际效果上看,俄罗斯在绝大多数情况下都没能直接令对方做出让步,往往是在威胁到欧洲大国的能源安全时,才迫使这些欧盟的主要国家介入进行调解。因此在这种模式下,尽管俄罗斯运用能源结构性权力达成了目标,但是持续消耗了与能源进口国的政治互信,使后者始终处于不稳定的能源供应状态,加剧了其依靠特别措施瓦解俄罗斯威胁能力的信念。

四、西方能源制裁的政策分析

自 2014 年乌克兰危机以来,西方国家对俄罗斯已经实施了近九年的制裁,而 2022 年俄乌冲突的爆发更是将西方制裁的规模上升到前所未有的高度。在短短一年多的时间里,西方对俄罗斯高密度地实施了超过 12 000 项制裁措施,其中,美国实施了 2 200 项,瑞士实施了近 2 000 项,欧盟实施了 1 500 项(见图 2)。同时,

---

①　Siddi, Marco. "The role of power in EU-Russia energy relations: The interplay between markets and geopolitics." *Europe-Asia Studies*, Vol.70, No.10, 2018, pp.1552—1571.

能源制裁又在所有的制裁体系中占据着核心地位之一。西方国家在 2022 年前实施的七轮制裁中有六轮涉及能源行业,①在 2022 年后至今的十轮制裁中每一轮都涉及对能源行业的打击。为了更清晰地阐释西方国家是如何制定并实施能源制裁政策的,本文将讨论决定制裁政策的政治经济背景,进而整体性地分析制裁政策框架。

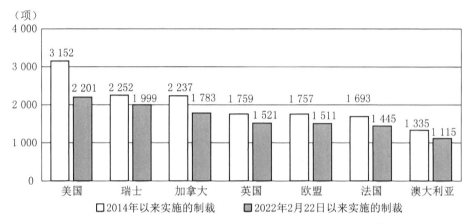

图 2　2014—2023 年 4 月各国组织对俄罗斯制裁措施数量②

(一)制裁政策的政治经济背景

在 21 世纪以来俄罗斯与西方的互动进程中,双方政治关系持续恶化,能源关系愈发紧张,整体上再次呈现出全面对抗的趋势。俄罗斯更倾向于以不退让的姿态应对西方的压迫,而西方对俄战略也更加强硬,更加常态化地采用制裁的手段打压俄罗斯,双方由此陷入恶性循环之中。因此,能源制裁政策本身不仅是俄乌冲突导致的后果,更应被视作是二十余年来国际政治格局变迁和欧洲能源市场变化所形成的产物。

1. 政治关系持续恶化

在政治关系方面,北约和欧盟东扩的问题一直是俄罗斯与西方国家之间最核心的冲突焦点,但是长期得不到妥善的解决,甚至呈现愈演愈烈的趋势。冷战结束后,美国和欧盟逐步蚕食苏联时期俄罗斯的势力范围,并且还有意将乌克兰也纳入

---

①　张莹莹:《俄罗斯能源外交的新形势、新特点与新趋势》,《商业经济》2020 年第 1 期。
②　Castellum AI: Russia sanctions dashboard, https://www.castellum.ai/russia-sanctions-dashboard,访问时间:2023 年 4 月 24 日。

其中。但是保障乌克兰的中立是俄罗斯的底线,俄罗斯坚决遏制任何使乌克兰导向西方的可能性。在这种背景下,2014年的乌克兰危机彻底激化了俄美和俄欧的政治矛盾,其后西方实施的制裁更将与俄罗斯的政治关系推向水火不容的地步。不过由于美欧及欧盟内部对俄态度的分化,西方没有将严厉的制裁措施持续推进下去,加上与俄罗斯有利益往来的西方财团的游说,俄罗斯与欧盟依然还保持着相当程度的政治经济合作。然而短暂的缓和并不意味着俄罗斯与西方的冲突得到解决,相反,美国始终希望借此冲突长期打压和消耗俄罗斯经济。在2021年到2022年初,西方再一次在乌克兰问题上对俄罗斯极限施压,间接挑起了俄乌冲突的爆发,西方也名正言顺地对俄罗斯实施更加严厉的制裁。因此本轮的制裁在很大程度上是上一波制裁偃旗息鼓后的延续,标志着俄罗斯与西方的政治矛盾已经演化为一场新时期的冷战,除战争以外的所有手段都被用以对抗。

2. 能源关系愈发紧张

在能源关系方面,尽管俄罗斯基本上一直维持着与欧盟的能源贸易,但是欧盟始终无法在能源安全上完全信任对方。这一方面是由于政治关系上的恶化始终给能源贸易蒙上一层阴影,另一方面是由于俄罗斯频繁运用能源结构性权力对欧洲政治施加影响。俄罗斯在能源市场上实施多样化定价及供应威胁的做法,在欧盟看来,无疑是严重扰乱自由市场秩序的行为,更对欧盟的政治自主性形成了威胁。因此欧盟在2009年通过了一套指令和法规,累积起来被称为"第三次能源计划"(Third Energy Package)。其中最具争议的措施包括要求俄气将天然气生产所有权与天然气分销所有权实现拆分,以及对俄气实施反垄断调查。[1]该调查迫使俄气在2017年承诺将限制跨境销售、不公平定价乃至让天然气供应取决于各国对基础设施的投资。[2]

此外,美国"页岩气革命"使液化天然气在欧洲能源市场成为俄罗斯管道天然气的重要替代,削弱了俄罗斯在天然气出口上的垄断定价权,[3]初步瓦解了俄罗斯在欧洲能源市场上的主导地位。这使得俄罗斯与美国增添了能源贸易竞争者的关系。美国更有经济动机采取强制措施打击俄罗斯的能源出口,以为国内的页岩气抢夺更多的市场份额。因此当俄罗斯陷入国际冲突时,美国祭出能源制裁作为遏

---

① Proedrou, Filippos, "Russian energy policy and structural power in Europe", p.81.

② Toplensky, R. & Foy, H: "Gazprom Reaches Draft Antitrust Deal with EU", https://www.ft.com/content/575f8d2e-07f2-11e7-ac5a-903b21361b43,访问时间:2023年4月15日。

③ 富景筠:《"页岩气革命"、"乌克兰危机"与俄欧能源关系——对天然气市场结构与权力结构的动态分析》,《欧洲研究》2014年第6期。

制措施的概率变得更高。

（二）西方能源制裁的政策框架

在各种政治与能源冲突愈发激烈的背景下，俄罗斯与西方的博弈来到了最终时刻。2022 年 2 月俄乌冲突正式爆发后，西方国家立即转变了与俄罗斯的互动模式，将俄罗斯视为严重威胁国际社会安全稳定的"邪恶国家"，并高效地组织起对俄罗斯范围广、强度高和密度大的极限制裁，而作为俄罗斯经济命脉的能源工业同样受到了西方国家的重点关注。

在能源制裁的目标上，美国与欧盟在冲突初期唯一的政治诉求就是通过切断俄罗斯能源贸易收入，以惩罚俄罗斯对乌克兰发动的军事行动，并且要求俄罗斯立即停止战争。正如欧洲理事会在 2 月 24 日发表的联合声明中指出："俄罗斯无缘无故、无理采取军事行动，严重违反国际法，破坏欧洲和全球安全与稳定……我们要求俄方立即停止军事行动，无条件从乌克兰全境撤出一切兵力和军事装备，充分尊重乌克兰的领土完整、主权和独立。"[1]但随着美欧在制裁上产生分歧，西方国家意识到需要进一步明确制裁政策的目标。美国对俄罗斯能源依赖小，还觊觎着利润丰厚的欧洲能源市场，因此主张推出对俄罗斯全面的能源出口禁令，用本国出产的页岩气等资源取代俄罗斯能源的市场份额；相反，欧盟大部分成员国在短时间内根本无法摆脱对俄罗斯能源的依赖，而且在减少以来的过程中还面临着通货膨胀的风险，这使得欧盟希望采取从易到难、从煤到油、渐进推进的制裁措施。[2]

西方在协调下逐渐统一了立场——制裁措施应该聚焦于打击俄罗斯在能源勘探、生产、加工和运输方面的能力，削弱其能源工业的国际竞争力，同时封锁为俄罗斯能源贸易提供支持的金融服务，最终使俄罗斯在西方国家的安排下出口有限的能源。而对俄罗斯能源资源的出口禁令首先应从替代性较高的煤炭下手，其次才是石油和天然气。该目标一方面确保能够限制俄罗斯的战争潜力，另一方面也使得欧洲国家获得足够的缓冲时间，去调整能源结构以减少对俄罗斯能源的依赖。

---

[1]　European Commission："Joint statement by the members of the European Council"，https://www. consilium. europa. eu/en/press/press-releases/2022/02/24/joint-statement-by-the-members-of-the-european-council-24-02-2022/，访问时间：2023 年 4 月 15 日。

[2]　陈文林、吕蕴谋、赵宏图：《西方对俄能源制裁特点、影响及启示》，《国际石油经济》2022 年第 9 期。

表5　2022年2月至今西方能源制裁政策框架①

制裁领域	西方主要能源制裁政策
生产结构	禁止对俄罗斯能源部门进行新的投资
	禁止进口俄罗斯煤炭或其他固体化石燃料
	逐步减少进口俄罗斯天然气和石油等化石燃料
	禁止向俄罗斯销售、供应、转让或出口炼油中的特定货物和技术,并将对提供相关服务实行限制
	对俄罗斯能源行业的设备、技术和服务实行全面出口限制
安全（运输）结构	对俄罗斯实施航空航天工业货物和技术的出口禁令,并禁止提供与这些货物和技术有关的保险、再保险和维修服务
	对俄罗斯关闭美国和欧盟领空
	禁止向悬挂俄罗斯国旗的船只提供进入美国和欧盟港口的机会
	禁止任何俄罗斯的公路运输企业在欧盟境内通过公路运输货物
	禁止为俄罗斯的原油出口提供海上运输及其有关的技术援助、中介服务或融资或财政援助
	对北溪-2管道项目进行制裁
金融结构	限制俄罗斯进入美国和欧盟的资本与金融市场及服务
	禁止与俄罗斯中央银行或代表俄罗斯中央银行或按俄罗斯中央银行指示行事的任何法人、实体或机构进行交易
	多家俄罗斯银行被移除SWIFT,包括俄罗斯最大的银行——俄罗斯联邦储蓄银行
	禁止向任何俄罗斯个人或实体提供任何信用评级服务,以及获得与信用评级活动有关的任何订阅服务
	对俄罗斯石油出口实施价格上限机制

在这一目标下,美国与其欧洲盟友在至今长达一年多的时间里逐渐编织起较为完善的能源制裁政策框架(见表5),重点从生产、安全(运输)及金融结构这三个领域出发对俄罗斯的能源工业乃至能源结构性权力实施遏制。在生产结构上,西方在禁止进口俄罗斯能源的同时,全面限制对俄罗斯能源工业的技术出口和投资,使俄罗斯能源工业失去可持续发展的动力,而且对天然气、石油和煤炭实施阶梯式

① 该表整合了美国与欧盟自2022年2月以来发布的制裁政策,因此列举的内容基本反映了西方国家对俄罗斯的制裁政策框架。

的制裁也有利于欧盟维持自身的能源安全。在安全结构上,西方对俄罗斯实施了海陆空全方位的封闭措施,切断了俄罗斯对外运输的绝大多数渠道,旨在迫使俄罗斯以西方安排的方式出口能源。在金融结构上,美欧几乎完全将俄罗斯排除出国际金融体系,严重阻挠俄罗斯开展正常的金融与贸易业务,而且通过对俄罗斯石油设置价格上限的举措,剥夺了俄罗斯在能源定价权上的影响力。在此基础上,不同领域的制裁政策相互支撑、相互补充,使俄罗斯越来越难避开制裁的影响。

尽管制裁体系在表面上主要是俄罗斯实施"特别军事行动"的产物,但在更深层次的维度上将对俄罗斯能源结构性权力形成前所未有的冲击。这意味着俄罗斯即使实现了在乌克兰的军事目标,在未来也有可能缺乏与欧盟进行博弈的政策工具,难以在国际政治经济框架内实施有利于国家利益的安排。因此从长期来看,西方也希望将制裁政策作为一个长期的筹码,使其日后在与俄罗斯博弈的过程中拥有压制能源结构性权力的优势。

五、能源制裁对俄罗斯能源结构性权力的挑战

能源制裁的推出意味着俄罗斯与西方的互动模式已经进入了一个新的全面对抗的时代。西方不愿再与俄罗斯能源结构性权力本身进行博弈,而是借助俄乌冲突的契机将矛头直指能源结构性权力的基础。如果俄罗斯的权力基础在此次制裁中被瓦解,那么俄罗斯以能源结构性权力为核心的对外战略将处于破产的境地,进而对俄罗斯的经济和政治安全造成严重的威胁。因此西方国家对能源制裁始终抱有巨大的期望,希望以此制止俄罗斯的侵略行为,并且在长期将俄罗斯规训于西方安排的政治经济框架内,彻底消除俄罗斯的威胁。

(一)俄罗斯在生产体系中的主导地位饱受考验

美国与欧盟尽管无法剥夺俄罗斯天然占有的丰富的油气资源,但是可以通过技术禁令和贸易限制打压俄罗斯能源的价值,使其在生产体系中的主导地位饱受考验。因此在2022年2月后,西方国家将冲突前已有的对能源技术和投融资领域的部分禁令迅速延伸到全面禁止技术出口及能源贸易,旨在打击俄罗斯生产结构性权力。

首先,欧美为减少对俄能源依赖采取了许多措施。美国由于与俄罗斯能源往来较少,早在2022年4月22日就全面禁止进口原产于俄罗斯的煤炭、石油和天然

气。英国也随之宣布 2022 年底全面禁止从俄罗斯进口煤炭和石油,同时逐步减少天然气的进口。对欧盟而言,德国和匈牙利等国家并没有完全做好和俄罗斯油气资源脱钩的准备。但是俄罗斯的能源工业主要的对象就是欧洲,例如 2021 年对欧洲出口的原油产品价值占出口总额的 60.37%,出口的液化石油气占出口总额的 71.92%;①如果欧盟没有坚决地实施能源贸易禁令,那么俄罗斯的能源生产就不会受到真正的打击。因此欧盟首先在 2022 年 4 月全面禁止煤炭,此举将减少俄罗斯高达 80 亿欧元的出口额。②其次欧盟要求在 2022 年底减少三分之二的俄罗斯天然气进口,在 2030 年全面停止进口天然气,同时在 8 个月内逐步淘汰俄罗斯原油产品。为了真正实现与俄罗斯能源的脱钩,欧盟还提出了雄心勃勃的"REPowerEU"计划,投资 3 000 亿欧元加快绿色转型,同时提高欧盟范围内能源系统的弹性。③在欧盟对俄罗斯能源不计损失的切割下,预计未来五年内,俄罗斯对欧出口石油和石油产品将减少 70%—90%,煤炭供应减少 90%—100%,管道天然气供应减少 60%—70%。④这实际上意味着俄罗斯需要重新调整能源出口结构,重建供应渠道和销售渠道,并建设新的能源基础设施,进而大幅提升俄罗斯在能源生产上的成本及机会收益损失。

另外,美国和欧盟利用俄罗斯能源技术对外依赖度高的弱点实施制裁。这其中包括对可能用于石油加工的技术产品进行禁运,限制向俄罗斯出口电子组装产品、电信设备、传感器、激光设备、导航设备、航空控制系统、海洋技术、先进半导体和敏感机械等。⑤英国禁止对俄罗斯的个人和实体出口炼油等行业的一系列尖端和关键技术设备和零部件。此外,西方国家普遍禁止对俄能源部门新的投资与合作。例如芬兰船舶制造商瓦锡兰暂停了为俄罗斯提供的设备技术培训服务,参与"萨哈林"液化天然气项目的埃克森美孚和壳牌等大型西方能源公司也带着先进技

---

① Chen, Yangyang, et al. "Impact assessment of energy sanctions in geo-conflict: Russian-Ukrainian war", p.3084.

② European Commission: "EU adopts fifth round of sanctions against Russia over its military aggression against Ukraine", https://www.consilium.europa.eu/en/press/press-releases/2022/04/08/eu-adopts-fifth-round-of-sanctions-against-russia-over-its-military-aggression-against-ukraine/,访问时间:2023 年 4 月 20 日。

③ European Commission: "REPowerEU: affordable, secure and sustainable energy for Europe", https://ec.europa.eu/info/strategy/priorities-2019-2024/european-green-deal/repowereu-affordable-secure-and-sustainable-energy-europe_en,访问于 2023 年 4 月 20 日。

④ 罗英杰、王菲:《乌克兰危机背景下俄欧能源安全及启示》,《国家安全研究》2022 年第 6 期。

⑤ 高际香:《极限制裁下的反制裁:博弈、影响及展望》,《欧亚经济》2022 年第 4 期。

术、专家和设备管理经验撤出俄罗斯。随着与西方技术的隔绝,俄罗斯将面临石油开采的复杂性提高和难以采收的储量份额增加导致的更高的生产成本。俄罗斯自身的战略文件也评估:"技术合作伙伴退出液化天然气生产项目将改变新产能投产的时间"。①从长远来看,能源技术自主性上的缺陷将对俄能源工业造成更深远的影响,并且会阻碍俄能源出口结构调整的速度,乃至延缓俄罗斯恢复能源结构性权力的进程。

(二)俄罗斯能源的运输安全遭受严重威胁

俄罗斯长期依靠发达的运输网络和与西方能源公司的利益联盟来保障能源出口的安全。但西方如今依靠自身对国际运输体系的掌控,重点打击俄海运和管道运输这最为重要的两种运输途径,同时,在国内对能源巨头施加巨大的政治压力,迫使后者完全退出俄罗斯能源市场,切断本国利益集团与俄罗斯的利益联系,防止制裁政策的实施受到利益集团的干扰,最终实现对俄安全结构性权力的打压。

在海运领域,西方国家于国际海运业务上的主导地位在此次制裁中得到彻底的展现。目前禁止俄罗斯船只和俄罗斯运营的船只进入西方国家港口只是较为常规的措施,更重要的是西方依托对国际船级社和海事保险业的控制对俄海运能力实施了结构上的封禁。根据规定,船舶只有拥有国际船级社的入级证书才能投保、运输和出入各国港口,而目前国际船级社协会不仅吊销了俄罗斯船级社的会员资格,英国、美国和挪威船级社都终止了俄罗斯的业务,使得俄罗斯的海运业务陷入法律困境。另外在海运石油业务中,几乎所有的港口和运河都要求船只持有保险,但接近90%的海事保险产品和再保险市场都被总部位于七国集团的公司所控制,②使得海运保险也成为西方捆绑俄罗斯海运能力的又一条重要锁链。因此为了避开西方的运输制裁,俄罗斯被迫转而依赖他国的船队来运输石油。其中,来自希腊、马耳他和塞浦路斯的油轮开始在俄罗斯的海运业务中扮演重要的角色。例如2022年4月,共有190艘油轮在俄港口加油,其中76艘船舶悬挂着希腊的国旗,同比数量增加了100%。③但这最终导致俄罗斯的运输能力变得更加脆弱,给能

---

① Euractiv: "Analysis: Putin's energy gamble may prove a double-edged sword for Russia", https://www. euractiv. com/section/energy-environment/news/analysis-putins-energy-gamble-may-prove-a-double-edged-sword-for-russia/,访问时间:2023年4月20日。

② 赵行姝:《地缘冲突下美西方对俄能源制裁的逻辑及影响》,《当代世界》2023年第2期。

③ 沈杰森、柳直、甄翔:《油轮转运"嘲弄"制裁,俄石油"灰色运输链"肥了谁?》,载 https://news.sina. com.cn/w/2022-06-08/doc-imizmscu5659502.shtml,2022年6月8日。

源贸易增添了极大的不稳定性和潜在风险。

在管道领域,北溪-1,尤其是北溪-2 号管道多年来一直被俄罗斯所给予厚望,并希望两者能在未来成为安全结构的重要组成部分。但是自从 2021 年底俄乌局势逐步恶化后,美国就开始对北溪管道追加制裁,并与德国在中止该项目上达成了共识。在 2022 年 2 月 22 日,德国就暂停了对北溪-2 管道的认证,等同于无限期搁置了该管道的正式通气。到了 3 月份,美国进一步制裁参与北溪-2 管道项目的公司和人员。原本为了回应西方对自身实施的能源制裁,俄罗斯大幅削减了北溪-1 管道的输气量至产能的 20%。①然而,2022 年 9 月北溪两条管道同时发生爆炸的事件直接对俄罗斯的管道运输形成了致命打击。在这一情况下,俄罗斯在特别军事行动结束后想要重启北溪管道,就不仅要面临程序上的阻碍,甚至还需要再投入大量的资源去修复管道设施。而且管道爆炸意味着俄罗斯的运输安全十分脆弱,在新时期各种极端事件都会成为俄罗斯安全结构潜在的风险。

最后,俄罗斯赖以维系运输安全的利益联盟策略在协调一致的西方国家面前开始碰壁。在俄乌冲突爆发后,道达尔能源公司、壳牌公司、挪威国家石油公司及西门子都全面退出俄罗斯市场。英国石油公司也在英国政府的巨大压力下抛售了其全部持有的俄罗斯石油公司股份,这不仅意味着英国石油公司将放弃其最重要的海外业务,还将承受 250 亿美元的损失。②然而,就实际情况来看,依然有部分西方企业处于观望状态。例如,英国石油公司虽然宣布退出俄罗斯市场,并且在财务报告中减记了所有在俄资产,但尚未启动任何程序真正退出俄罗斯石油公司的股份或其在合资企业的持股。这说明西方企业并没有完全对俄罗斯失去希望,而是愿意继续与俄罗斯能源企业保持沟通。不过在目前西方的政治氛围中,俄罗斯的利益联盟策略显然已经不可能起到任何的作用——没有西方企业会冒天下之大不韪去阻挠相关制裁的实施,这使得俄罗斯安全结构性权力愈发脆弱。

(三)俄罗斯几乎被逐出国际金融体系

在所有类型的制裁中,金融制裁是西方使用最频繁及措施最严苛的制裁。在俄乌冲突前,俄罗斯试图在金融结构上争取对自身能源贸易有利的货币结算和定价安排,但是受限于西方国家对国际金融与贸易规则的掌控,其始终无法在该结构

---

① 陈文林、吕蕴谋等:《西方对俄能源制裁特点、影响及启示》,《国际石油经济》2022 年第 9 期。
② 驻大不列颠及北爱尔兰联合王国大使馆经济商务处:《英国石油被迫出售俄罗斯石油公司股份损失达 250 亿美元》,载 http://gb.mofcom.gov.cn/article/jmxw/202203/20220303283748.shtml,2022 年 3 月 3 日。

上取得令人满意的成就。而在俄乌冲突后,西方国家正是抓住俄罗斯在这一领域的软肋,旨在将俄罗斯彻底逐出国际金融体系,摧毁俄罗斯金融结构性权力。

为了实现这一目标,美国、英国与欧盟逐步切断俄罗斯和主要金融市场的联系,同时削弱俄罗斯在经济上抵抗制裁的能力。首先总部位于比利时的环球银行金融电信协会(SWIFT)受到欧盟的指示,对包括俄罗斯联邦储蓄银行在内的多家俄罗斯银行实施制裁,使后者无法通过 SWIFT 系统低廉且高效地接受和传递支付交易指令,相当于被断开了与全球金融交易网络的联系。美国还将多家俄罗斯系统性重要银行列入制裁名单,不仅冻结这部分银行的在美资产,甚至彻底禁止其开展美元清算结算业务,等同于让以美元定价的石油市场对俄罗斯关上了大门。而且由于俄罗斯央行的国际储备大多存放于美、德、法、日等国,西方将这部分占总国际储备一半以上的约三千多亿美元资金全部冻结,并且禁止了俄罗斯央行将黄金储备变现。①在这种制裁背景下,舆论普遍预期俄罗斯将无法稳定卢布汇率,甚至可能出现外汇挤兑、银行挤兑及供应链挤兑。②如果俄罗斯无法保证卢布作为交易和结算货币的稳定性,其对世界能源交易规则的挑战将被中断。

最重要的一点是,西方国家结合其他制裁措施,祭出了石油出口价格上限机制作为控制俄罗斯能源定价权的终极手段,在俄罗斯最脆弱的金融结构上予以致命一击。在 2022 年末,欧盟、G7 和澳大利亚、瑞士等国组成了"油价上限联盟",规定自当年 12 月 5 日起对俄罗斯的海运原油实施 60 美元/桶的价格上限,否则联盟国家将不会为该批运输提供航运、保险及海关中介等服务。在过去,95%的俄罗斯海运石油是通过总部位于伦敦的国际保赔协会集团投保的,③因此仅仅海运保险这一项就已经足够支撑油价上限的措施。到了 2023 年 2 月,价格上限机制进一步覆盖了柴油和燃料油等石油产品的海上运输。该机制将每两个月对价格上限进行调整,以确保价格上限至少低于国际能源署计算的俄罗斯石油市场均价的 95%。④总之,西方国家通过整合自身在海运和金融方面的经济优势,攫取了俄罗斯能源的定价权,对俄罗斯的能源结构性权力形成了严峻的挑战。因此俄罗斯亟须采取妥善

---

① 高际香:《极限制裁下的反制裁:博弈、影响及展望》,《欧亚经济》2022 年第 4 期。

② 刘军梅:《俄乌冲突背景下极限制裁的作用机制与俄罗斯反制的对冲逻辑》,《俄罗斯研究》2022 年第 2 期。

③ 赵行姝:《地缘冲突下美西方对俄能源制裁的逻辑及影响》,《当代世界》2023 年第 2 期。

④ European Commission:"Russian oil:EU agrees on level of price cap",https://www.consilium.europa.eu/en/press/press-releases/2022/12/03/russian-oil-eu-agrees-on-level-of-price-cap/,访问时间:2023 年 4 月 21 日。

的措施应对能源制裁,并从中找到新的突破口,以实现能源结构性权力战略的转型。

六、危机下的权力转型

在西方全面制裁的包围下,俄罗斯传统能源结构性权力及对外战略都陷入了前所未有的危机。然而,此次西方实施的极限化的全面制裁实际上将俄罗斯从由自身主导的政治经济秩序中剥离出去,使俄罗斯不需要再接受不利于本国利益的规则的约束。这反而让俄罗斯处于罕见的秩序约束的真空期,能够拥有更多的自主性去实施能源战略。因此,结合目前俄罗斯采取的一系列反制裁措施,可以发现俄罗斯已经在重塑能面向未来的能源结构性权力战略。

(一)实施"天然气卢布"计划

由于已经在事实上被排除出以美元为核心的金融体系,俄罗斯推出了"天然气卢布"计划,直接要求尚未摆脱对俄能源依赖的欧洲国家必须使用卢布结算天然气,使得俄罗斯的能源贸易可以绕开 SWIFT 制裁的影响,还有利于卢布的国际需求,减少国际市场做空卢布的意愿,进而强化卢布汇率的稳定,实现能源—金融主权。在这种方式中,俄罗斯央行可以直接通过改变货币政策来实现对天然气价格的调整,实现对能源定价权的掌握。同时,俄罗斯规定在国内金融机构每 5 000 卢布可以兑换 1 克黄金,等同于为卢布的币值提供了强有力的保证。基于卢布与黄金和天然气的双锚定,卢布真正从一种依附性货币变为具有完全主权的硬通货。①俄罗斯表示,未来出口的石油、矿产和其他大宗商品也可能以卢布来结算。

针对俄罗斯对国际货币体系作出的革命性改变,大部分西方国家选择了顺从。英国政府授权本国公众和企业在 2022 年 5 月底前用卢布结算进口天然气,欧盟委员会主席冯德莱恩也同样允许成员国使用卢布支付天然气款项。如果欧洲国家缺乏支付能源进口的卢布,俄罗斯提出可以让天然气购买者可以将欧元或美元存入俄罗斯天然气工业银行的账户,由该银行将外币转化成可以支付天然气款项的卢布。

从结构性权力的视角看,俄罗斯一举奠定了在金融结构性权力的基础,即使现

---

① 刘军梅:《俄乌冲突背景下极限制裁的作用机制与俄罗斯反制的对冲逻辑》,《俄罗斯研究》2022 年第 2 期。

在将卢布与天然气捆绑在一起的策略不是非常成熟且缺乏相关的实践,但是已经让俄罗斯能够处于一个更符合自身利益的体系内发展结构性权力。"天然气卢布"的推出也为俄罗斯行使结构性权力提供新方式。俄罗斯可以通过对卢布汇率的操纵来给不友好国家进口天然气的价格提价,或者为盟友降低天然气进口的价格,从而延续多样化定价模式的策略。不过建立在"天然气卢布"计划的权力重构只能视作是短期的转型方向,倘若未来西方国家实现能源供应多元化,前者就会有抗拒用卢布结算天然气贸易的资本。

(二)发展能源合作共同体

从长期来看,权力转型更重要的方向在于与其他新兴发展中国家构建能源合作共同体,推动既有国际政治经济秩序的变革与发展。在西方抱着彻底与俄罗斯能源脱钩的决心对其进行制裁后,俄罗斯准确地意识到自身必须尽快调整能源合作伙伴关系,并通过达成新的能源合作协议来保障能源贸易,维持对能源生产结构的控制,而最重要的合作对象包括中国、印度和伊朗等发展中国家。

早在 2022 年 2 月,俄罗斯就与中国签署了《远东天然气供销协议》,在原本供应规模的基础上每年对华增加 100 亿立方米的天然气供应量,总供应量达到每年 480 亿立方米。[1]中俄还共同推进"东方联盟"天然气管道项目建设,在建成后,俄对华天然气出口将进一步增长 20%。根据国际能源署的预测,中国在 2030 年将成为世界上最大的能源消费国,天然气市场也将超过欧盟。[2]因此在未来中俄拥有十分广阔的能源合作前景。通过与中国的合作,俄罗斯将能从中国进口中小型液化天然气项目技术,强化在液化天然气项目上的技术自主性。此外,俄罗斯在遭受能源制裁后开始大幅增加对印度的石油出口,至 2022 年 10 月已经成为印度第一大石油供应国,来自俄罗斯的原油占印度进口量从原先的 1%增长到 22%。[3]印度甚至还将来自俄罗斯的原油加工成石油制品出口到欧洲,间接帮助俄罗斯避开能源制裁的影响。

更重要的是,俄罗斯开始重新规划与其他重要天然气生产国的合作与联盟,使

---

[1] 黄佐春:《中俄能源合作再进一步,签署远东天然气供销协议》,载 https://news.cctv.com/2022/02/06/ARTIl7qzVKif6l8ali6CKgFA220206.shtml,2022 年 2 月 6 日。

[2] 徐博、威廉·瑞辛格:《国际关系角色理论视角下俄罗斯对中国能源外交决策探析》,《东北亚论坛》2019 年第 4 期。

[3] 《不理"限价令",继续买石油? 俄罗斯已成印度最大石油供应国》,载环球网 https://m.huanqiu.com/article/4AWtunLQpPo,访问时间:2023 年 4 月 22 日。

得天然气欧佩克的出现再一次具备了可能性。之前俄罗斯为了避免受到西方的延伸制裁而放弃了与伊朗的能源合作。但在 2022 年 7 月,俄罗斯天然气工业股份公司(简称"俄气")与伊朗国家石油公司签署了价值约 400 亿美元的合作备忘录。[①]根据该备忘录,伊朗将每天从俄罗斯进口 900 万立方米的天然气,并将其中 600 万立方米天然气加工成液化天然气出口到其他国家。此外,俄气还承诺帮助伊朗建设能源加工和出口相关的基础设施。如果拥有全球近 40% 的探明天然气储量及 15% 以上的石油储量的俄伊两国加强油气协作,甚至将合作提升到一体化的阶段,将对国际能源市场产生更大的影响力。因此如今俄罗斯虽然完全处于西方国家的对立面,但并不意味着其完全失去了开展能源贸易的能力,甚至随着如中、印等新兴国家的进一步崛起,俄罗斯将依靠现有的合作基础抢占到更大的市场份额,从而为能源结构性权力补充更多的资本,并具有更广泛的影响力。

七、结　　语

自冷战结束至今,西方能源制裁与俄罗斯能源结构性权力的碰撞可能是旧秩序下最后一次大国间对抗,同时也将是各大国在构建新秩序上的第一次较量。俄罗斯能源结构性权力在本质上浸染着既有政治经济秩序的底色,俄罗斯在构建权力基础和行使权力的过程中都基本遵循着西方制定的国际规范,试图将自身对大国地位的追求与当前国际体系的安排相协调。但是西方在俄乌冲突后对俄罗斯实施的极限制裁意味着其已经将既有秩序奉之为圭臬的自由主义信条弃如敝屣,甚至极大地动摇了战后大国协商解决争端的基本原则。换句话说,美欧正在亲手摧毁这套由自己建立并在冷战后已维持三十余年的国际秩序,而随着该秩序的瓦解,俄罗斯坚守传统意义上的能源结构性权力也逐渐变得毫无意义。

事实上,在俄罗斯未来的对外战略中,能源结构性权力的巩固和运用都应该服务于推动国际秩序变革的目标,使之适应于多极化程度更深的国际权力结构。俄罗斯开始在生产结构上更加积极地与中国和印度等崛起国强化能源关系,甚至无所顾忌地与伊朗推进能源合作共同体的建设。俄罗斯还在金融结构上高举"去美元化"的旗帜,既是为了实现能源—金融主权,也是为了顺应新兴国家对美元霸权的反抗意识。在短期,俄罗斯能源结构性权力将继续在处理俄欧关系上发挥重要

---

① 孙迦陵:《俄罗斯与伊朗要组"天然气欧佩克"?》,载 https://www.guancha.cn/sunjialing/2022_09_27_659612.shtml,2022 年 9 月 7 日。

作用,以油气供应为筹码和欧盟周旋,为对外战略转型和能源贸易伙伴切换争取到足够的缓冲时间;在长期,俄罗斯将背靠东方的伙伴关系,将能源结构性权力作为影响国际政治经济体系的重要工具,并用充足的油气资源为全新的秩序结构提供支持。

在动荡不安的国际局势中,中国应该抓住俄罗斯能源结构性权力转型的机遇期强化中俄能源关系,大力推进能源进口的多元化,提升能源储备,维护本国的能源安全,同时积极参与国际秩序转型的进程,在新时期的全球治理和规范制定中发出中国声音。

(邬竞舸,复旦大学国际关系与公共事务学院国家安全学硕士研究生)

新兴国家参与全球气候治理：
以巴西的气候外交进程为例

李昱昀　余嘉荣

【内容摘要】　全球变暖与气候问题是人类目前面临的最为严重的公共问题之一,为共同应对这一挑战,气候问题逐步被各国提上政治和外交议程。新兴国家鉴于庞大的人口基数、不断攀升的经济实力及位于世界前列的温室气体排放量,已成为气候治理网络中的重要一极。新兴国家面临的政策选择和行动举措将对整个全球气候治理产生复杂的连锁反应。因此,新兴国家在这一需要高度协调并具有相互依赖特点的全球公共产品提供中扮演着极为重要的角色。巴西作为拉丁美洲最大国家,因其具有一定的人口和经济规模及富裕自然资源优势,在全球气候变化这一非排他性的公共议题中起到了关键作用。气候变化是巴西国内政策和对外战略的中心内容,该国的能源结构及亚马逊雨林决定了巴西在全球气候谈判中具有不可替代的地位。巴西的气候外交反映了该国力求在发展经济与环境保护之间寻求平衡,在气候全球治理中发挥大国作用的战略考量。

【关键词】　全球气候治理;巴西气候外交;新兴经济体

一、新兴国家参与全球气候治理概况

随着全球气候危机的加剧,气候问题逐渐进入国际外交议事日程,成为国家和国际社会之间博弈的新焦点。自 1972 年联合国召开人类环境会议(United Nations Conference on the Human Environment)后,国际社会开始重视全球气候变迁问题。1988 年,联合国环境规划署和世界气象组织发起成立"政府间气候变化专门委员会"(IPCC),气候变化议题逐步上升至国家战略与外交政策的高度。

1992 年,联合国大会通过《联合国气候变化框架公约》(UNFCCC),自此气候问题正式进入国际政治领域。

由于气候所具有全球公共产品属性,任何一个单一国家无法置身事外,因而在这一具有"复合相互依赖"色彩的议题领域中,新兴国家起到愈发重要的关键的作用。尤其是在特朗普宣布美国退出《巴黎协定》后,全球气候政治议程出现领导力真空现象,以中国、巴西、南非等新兴国家在这一全球性议题上掌握更多主动权,积极跻身全球气候政治领导者行列。

这些新兴经济体在气候谈判重要议题上有鲜明且具有共性的发展中国家立场。具体而言,一是共同捍卫《公约》的核心地位,强调《公约》是气候谈判的唯一合法平台,[1]未来的气候谈判应继续坚持"双轨制",倡导多边主义谈判;[2]二是捍卫发展中国家的发展权,主张发展中国家的首要政治任务仍是经济增长,反对剥夺发展中国家经济发展必需的碳排放空间;[3]三是捍卫"共同但区别责任"原则,主张迄今为止发达国家对气候变化负主要责任,强调发达国家与发展中国家承担责任的差异性,[4]对发达国家而言,其应承担涵盖所有经济部门、量化的、有法律约束力和"可测量、可报告、可核实"(MRV)的减排义务;[5]并应依据 1850 年以来的温室气体累计排放量衡量历史责任。[6]对发展中国家而言,国家自主贡献(NDC)是其自愿行为而非义务,且以发达国家的减排行为和技术资金支持为前提;主张包括发达国家应提供新的、额外的、充足的、可预期的资金并改善当前知识产权保护体系以利于技术向发展中国家转移。[7]

---

① Vicente Paolo Yu, "BASIC Ministers Stress UN's Primary Role in Climate Talks", *South Bulletin*, No.47, May 26, 2010, p.9.转引自高小升,2011,第 99 页;"Joint Statement Issued at the Conclusion of the Third Meeting of BASIC Ministers", *South Bulletin*, No.47, 2010, p.10.

② 赵斌:《全球气候治理的"第三条路"? ——以新兴大国群体为考察对象》,《教学与研究》2016 年第 4 期,第 77 页。

③ 吴静等:《世界主要国家气候变化谈判立场演变历程及未来减排目标分析》,转引自王海林:《气候变化研究进展》2016 年,第 127 页。

④ 吴静等:《世界主要国家气候变化谈判立场演变历程及未来减排目标分析》,《气候变化研究进展》2016 年,第 208 页。

⑤ Jan von der Goltz, "High Stakes in a Complex Game: A Snapshot of the Climate Change Negotiation Positions of Major Developing Country Emitters", Working Paper, No.177, Center to Global Development, August 2009, p.8.

⑥ UNFCCC, "Proposal from 37 Countries, Including Brazil, China, India and South Africa for an Amendment to the Kyoto Protocol on 15 June 2009", UN Document, FCCC/KP/CMP/2009/7, p.5.转引自高小升,2011,第 100 页。

⑦ 高小升:《试论基础四国在后哥本哈根气候谈判中的立场和作用》,《当代亚太》2011 年第 2 期。

虽然从军事与经济角度出发，新兴国家的硬实力与传统的发达国家仍存在一定差距，但由于发展中国家经济的快速发展及碳排放持续增长，在减排等议题上拥有了相应强大的结构性权力。气候变化的全球性特征决定了任何气候治理协议如果缺乏新兴国家的参与，都难以达到预期目标。新兴大国与传统大国两者之间的合作必不可少，也正是由于两者的环环相扣，才使得发达国家与新兴大国的协商成为国际气候谈判的核心。因此，深度剖析新兴大国的主体选择、气候政策立场演化具有重要意义与必要性。

二、全球气候治理中的巴西

（一）巴西在全球气候治理中的身份定位

自 1990 年代后期以来，巴西在国际事务中逐渐成为一个日益强大的国家。虽然巴西并非传统军事及经济意义上的大国，但长期以来，其领土面积、人口数量和自然资源优势都为巴西在这场国际气候问题的大博弈中发挥软实力起到关键作用。巴西基于自身的定位、政治经济需要，与不同集团或组织通过合作、结盟等方式，以达到不同目标。

其一，巴西具有成为新兴大国的潜力与意愿。正如巴西前环境部部长鲁本斯（Rubens Ricupero）所说，"巴西有成为环境大国的必备条件，也是实现大国目标的唯一领域"[①]。实际上，在新兴经济体中，巴西并不是碳排放最严重的发展中国家，根据 2021 年的数据显示，巴西的二氧化碳排放量仅占全球的 1.29％。[②]更重要的是，无论是由巴西左派、右派或中间派执政，各届政府都怀有实现提升全球影响力的远大抱负。巴西近年来愈发积极参与全球气候变化议题，提出雄心勃勃的国家自主贡献目标，逐步将自身定位为发达世界和发展中国家之间的桥梁。巴西的积极作为充分展现了其在环境事务方面的大国担当，有望进一步带动全球新兴力量形成气候联盟，为推进公平而有效的全球气候治理贡献巴西方案。

其二，巴西具有丰富自然资源的先天优势。巴西是世界上物种多样性最丰富

---

① Ricupero，R. (2007). A mãe da todas ameaças: a mudança climática e o futuro da vida. In Revista USP，São Paulo，n.74，pp.146—159.

② Global Solar and Wind Growth Continues Despite Supply Chain Challenges in 2022，available at https://edgar.jrc.ec.europa.eu/report_2022.

的国家,其61％的国家领土被原始生物群落覆盖。亚马孙森林覆盖九个国家的领土,但其超过60％的面积位于巴西境内,因此巴西对于解决全球气候变暖问题具有不可替代的作用,日益受到国际社会的重视。对于巴西来说,亚马孙地区的治理与管控不仅成为国内政治辩论及土地使用与经济发展相互冲突的矛盾焦点,同样也是巴西历届政府树立国际形象的关键因素。亚马孙森林不仅为巴西带来了一系列的经济价值,其中,直接经济效益包括农业生产(如坚果、热带水果)、原材料供应(如橡胶、木材、药材),间接经济效益包括通过吸收温室气体排放和调节气候,支持大豆、农业等主要农产品的生产及水力发电等经济活动。[1]巴西作为雨林国家在雨林保护领域具有强大的结构性权力,在气候谈判中成功地引入了减少发展中国家毁林及森林退化排放(REDD)机制,并获得来自挪威、德国、美国和其他发达国家承诺数目可观的援助资金用于保护亚马孙森林。

其三,巴西具有气候友好型的能源生产体系。相较于其他严重依赖燃煤电厂来维持能源消耗的新兴经济体,巴西的能源矩阵主要基于水电和生物质能等可再生能源。以2020年为例,巴西水电供应了65.2％的电力需求,风能与太阳能亦发展迅猛,分别占该国发电量的8.8％与1.66％,生物质能占9.1％。[2]在巴西政府最新的十年计划中,该国预测到2030年的可再生能源将在装机容量中占绝大比例,诸如太阳能与风能的非水电新能源也将快速发展。[3]巴西在生物质能代替石油方面一直走在世界前列。得益于天然的自然资源,巴西大豆、甘蔗、玉米等作物生长原料产量极其丰富,为生物质能提供了丰富的自然能资源。同时,巴西是世界上最早开发生物能源的国家,在乙醇和生物柴油研究上具有一定技术储备,形成了较为完整的产业链和生态链。与其他主要依靠化石燃料的发展中国家不同,巴西可充分利用多样化能源这一优势,使其在全球气候变化谈判中获得主动的谈判地位。

(二)巴西在全球气候治理中的利益诉求

其一,通过气候与环境议题提高在国际事务中话语权,扩大国际影响力。巴西历届政府都具有将该国打造为世界强国的远大目标,故而在一系列全球公共产品

---

[1] Jon Strand et al., "Spatially explicit valuation of the Brazilian Amazon Forest's Ecosystem Services", *Nature Sustainability*, No.1,(2018)pp.657—664; "What are the natural resources of the Amazon rainforest?", available at https://reimaginingeducation.org/what-are-the-natural-resources-of-the-amazon-rainforest/.

[2] Empresa de Pesquisa Energética, Balanço Energético Nacional 2021: Ano base 2020, Rio de Janeiro: EPE, 2021.

[3] Plano Decenal de Expansão de Energia 2030, https://www.epe.gov.br/pt/publicacoes-dados-abertos/publicacoes/plano-decenal-de-expansao-de-energia-2030.

的国际制度设计方面都愿发挥重要的影响力作用。正如其他领域一样,在气候问题上,巴西依旧依靠其软实力手段推进全球公域管理制度,并且在联合国大会这一最具广泛和代表性的多边机构的主持下进行。①尤其在全球高峰会议之后的全球气候变化谈判中,巴西逐步把自身定位为发达世界和发展中国家之间的桥梁,并希望以此在该过程中最大限度地发挥作用。

其二,通过对亚马孙森林掌握的国家主权,以争取更多国际多方援助。亚马孙雨林被称为"地球的绿色之肺",对全球气候平衡具有重要作用。为达成亚马孙雨林保护的重要目标,巴西通过在全球气候治理中利用这一优势,拓展与其他国家的国际合作关系网络并争取向发达国家寻求更多资金和技术,以支持雨林保护以及可再生能源发展。例如,在 2022 年第 26 届联合国气候变化大会上,巴西、印度尼西亚和刚果(金)签署了一项联合声明,建立热带雨林保护合作伙伴关系,该联盟的成立向整个国际社会发出一个信号,即热带雨林的保护与可持续利用应由雨林面积最大的国家主导进行;②同时,巴西也长期呼吁发达国家在气候及对于亚马孙雨林保护方面应加大资金投入。总体而言,巴西为避免承担过度的减排责任而影响本国的经济发展,利用亚马孙地区获得更多国际伙伴关系网络及资金援助。

其三,从外至内推动国内对于环境的重视,协同推进国家经济发展与生态环境保护。目前,巴西在环境方面的相关政策执行力度与效用仍有欠缺。虽然巴西在减排和鼓励低碳方面推行了一系列的政策与计划,但从落实情况来看成效不佳,体现出政府减排和应对气候变化的决心不足。气候行动追踪组织将巴西的气候目标和政策评为"高度不足",且缺乏具体行动计划。③巴西前总统罗塞夫曾表示,一个国家的外交政策不仅仅是它在国际舞台上的投射,它也是国家发展的重要组成部分,特别是在一个日益相互依存的世界中。国家的外交政策与内外部因素都是不可分割的。④为此,巴西可发挥国家能源优势,并通过国际合作弥补自身发展短板。

---

① Andrew Hurrell, Aspirational Power, Brazil on the Long Road to Global Influence, Brookings Institution Press, Washington D. C., 2013, p.184.

② Government of Brazil, "Brazil, Indonesia and Congo formed an alliance to protect rainforests", 2022. Available at: https://www. gov. br/en/government-of-brazil/latest-news/brazil-indonesia-and-congo-formed-an-alliance-to-protect-rainforests.

③ Climate Reaction Tracker, "Brazil", 2022, https://climateactiontracker.org/countries/brazil/.

④ Dilma Rousseff, "Discurso da Presidenta da República Dilma Rousseff durante a cerimônia de formatura de alunos do Pronatec Belo Horizonte MG", Biblioteca da Presidência da República, May 15, 2012, http://www. biblioteca. presidencia. gov. br/discursos/discursos-da-presidenta/discurso-da-presidenta-da-republica-dilma-rousseff-durante-a-cerimonia-de-formatura-de-alunos-do-pronatec-belo-horizonte-mg.

例如,巴西可以发挥乙醇等生物燃料的战略作用,积极推动生物燃料如乙醇在全球能源结构中的应用,通过双边和多边渠道促进生物燃料的使用。巴西亦拥有丰富的可再生能源资源,应该进一步加强与其他国家在发展水电、生物燃料等绿色能源上的合作,不仅使巴西在全球气候变化谈判中获得主动的谈判地位,还可以从助力世界各国推动低碳经济中获得商业利益,支持巴西开发清洁能源,在发挥国家先天优势基础之上,通过国际合作补足自身能源发展短板,实现经济发展与环境保护的双赢。

三、巴西在全球气候治理中的地位变迁与影响力发展

巴西对于气候问题的认知与政策,受到国家发展状况、国内政治环境、国际影响、全球气候谈判结构及自身规则制定能力变化等多方因素的影响,其立场与转变经历了多个阶段,这种复杂的互动推动了巴西在应对气候变化过程中的角色转型。

（一）第一阶段:冷战时期

巴西军政府时期出于对气候治理可能遏制经济发展且可能导致亚马孙地区主权受到别国和跨国行为体的干涉的担忧,采取了典型的气候民族主义政策,维持高排放并对参与气候治理持消极态度。[1]例如,在1972年斯德哥尔摩会议上,巴西军政府坚持"不能以环境质量牺牲发展",并基于此明确提出三项主张,即捍卫国家利用自然资源的主权、保护环境只有在实现较高人均收入后才能开展、保护全球环境是发达国家的专属责任。[2]这一时期巴西在全球气候治理中的地位整体较低,虽然其提出的倡议和方案在发展中国家群体中具有代表性,但由于自身毁林面积的迅速扩大,巴西不断受到西方发达国家的批评,限制了其与有关行为体以建设性的方式推动建立一个能够让全球南北国家均接受的气候治理方案。

（二）第二阶段:20世纪90年代

由于冷战结束带来的国际环境变化及巴西国内民主化带来的环保团体的兴起,这一时期巴西在全球气候治理上呈显著更加积极主动姿态。20世纪90年代,

---

① 贺双荣:《巴西气候变化政策的演变及其影响因素》,《拉丁美洲研究》2013年第6期。

② Eduardo Viola, "Brazil in the Context of Global Governance Politics and Climate Change, 1989—2003", Ambiente & Sociedade, Vol. VII, No.1, 2004, p.30.

美欧在争取气候治理主导权上发生分歧,巴西得以利用美欧的立场差异为自身的主张创设空间,随之而来的是其在全球气候治理中的影响力有了较大幅度的提升。巴西在1992年主办联合国环境与发展大会,并以东道国身份第一个签署了《联合国气候变化框架公约》。《公约》确立的共区原则在一定程度上受到美欧竞争的推动,欧盟通过采取了与包括巴西在内的发展中国家更加接近的政策,一方面孤立了对承担气候责任持消极态度的美国,另一方面也让巴西和其他发展中国家在谈判中获得了更大的话语权。1997年"柏林授权"特设小组第七次会议(AGBM-7)上,巴西提出发达国家的温室气体排放的历史责任问题,主张应以1850年为起始时间累计温室气体排放量。而后巴西还在《京都议定书》谈判期间创新性地提出由发达国家向发展中国家可持续发展提供资金和技术支持的"清洁发展基金"。由于美国倾向于利用市场机制减轻自身减排责任,巴西的这一提案很快获得美国背书,并以"清洁发展机制"(CDM)之名写入《京都议定书》。

(三)第三阶段:21世纪初

这一时期由于卢拉致力于通过全方位外交提高巴西的国际地位,对以气候治理为代表的"软实力外交"持积极态度,[1]巴西参与气候治理的积极性进一步提高。通过在国内主动限制毁林、在保护亚马孙雨林和减少碳排放方面作出自愿承诺,巴西在一定程度上缓解了西方发达国家对其的批评,提升了其国际形象。此外,受到大宗商品价格的上涨驱动,巴西在这一时期经济实力快速上升,带来温室气体排放总量的增加及国内市场的扩展,前者使其成为气候问题和解决方案不可或缺的一部分,[2]后者则提高了其在技术标准制定方面的话语权。上述内外因素共同确立了卢拉政府时期巴西在全球气候治理中的大国地位。2006年内罗毕会议上,巴西首次在"减少森林砍伐带来的排放"(REDD)议题上出现立场松动,同意建立支持热带雨林国家减少毁林的森林基金。2007年巴厘岛会议上,巴西与南非、中国一同提出在符合MRV原则的技术和资金支持下采取"国家适当减排行动"(NAMAs)。2008年,巴西公布"国家气候变化计划",首次在减少毁林方面作出公开承诺,即至2020年将雨林毁林面积减少80%。2009年哥本哈根会议前,巴西成

① Mathilde Chatin(2016) Brazil: analysis of a rising soft power, *Journal of Political Power*, 9:3, 369—393, DOI: 10.1080/2158379X.2016.1232286.

② "When emergent countries reform global governance of climate change: Brazil under Lula", *Rev. Bras. Polit. Int.* 53(special edition): 73—90 [2010].

为第一个作出自愿温室气体减排的发展中国家,且在谈判期间对以法国为代表的发达国家和以基础四国为代表的发展中国家采取"两面出击"的外交策略,一方面作为基础四国成员捍卫发展中国家立场,另一方面又与法国双边对话呼吁中美为减排作出更大贡献,特别是尝试弥合欧盟与中国之间的意见分歧。①2009 年,巴西颁布《国家气候变化法》并承诺 2020 年温室气体排放量减少 36.1%—38.9%,成为首个在气候变化领域立法的非经合组织国家。

（四）第四阶段:21 世纪第二个十年

这一时期巴西在全球气候政治中的地位先边际下滑,后在博索纳罗时期大幅下降。2011 年罗塞夫总统上台后,由于巴西不理想的经济状况使得经济增长与环境政策之间张力突出。一方面,罗塞夫致力于拉动巴西经济,另一方面,2011 年选举中绿党的高得票与民众对气候议题的广泛关注又使其需要兼顾气候政策。②因此在其执政期间,巴西在气候治理中的地位总体仍保持在高位,但也出现了一定的下降。一方面,其在气候谈判中基本延续了卢拉政府的政策,包括在 2013 年向德班会议再次提出考虑发达国家温室气体排放历史责任的"巴西方案",并要求发达国家采取切实行动落实资金、兑现承诺;以及在 2015 年巴黎气候大会期间提交自主贡献方案(INDC),提出至 2025 年排放水平比 2005 年下降 37%,至 2030 年排放水平下降 43%。③在当年与美国总统奥巴马的会晤中,后者称巴西为气候变化治理领域内的"领导者",可见巴西基本维持了其气候大国的地位和影响力。但另一方面,受到国内形势的掣肘,罗塞夫政府的国内气候政策出现倒退。2012 年巴西主办的里约峰会结束当天,罗塞夫总统即宣布取消燃油消费税,并自 2011 年开始在气候变化讨论中强调社会议题而弱化环境议题。当时有评论者认为罗塞夫政府是巴西冷战结束以来"20 年中对环境问题最不敏感的一届政府"。④2016 年罗塞夫遭弹劾后,继任者特梅尔在气候议题上整体保持低调。

至 2018 年极右翼总统候选人博索纳罗上台后,巴西放弃了过去承担气候责任

---

① 何露杨:《巴西气候变化政策及其谈判立场的解读与评价》,《拉丁美洲研究》2016 年第 2 期。

② Eduardo Viola and Matias Franchini, "Brazilian climate politics 2005—2012: ambivalence and paradox," WIREs Climate Change 5, no.6(2014):761—777. https://doi.org/10.1002/wcc.297.

③ 吴静等:《世界主要国家气候谈判立场演变历程及未来减排目标分析》,《气候变化研究进展》2016 年第 3 期。

④ 《巴西气候变化政策及其谈判立场的解读与评价》,《拉丁美洲研究》2016 年第 2 期。

的形象，转而更多地持民族主义立场。此后巴西的消极气候政策在国际社会广受诟病，其在气候环境治理中的地位和影响力从此前两届政府的"边际下滑"变为"断崖式下跌"。博索纳罗曾表示气候合作是对主权的威胁，在竞选期间就扬言当选后即退出《巴黎协定》；胜选后，巴西外交部即宣布放弃原定于 2019 年主办的 COP25 会议，并在参加当年于马德里举办的缔约方大会时拒绝与欧盟就《巴黎协定》第六条作出妥协而使谈判陷入僵局。国内方面其亦为提振经济而削减应对气候变化的资金，推动环境机构的解散，放宽森林开发和保护区活动的规定，导致 2019 年亚马孙雨林砍伐率激增 34％。①其外交部长阿劳约亦批评气候变化是所谓"左翼势力创造的议题""旨在增加国际组织对国家的权力""有利于中国的经济战略"等。不过，博索纳罗执政后期由于逐渐陷入内外交困境，因对内疫情防控和施政不力导致巴西国内爆发大规模示威游行，国际方面，特朗普政府的下台使其在外交方面失去了一大支持，迫使博索纳罗政府在气候变化等一系列此前采取争议性政策的领域出现调整。在 2021 年 4 月美国推动召开的全球气候变化特别峰会上，博索纳罗罕见地在气候变化问题上做出让步，不仅承诺加大对亚马孙雨林的监管，甚至表态将碳中和时间提前至 2050 年。②同年 10 月 COP26 举办前夕，巴西政府宣布将启动"国家绿色增长计划"（PNCV）以实现上述气候目标。③

四、未来巴西参与气候治理的发展前瞻

2023 年，随着卢拉再次执政，全球对于巴西积极回归全球气候治理给予高度期望。总体而言，从卢拉竞选期间的政策纲领及上任后对于气候环境的态度和政策实施情况来看，卢拉政府将有助巴西极大程度地改善气候与环境问题，并主要从以下几个方面全面优化国内气候与环境管理机制：一是完善国内气候治理机制。在治理架构上，拟成立国家气候安全局，监督国家气候政策执行和实施，恢复过去博索纳罗执政四年中被破坏的稳定。④此外，考虑到上届卢拉政府任内玛丽娜·席尔瓦在环境领域的突出表现，卢拉再次任命她担任环境部部长，这一做法向外界释

---

① ③ 杨靖：《巴西新气候承诺和"绿色发展计划"是一场政治作秀吗?》，《澎湃思想市场》，2021 年 12 月 7 日。

② 孙岩峰：《博索纳罗政府遭遇最大执政困境》，《世界知识》2021 年第 13 期。

④ Meghie Rodrigues, "Brazil poised to ramp up Amazon protection," Nature 613 (2022): 420—421. https://doi.org/10.1038/d41586-023-00011-6.

放出巴西将重返全球环境治理舞台中心的有力信号。[①]在治理政策上,卢拉自年初上台后已采取一系列旨在应对气候变化的举措。在就任后一周内,卢拉就签署了多项与气候和环境相关的法令,包括撤销博索纳罗于 2022 年签署的一项鼓励在受保护的土著土地上非法采矿的措施、解冻亚马孙基金、成立负责监督巴西气候政策执行的机构巴西环境与可再生自然资源研究所(IBAMA)等。[②]考虑到卢拉在 2022 年 11 月参与 COP27 会议时曾承诺将在 2030 年完全结束亚马孙雨林砍伐,卢拉政府将在未来中短期在国内继续努力消除博索纳罗政府的负面政策遗产,同时出台更多政策支持上述承诺的实现。

二是加大气候国际合作。巴西将继续延续气候多边主义的政策传统,对外加强热带雨林国家之间的国际合作。尤其是对于亚马孙雨林的资金投入,扩大国际合作,其中包括重建此前被博索纳罗政府冻结的用于减少森林砍伐的亚马孙基金等国际机制。卢拉在 COP27 会议上提出汇聚亚马孙地区国家的力量实现地区发展的建议,表示愿与印度尼西亚和刚果民主共和国这两个热带雨林国家合作建立世界粮食安全联盟。未来,巴西更有可能在 2024 年主办 G20 峰会和 2025 年主办 COP30 会议之机,提高国内和外交议程中气候议题的优先性。[③]

然而在实践过程中,卢拉仍面临不少来自国内的约束,这将掣肘其采取更为进取的气候政策。其一,前总统博索纳罗的坚实盟友在国会担任重要职务。具体到环境议题上,亚马孙地区受森林砍伐威胁最为严重的 10 个城市中有 8 个支持巴西前总统,此种政治格局或将对卢拉通过相关环境和气候立法构成掣肘。[④]这种情况下,为尽可能扭转前任对于环境保护所采取的负面行动,卢拉需建立自己的联盟,通过气候立法,加强与包括中右翼政党在内的温和政党的合作,以克服自由党的巨大政治阻力。其二,在机构设置上,博索纳罗政府时期负责监督和执行巴西环境法的巴西环境与可再生自然资源研究所(IBAMA)建设受到重创,其在任期内不仅削

---

① Sasha Chavkin, "'Brazil is back': Lula takes over with plans to end deforestation and become a green superpower," Euronews, January 3, 2023. https://www.euronews.com/green/2023/01/03/lula-tells-cop27-brazil-is-back-as-he-vows-to-end-deforestation-in-the-amazon.

② Meghie Rodrigues, "Brazil poised to ramp up Amazon protection," Nature 613(2022):420—421. https://doi.org/10.1038/d41586-023-00011-6.

③ Sasha Chavkin, "'Brazil is back': Lula takes over with plans to end deforestation and become a green superpower," Euronews, January 3, 2023. https://www.euronews.com/green/2023/01/03/lula-tells-cop27-brazil-is-back-as-he-vows-to-end-deforestation-in-the-amazon

④ Kate Aronoff, "How Lula and the Brazilian Left Can Save the Amazon", The New Republic, January 3, 2023, https://newrepublic.com/authors/kate-aronoff.

减了对于环境机构的预算，机构内的专业研究人员亦被缺乏环境和科学背景的军事人员所替代。虽然卢拉政府上台伊始即恢复了这一机构，但其能力的恢复尚需时间。[①]其三，当前巴西的经济状况掣肘该国气候治理。卢拉此次上任面临的经济环境比二十年前复杂许多，面对高通胀和经济停滞的压力，如何平衡环境和气候政策的短期"阵痛"与长期效益对卢拉及其执政伙伴或将是一大考验。[②]新一任政府是否能真正使巴西回到气候治理的正轨上，依旧任重道远。

结　　语

巴西积极参与全球气候治理既符合其身份定位，也符合其利益诉求。作为一个快速发展的新兴国家，巴西区别于中国、印度等其他新兴经济体，其传统工业的能源消耗所产生的温室气体排放量相对较低，诸如生物质能、水力发电等可再生能源构成了其主要的能源方式。巴西通过使用清洁和可再生能源推动国家的经济增长，充分发挥亚马孙雨林主权优势得以获得更多的国际资助并加强国际合作。同时，巴西还在全球气候议题上代表广大发展中国家利益发出积极声音，为更多新兴国家争取在全球治理体系中获得更大话语权和影响力。

在过去几十年中，巴西自身的政治环境的变更也使该国的气候政策发生了重大变化，从冷战时期只专注于国内发展而忽视气候问题转变为至 21 世纪逐渐注重环境问题，并开始善用这一议题为其提升国际上的话语权。虽然在博索纳罗执政期间，巴西的气候治理能力有所下滑，但卢拉重返政坛为巴西在全球气候治理中提供了强劲动力。然而，如若巴西从整体上缺乏周密的计划和政策连贯性，单纯依靠个别政客的支持和国际压力仍旧无法实现宏伟的气候目标，进而将使得致力于推动全球气候治理进程的作用大打折扣。因此，巴西亟须建立跨政党、跨政府部门的共识与合作，制定切实可行的国家气候战略，并持续推进各项政策，方能在气候谈判和国际合作中发挥关键作用，在发展经济与保护环境之间找到平衡，实现本国与全球的可持续发展。

（李昱昀，复旦大学金砖国家研究中心科研助理；余嘉荣，复旦大学国际关系与公共事务学院本科生）

---

①② Marcelo Neto，"The new Lula government faces significant challenges on the road to zero deforestation，" Australian Outlook，November 2, 2022. https://www.internationalaffairs.org.au/australianoutlook/the-new-lula-government-faces-significant-challenges-on-the-road-to-zero-deforestation/.

附录一 2021年巴西、俄罗斯、印度、南非国内经济形势报告

2021年巴西经济形势

一、2021年巴西宏观经济形势

总体来看,根据巴西国家地理统计局报告显示,2021年巴西人均国内生产总值达到40 688.1雷亚尔(约合5 0781.4元人民币),比上年增长约3.9％。投资、建筑和进出口贸易成为拉动国内生产总值贡献最大的行业,这几个行业的增长幅度都在5％以上,只有农业出现0.2％的负增长。然而,尽管2021年巴西国内生产总值有所增长,但经济的复苏状况仍然不平衡且不完整,只有部分领域恢复到了新冠疫情暴发前的水平,并且在全球已公布经济数据的34个国家中,仅排名第21位。

从2021年第二季度开始,巴西实施了广泛的疫苗接种计划,成功地为全国67.5％的人口(约1.433亿人)提供了两剂疫苗。同时,各州市政府的防疫政策也逐步放开,为经济复苏奠定了基础。到2021年下半年,巴西经济开始明显回暖,其中服务业成为巴西经济增长的主要拉动力。然而,2021年巴西通胀率仍处于高位,约为8.3％,达到六年来的最高水平,远超巴西央行年初制定的目标,迫使央行采取更加紧缩的利率政策。政府赤字占GDP比例从2020年的14％下降到了4.2％,同时政府债务从88.6％下降到了80.3％,但公共债务水平仍达78.3％。从社会经济发展状况看,按照每天6.85美元的收入水平衡量,巴西贫困率达28.4％,失业率超过12％。此外,政治和社会的不稳定性及极端天气状况也对经济发展造成了一定的影响。

巴西时任总统博索纳罗将经济增长作为争取下一任期连任的重要准备。为应

对这些挑战,巴西政府采取了一系列措施,例如,加强财政纪律、推进结构性改革、促进投资和创新等。巴西还加强了与其他国家的合作,积极参与区域和全球性组织和倡议。未来几年,巴西经济有望继续保持增长态势。根据国际货币基金组织(IMF)的预测,在2022年至2026年期间,巴西经济增长率将保持在2.5%左右。然而,在实现可持续发展和包容性增长方面仍需要更多的努力和改革。

二、巴西经济主要问题

新冠疫情加剧了巴西长期以来的种种经济和社会问题。巴西经济在经历2015—2016年的衰退后,在2017—2019年期间有了一定的经济恢复,但2020年以来的新冠疫情为巴西经济带来更多挑战。

首先,博索纳罗在疫情期间的经济政策广受批评。他的防疫政策不仅导致了超过59.7万的巴西的新冠死亡人数,更加剧了社会经济问题,而这对于贫困人群而言尤为严重,引发了民众对于博索纳罗政府的强烈不满。2021年,作为面向受疫情影响最大的群体补偿措施的紧急援助金,在支付的持续时间、覆盖范围和福利金额等方面都有所削减。紧急援助金在2021年初被暂停,虽然在第二季度得到恢复,但金额减少到了2020年每月支付金额的三分之一左右,覆盖范围也缩小到先前目标群体的80%,援助金额开销从2020年的2 930亿雷亚尔减少到2021年1月至11月的605亿雷亚尔。生产部门方面,支持就业和企业信贷的款项也经历了从91.6亿雷亚尔减少到12.7亿雷亚尔的明显减少。地方政府在2020年收到的783亿雷亚尔的转移支付在2021年被取消,卫生部和其他部门与新冠疫情相关的额外支出也从2020年的450亿雷亚尔(其中包括22亿雷亚尔的疫苗支出)减少到了2021年的360亿雷亚尔(其中包括162亿雷亚尔的疫苗支出)。2020年,联邦政府与新冠疫情相关的总支出相当于GDP的7.0%,而2021年仅为GDP的1.4%。

其次,巴西面临严峻的通货膨胀问题,成为该国经济发展的重要障碍。2021年巴西通货膨胀率达10.06%,几乎是巴西央行制定的3.75%目标的三倍,成为2015年以来的最高点。消费者物价指数上升了0.73%。此外,巴西货币的贬值提升了与国际油价挂钩的燃料价格,严重的干旱则影响了水电站的运转,使得电力价格更加昂贵,这直接导致农业生产成本上升,加剧食品价格的上涨。为应对通货膨胀,巴西央行实施了激进的通货紧缩政策,从三月以来将利率上调725个基点,但这对于物价上涨的有效抑制作用尚未体现,更可能将经济推向衰退。2021年10月,由于严重的通货膨胀及由此导致的电力等关键物资的价格飞涨,巴西爆发了全国范围内对博索纳罗的大规模抗议游行,波及巴西利亚、里约热内卢和圣保罗等主要城市。

其三,2021年气候变化的影响为巴西农业发展带来威胁。巴西是世界市场中重要的农产品生产者和出口者,农业在巴西经济中长期占据重要地位。2021年巴西经历了异常的长期干旱,这对于夏季作物的收获及农产品的水路运输带来严重影响。此外,开垦农业用地带来的森林破坏也为巴西带来了关于应对气候变化全球责任的广泛争议。在2021年的COP26上,巴西重新确认了2015年做出的关于削减温室气体排放到2005年标准的50%的承诺,并实施了几个缓解气候变化的倡议。

截至2021年底,巴西经济从新冠疫情中恢复的情况优于预测水平,体现了巴西经济的韧性。但面对长期积累的诸多经济问题,包括通货膨胀、收入分配不平等,以及本国产业过于依赖自然资源等长期存在的问题,仍威胁着其稳定和可持续的发展。

2021年俄罗斯国内经济形势报告

随着抵御新冠疫情的能力增强和商业活动的复苏,俄罗斯经济在2021年经历了强劲的反弹,年度国内生产总值(GDP)增长为4.7%,数值达1.779万亿美元,人均国内生产总值为10 216.3美元,较上年增长了5.2%。在油气价格上涨的背景下,俄罗斯财政金融形势总体趋好,预算系统提前回归平衡状态,经常账户也获得了创纪录的盈余;但是总需求的积极扩张、劳动力短缺、世界市场上的促通胀因素及经济主体的高通胀预期等导致通胀水平居高不下。根据俄罗斯统计署的数据显示,2021年俄罗斯通货膨胀率为8.39%,较预期4%的目标高出1倍,使得俄罗斯央行货币政策被迫转为紧缩,俄央行上调关键利率,从创纪录的低点4.25%调升至8.5%,但仍未能有效控制局势,高通胀成为俄罗斯中期内经济发展的首要威胁。

一、2021年俄罗斯宏观经济形势

俄罗斯2021年国内生产总值四个季度同比变化率分别为−0.3%、10.5%、4.0%、5.0%。在2020年底至2021年初,俄罗斯放松了对新冠疫情的封锁政策,此后消费者需求与投资都迎来了增长,特别是在第二季度出现实际性正面改善。然而,由于俄罗斯疫苗接种率仍处于较低水平,受秋冬季节新一波疫情的影响,后半年经济增长势头又有所衰退。据俄联邦统计局数据显示,2021年俄公民实际可支配收入增加3.1%,创2013年(4%)以来新高,但居民实际收入的增长一定程度上被高通胀削弱。2021年,俄罗斯最贫困的人的收入增长率为14.8%,该群体收入增加的原因主要是受企业收入增加及工资增长的影响。

2021年俄罗斯的预算赤字达3.1万亿卢布,约占GDP的2.3%。财政收入为25.3万亿卢布,比上年提升35%,主要原因是油气开采和制造业收入出现较大幅度上升;支出24.8万亿卢布,比计划指标多3.3万亿卢布,由于政府在疫情背景下采取宽松的财政政策,拨划大笔资金用于纾困。

俄经济发展部指出,2021年,俄罗斯制造业产值已超过疫情前水平,工业生产增长了5.3%。唯一出现下降的主要行业是农业,主要原因是谷物、土豆和蔬菜等农作物收成减少,以及畜牧业生产增长放缓。

据俄罗斯海关署统计,2021年,俄罗斯对外贸易额较上年增长37.9%,达到7 894亿美元。其中:2021年全年出口贸易额为4 900亿美元,较上年增长47.47%;进口贸易额为3 032亿美元,相比2020年增长了628.1亿美元,较上年增长26.12%;全年贸易顺差为1 868亿美元,较上年增长949亿美元。传统的能源类产品在出口商品中的份额为54.3%,在进口商品结构中,机械设备占比最大,达到49.2%。在俄罗斯对外贸易结构中,欧盟占俄罗斯总贸易额的35.9%,亚太经合国家占33.3%,独联体国家占12.2%,欧亚经济联盟国家占8.8%。2021年,俄罗斯在非独联体国家中的最大贸易伙伴是中国,贸易额为1 407亿美元,同比增长35%。其次是德国,为570亿美元。

总体而言,2021年非石油和天然气出口价值达到了历史新高,其中包括金属和化学品出口的显著增长。然而,这种扩张主要是由许多商品全球价格的上涨所推动的。商品出口数量变化多样。一些商品的出口增加了。具体来说,由于疫情的影响,2021年10月至11月,俄罗斯疫苗的出口数量增长了五倍,2021年1月至11月比2020年同期增长了四倍以上。然而,在2021年12月1日临时定量限制出口之前,一些化肥的出口数量在10月至11月有所增加。相反地,铜、铝和黑色金属的出口数量下降,受到2021年8月至12月实施的临时金属关税的影响。小麦出口的增长也受到出口关税的限制。

二、俄罗斯经济主要问题

2021年,在新冠疫情依旧肆虐、西方制裁持续增强、周边地缘战略压力不断增强的背景之下,俄罗斯经济仍然实现了正增长。在促进经济增长的诸因素中,国际能源价格持续上涨仍是最主要的动力。除此之外,经济的恢复也包括其他一些特征,包括通货膨胀超过预期,财政运行状况良好,净出口增加,外汇储备达到历史最高水平。2021 年俄罗斯的宏观经济政策主线开始从防疫反危机转向中长期结构调整和促进经济增长。俄罗斯在防疫反危机过程中实施的结构性政策,使得政府越来越深入地介入市场经济活动,俄罗斯经济体制有回归经济计划和政府干预的倾向。

1. 外部风险依旧持续

自 2014 年克里米亚危机以来,以美国为首的西方国家对俄罗斯发起多轮经济金融制裁,试图将俄孤立在世界经济和国际金融体系之外。2021 年,因俄反对派人士纳瓦利内遭逮捕事件,美国拜登政府宣布对 7 名涉事的俄罗斯高级官员及 15 家企业实施制裁。4 月 15 日,美国对俄罗斯国债实施制裁,并将 30 多名个人和实体列入黑名单,同时,驱逐 10 名俄罗斯外交官。5 月 21 日,美国又对三家与"北溪 2 号"天然气管道建设有关的俄罗斯实体实施制裁。持续紧张的乌克兰局势和对俄罗斯人权状况的担忧同样给 2021 年俄欧关系蒙上阴影。10 月 11 日,欧盟扩大了对俄罗斯的制裁,将 8 名法官和安全部门人员列入黑名单。随着德国前总理默克尔离职,俄欧关系在 2021 年末再次陷入冰点。10 月下旬,北约驱逐俄罗斯常驻北约代表团的 8 名成员,俄方强势回应,暂停与北约有关代表处和军事联络处的运作。种种迹象表明,美欧将俄罗斯视为战略对手的定位不会发生实质性变化。俄经济所面临的系列风险,包括 ESG(环境、社会和公司治理)、地缘政治和贸易保护主义等,这些因素都会阻碍俄罗斯经济的平稳增长。

2. 通货膨胀破坏俄罗斯经济运行的健康状态

随着俄罗斯应对高需求、上涨的大宗商品价格和供应瓶颈,通货膨胀正在上升。由于供需压力的"完美风暴",俄罗斯的通货膨胀率上升,与其他许多国家一样,消费者价格指数(CPI)通货膨胀率上升至 8.4%,达到五年来的最高水平。通货膨胀的加剧反映了需求的快速恢复及供应限制和大宗商品价格的上涨,特别是食品类商品。核心通货膨胀率和通货膨胀预期也在上升。

2021 年俄罗斯消费价格自 3 月之后持续上涨。据中央银行的报告,2021 年底俄罗斯通货膨胀率超过 8.4%,而年初的货币政策通胀目标预期值为 4%。尤其是食品价格平均上涨了 10%,这对居民生活造成了较大的影响。以下两个方面因素的叠加推动了这一过程:一方面,全球大宗商品价格和普通商品价格持续上涨,其中,粮食价格自 2017 年以来一直处于持续上涨中,并在 2021 年加速飙升(同比增长 31%);另一方面,卢布汇率在 2021 年整体表现弱势,卢布贬值与世界商品价格上涨,使俄罗斯的通货膨胀具有显著的外部输入性。据测算,2021 年俄罗斯商品价格增长加速的 50%—70% 是由外部因素造成的。同时,俄罗斯第二季度和第三季度经济快速恢复,消费激增,而外部却面临国际供应链中断,这造成了局部的市场短缺,同样推动了价格上涨。俄罗斯 2021 年更高的经济增长伴随着更高的通货膨胀,给未来的增长前景留下了隐患,政策空间缩小。到 12 月,俄央行年内第 7 次提高关键利率至 8.5%,以此来应对通货膨胀。2022 年俄联邦国家统计局第一次国民经济核算公布的 2021 年 GDP 平减指数为 116.4%。因此,疫情背景下的供应链问题和一次性释放的消费需求及输入性通胀压力造成的通货膨胀对俄罗斯经济的影响具有持续性。

3. 能源转型缓慢

继 2020 年 9% 的下跌后,2021 年俄罗斯原油生产反弹了 2%,达到 5.23 亿吨。在能源消费结构上,石油消费在 2020 年 4% 的下降后反弹了 5% 至 1.51 亿吨,与 2012—2019 年的水平基本保持一致。天然气消费上升了 15%,至 5 650 亿立方米,在能源消费中占据最大的份额。煤炭消费增长了 2%,至 2.14 亿吨。出口结构上,2021 年俄罗斯出口总额为 4 840 亿美元,出口前五位的产品分别为:石油原油(23.3%,1 130 亿美元),石油制品(16.9%,818 亿美元)、石油气体(7.79%,377 亿美元)、煤炭(3.96%,191 亿美元)和黄金(2.48%,191 亿美元),经济增长依然严重依赖油气等资源开采出口,出口结构有待改善。

能源转型涉及俄罗斯深层的经济结构问题。长期以来,俄罗斯经济很大程度依赖化石燃料开采和出口,而这又与俄罗斯大型国有企业占据统治地位、加工产业低生产率、劳动力市场僵化、投资环境较差、治理低效、产权保护不足、公司对外国市场准入不足等问题相关。

印度 2021 年国内经济情况

一、印度经济总体情况

据印度国家财政局 2022 年 8 月发布的金融年报,印度 2021—2022 财年的实际 GDP 增长(同比)约为 9.2%,自第二波疫情反复以来,印度的 GDP 依旧持续增长。当年印度的经济情况已恢复至与 2019—2020 财年持平，也即疫情前的 101.6％。2021 年印度第一财季与去年同期相比，经济以 20.1％的创纪录速度增长，主要原因是 2020 年 4 月至 6 月新冠疫情大流行几乎导致所有经济活动停止。尽管第二波疫情在 4 月至 5 月达到顶峰，但第一财季仍然呈现出高增长的状态。印度评级公司首席经济学家苏尼尔·库马尔·辛哈（Sunil Kumar Sinha）表示，事实上，从 4 月至 5 月的发电量、燃料消耗和铁路货运等指标相关的数据来看，第二波疫情后的经济反弹速度比第一波后的要快。2021 年第二财季，印度的 GDP 比去年同期增长了 8.4％。第三财季 GDP 增长率预计为 5.4％，而年度 GDP 增长预计为 8.9％，这表明随着新冠疫情对经济势头的全面影响，经济进一步放缓。第四财季期间，印度 GDP 增长放缓至 4.1％，创四个季度新低，一定程度上反映了奥密克戎毒株对制造业和接触密集型服务业有较大的影响。在 2022 年 5 月底公布的报告中，印度国家统计局将 2021—2022 整个财年的 GDP 同比增长预测小幅下调至 8.7％，低于 2 月份估计的 8.9％。第四财季 GDP 增速低于第三财季 5.4％的增速，但高于上年同期 2.5％的增速。

从供给端来看，三大产业中的农业作为基础产业持续稳定地支持着经济的运作，第二财季能够实现 8.4％的 GDP 增长，很大程度归功于农业的发展。制造业和建筑业则体现出大幅反弹趋势，第三财季制造业增长 5.5％（去年同期则为缩减 1.5％），建筑业也增长了 7.5％（去年缩减了 7.2％），电力、燃气、供水和其他公用事业服务增长了 8.9％，总体来说，产出已恢复至疫情以前的水平的 100％以上。这一情况清晰地反映出消费和投资欲望的上升及压抑良久的需求的释放，尤其是基于公共资本支出增加和住房周期转好而良好发展的建筑业。相较上一财年，因疫情对密集接触的限制而颇受影响的服务业的情况也有所改善，第二财季的数据显示，餐馆和酒店等密集接触产业的运营有所恢复，从而推动了服务业的发展，而第三财季贸易、酒店和运输业增长了 8.2％，相较于去年同期的缩减 16.1％产生了大幅的提高，服务业基本恢复至疫情前的水平，体现出服务业对疫情模式的逐渐适应。按基准价格计算，2021—2022 财年印度的总附加值预计增长 8.6％，其中农业、工业及服务业务三大产业的增长值分别为 3.9％、11.8％和 8.2％。

从需求端来看，经济复苏具有较为广泛的基础。投资及出口的情况已恢复至疫情前的水平（即 2019—2020 财年），政府对公共部门的支出、弹性出口、投资循环的优化及消费水平的上升都是经济复苏的推动因素，而收入增长和电子商务功能的发展则可以改善就业率。2021—2022 财年印度实际的商品及服务的出口和进口增长预计分别为16.5%和29.4%。另一方面,私人消费也有所改善,私人最终消费支出增长了8.64%,增长至疫情前97.8%的水平,并有望在2021—2022年的下半年完全恢复。

从国内收支状况来看,印度2021—2022年的国内投资已恢复到疫情前的水平,政府一系列旨在促进经济良性循环的政策,包括资本支出及基础设施建设等,有效地增加了资本积累并且使2021—2022财年的国内投资在GDP中的占比增长到了29.6%,为七年以来的最高水平。

从物价结构来看,消费者物价综合指数所体现的零售通胀率在2017—2018财年、2018—2019财年及2019—2020财年分别为3.6%、3.4%及4.8%,这一数据在2020—2021财年由于疫情而急剧攀升至6.2%,主要是因为疫情期间食品及饮品供不应求导致的物价上涨。

二、印度经济面临的问题

虽然疫苗覆盖率提高了,各行业发展也基本恢复,但新冠病毒变种毒株奥密克戎依旧给全球市场带来不确定性,当前印度经济仍然面对以下问题:

1. 工业基础薄弱,供应链不完善

从全年累计出口情况来看,矿产是印度出口的支柱行业,其中出口量最大的两类是柴油和铁砂矿,此外成品钻石是印度出口最多的珠宝类产品。另一方面,从进口的数据来看,2021—2022财年印度进口最多的产品为石油,全年进口超过1 000亿美元,在印度全年总进口中的占比接近20%[①],进口量位居其次的是大量未经加工的天然钻石,以及机械、电子设备。比较印度的进口及出口商品可知,印度的工业生产模式为进口设备和原料,在本国加工后出口成品。

印度的制造业基础相对薄弱,自主开发的生产设备无法覆盖工业生产的需求,机械和电子设备等多数需依靠进口,并且供应链不够完备,出口商品中的支柱商品的主要原料也大量依赖于进口,严重受制于外国出口商和国际市场,直接导致了工业发展的步伐缓慢,并且国家贸易逆差持续扩大。也正因如此,生产所需的原料和设备的进口价格一旦上涨,印度的制造业运作就受到严重影响,同时影响到出口商品的质量和定价,新冠疫情期间资源紧缺造成的国际物价上涨也使印度的工业发展屡受打击。

---

① https://www.163.com/dy/article/HILRL2560553WWRE.html#post_comment_area.

2. 劳动参与率不足,居民收入水平低

截至 2022 年 4 月,印度的劳动参与率仅为 47.3%,而就业率仅为 43.4%。[1]由于劳动参与率过低,印度的失业率甚至无法成为衡量国民就业情况的指标。即使印度的 GDP 在增长,印度的劳动参与率依旧在不可遏制地下滑,由于缺乏工作机会和薪酬过低等因素,越来越多的居民甚至因长期找不到工作而丧失信心,最终退出劳动市场,印度已成为亚洲劳动参与率最低的国家之一。因为劳动参与率过低,居民的收入来源很少,收入水平长期低下,人口长期贫困的基本国情很难得到改善。

相较于全球名列前茅的人口总数,印度并没有为其日益增多的大量适龄劳动人口提供足够的就业机会。连续近十年来,印度劳动参与率的下滑主要由以下三个因素导致:首先,教育资源的不足和技能培训的缺乏是主要原因之一。印度的教育体系在很大程度上未能为其居民提供在高薪的、高端行业就业所需的技能和知识。不论是初入职场的青年,还是希望更换工作的壮年,往往都因为缺乏必要的技能和知识而无法胜任这些空缺岗位。这种状况导致了印度人力资源的极大浪费,许多人因此无法参与到高端行业的就业竞争中。其次,印度经济结构中农业占比过大,非农就业岗位过少。这种经济结构不仅导致了就业岗位的缺乏,也成为印度高端制造业发展速度过于缓慢的根本原因。由于农业部门的就业岗位有限,大量劳动力无法找到合适的就业机会,也无法获得稳定的收入。同时,由于非农就业岗位过少,高端制造业的发展也受到了严重的限制。最后,习俗与历史原因导致各行各业的工作都对女性十分不友好。在印度社会中,女性往往面临较大的就业压力和性别歧视。这使得女性在就业市场中的地位更加脆弱,也进一步限制了就业人数的增长。此外,由于女性在家庭和社会中的角色往往被视为主要照顾家庭和孩子的人,这也进一步降低了女性参与就业的意愿。这种状况不仅限制了印度劳动参与率的提升,也对印度社会的长期发展造成了不利影响。

3. 政府腐败严重,问责制度空缺

2021 年,印度的全球清廉指数排名为 85 名[2],并且该排名多年来一直非常靠后,可以说印度是一个贪污腐败非常严重的国家。腐败已经渗透到国民生活的各方面,上至政治权力、国家发展,下至基层政府员工,甚至连教师、律师这类行业都存在严重的腐败情况,政治权力正在无限扩张。提供公共产品的公共部门的严重

---

① https://zh.tradingeconomics.com/india/labor-force-participation-rate.
② https://www.transparency.org/en/cpi/2021/index/ind.

腐败,将直接造成政府的损失、限制技术产业的发展、地区经济的平衡发展,影响本该接受政府提供的公共产品普通居民,严重时甚至会对国民的生命造成威胁。贪污的高管和与其勾结的商人毫无顾忌地挥霍着交易来的权力,而真正为经济发展注入动力的普通人祈求的社会公平无处可寻。

造成印度腐败盛行地根本原因是问责制度的缺失和司法机构的弱势无为。由于缺乏有效的监督机制,印度行政机构在执行政策时往往偏离正轨,与高管、商人及行政机构内部势力形成错综复杂的勾结网络。这种状况导致底层民众的意见和反馈既没有上达的有效渠道,也难以引起重视。印度政府需要对体制进行彻底性的改革,否则很难撼动机构腐败的根基。

2021年南非国内经济形势报告

一、2021年南非宏观经济形势

受新冠疫情持续影响,南非在经济增长、就业和财政状况方面仍面临重大挑战。然而相比于2020年所遭遇的年度国内生产总值(GDP)自1920年以来最大的7%跌幅,南非经济已经显示出一些复苏的迹象。2021年,南非国内生产总值(GDP)为4 190.2亿美元,人均国内生产总值(GDP)为7 055美元,相较去年均有所上升,国内生产总值(GDP)增长率(年百分比)为4.9%。2021年第一季度(1—3月)经济增长为1.1%,其中,金融、矿业和贸易为经济供给侧的主要驱动力,而家庭支出和库存变化推动了需求侧的增长。然而南非经济与2020年同期相比仍缩小了2.7%。在第二季度(4—6月),经济取得了1.2%的增长,其中,交通运输与通信业、个人服务和贸易是这一阶段最为明显的增长动力,与COVID-19相关的活动被认为促进了个人服务业的发展。尽管已经实现了连续四个季度的经济增长,南非经济与新冠疫情之前相比仍有1.4%的萎缩。到第三季度(7—9月),受新冠疫情封锁限制收紧及7月在夸祖鲁-纳塔尔省和豪登省发生的暴乱影响,已持续四个季度的经济增长态势逆转,该季度实际国内生产总值(GDP)骤降1.5%,与2016年第一季度处于同一水准。农业、贸易和制造业遭遇最严重冲击,其中农业出现了2016年以来最大的生产下滑,玉米、柑橘和甘蔗种植在七月的暴乱中遭遇火灾;贸易产业萎缩达5.5%,受夸祖鲁-纳塔尔省和豪登省暴乱波及,所有贸易部门均受打击,特别是零售业。暴乱也中断了进出夸祖鲁-纳塔尔省的道路货运,交通运输和通信业受损。此外,由于四级警告封锁,休闲旅行受限,部分国内航线航班取消。到第四季度(10—12月),经济状况有所回升,国内生产总值(GDP)取得1.2%的增长,个人服务、贸易、制造业和农业成为增长的主要推动力。然而,第三季度以来尚未安定的国内局势和更加严格的封锁影响仍在,实际国内生产总值(GDP)仍未恢复到2021年第二季度水平,与2020年第一季度相比有1.8%的萎缩。

矿业、农业和制造业在2021年取得了最高的增长率,而金融、个人服务和制造业是整体增长的主要积极推动力。长期陷入困境的建筑业连续五年处于经济下滑态势,在2021年收缩了1.9%。

2021年南非国内产业增长率(基于2020年的对比)

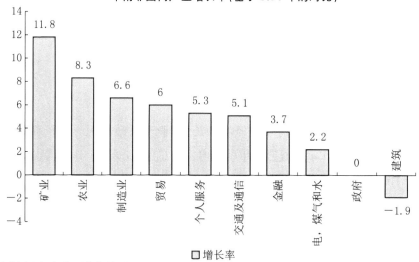

资料来源:南非国家统计局(stats sa)。

南非2021年整体就业增加了154 000个工作岗位,较2020年上升1.6%,其中,贸易、社区服务和制造业增长,而制造业、交通运输、商业服务、矿业和电力行业有所下降。然而,失业率仍高达28.77%,较2020年有4.4%的提升,特别是在2021年第四季度达到了35.3%的历史性高点。此外,由于医疗和社会支持计划开支增加及疫情下的经济压力,南非的预算赤字扩大至国内生产总值(GDP)的14%,这也意味着收支严重失衡问题依旧。

南非储备银行也采取了支持经济的措施,包括将回购利率维持在2020年的历史最低水平3.5%,优惠贷款利率为7%,保持了宽松的货币政策立场。从结果来看,2021年南非年平均通货膨胀率为4.6%,较2020年的3.2%有所上升,但仍未超过3%—6%的目标区间。

二、南非经济主要问题

1. 能源转型改革进程缓慢

2020年10月,南非总统拉马福萨发布经济重建和复苏计划,旨在通过总统府和国家财政部的联合行动实施结构性改革,以推动南非经济复苏,解决经济低增长和高失业率等问题,其中重要内容是电力系统改革以解决南非长期面临的电力供应难题。南非最大的电力公司埃斯科姆(Eskom)长期陷入债务和经营困境,发电能力低下,为南非能源供应造成诸多困扰。针对埃斯科姆(Eskom)存在的问题,南非政府已经为推进其改革和重构提出了方案,其中重要内容即对埃斯科姆(Eskom)进行拆分,以期打破埃斯科姆(Eskom)在南非电力系统中的垄断地位,并解决南非日益增长的对国有企业的依赖,以及由此带来的债务问题,并尝试以此为契机推进新能源发展。然而,监管机构的低效和煤电行业工会的阻挠导致南非能源转型改革进程相较拉马福萨的改革计划仍处于落后状态。

2. 新冠疫情

新冠疫情对南非经济的影响持续。2021年德尔塔变异株带来的第三波疫情为前两个季度刚有所好转的经济再次带来沉重打击,而发达国家和发展中经济体在获取疫苗之间的鸿沟更加剧了非洲的不利地位。南非疫苗采购进度落后于政府计划,尽管在2021年部分地从世界卫生组织(WHO)获得了mRNA疫苗的援助,但开始较晚及接种覆盖率推进缓慢的现实导致疫苗未能有效缓解第三波疫情。第三波疫情最初在南非经济中心之一的豪登省暴发并快速蔓延至全国,为此南非政府实施了极为严格的封锁措施,包括禁止除葬礼之外的一切室内室外的聚集活动、晚上九点至凌晨四点的宵禁、禁止贩卖酒精、禁止出入疫情最严重的豪登省、禁止堂食、学校停课等,对于生产生活造成直接打击,特别是对于低收入群体。

新冠疫情的持续影响带来了严重的就业岗位流失,加剧了南非社会始终存在的不平等问题,低薪岗位遭遇的工作流失是高薪岗位的四倍。就业水平低下长期困扰南非经济社会,而疫情带来的危机暴露了劳动力市场的结构性问题。正如世界银行发布的南非经济更新报告,低增长和高失业率的原因并不在于政府的危机应对,而是疫情暴露了长期存在结构性弱点,包括经济增长、劳动力市场、债务等方面。

3. 政局动荡

前总统祖马因腐败被捕入狱为导火索,2021年南非国内政局不稳,由此引发的局部动乱对于经济发展产生深远影响。在 2021 年 7 月夸祖鲁-纳塔尔省和豪登省的暴乱中,大量建筑物和基础设施遭到蓄意纵火等破坏,仅夸祖鲁-纳塔尔省 Ethekwini 市的财产和设备损失估计就达 150 亿兰特,4 万多家企业遭到破坏;大量企业关停或生产中断,使得国内产品供应和就业岗位都出现了紧张;交通运输方面,局势的动荡直接影响国内外物流运输,如南非重要门户港口德班港受骚乱影响,进出口业务受阻,连接夸祖鲁-纳塔尔省和豪登省的公路也在暴乱中被迫关闭近一周。从长期来看,社会动荡对于经济发展的破坏不仅停留在暴乱造成的直接财产损失,更是对投资信心和商贸往来的打击。根据大公国际资信评估对 2021 年南非投资环境评价报告,其经济环境的评价为"较差";国际三大评级机构对南非未来经济前景展望都为负面,投资环境恶化下,南非对外资的吸引力不容乐观。

(资料整理:李昱昀、赵精一、马婷玉、吴炫蓉,复旦大学金砖国家研究中心)

附录二　金砖国家领导人第十三次会晤
《新德里宣言》①

（印度新德里，2021年9月9日）

前　言

1. 我们,巴西联邦共和国、俄罗斯联邦、印度共和国、中华人民共和国、南非共和国领导人于2021年9月9日举行金砖国家领导人第十三次会晤。本次会晤主题是"金砖15周年:开展金砖合作,促进延续、巩固与共识"。

2. 在金砖国家合作机制成立15周年之际,我们重申致力于加强金砖政治安全、经贸财金、人文交流"三轮驱动"合作。我们忆及在和平、法治、尊重人权和基本自由、民主等方面的共同价值观,承诺推动以联合国为核心,以国际法及包括主权平等和尊重各国领土完整在内的《联合国宪章》宗旨和原则为基础的,更加包容、公平,更具代表性的多极国际体系,在互利合作的基础上构建人类命运共同体。

3. 2021年,金砖国家克服新冠肺炎疫情带来的持续挑战,保持合作势头和延续性,基于共识原则,巩固各项活动。我们对此表示赞赏。我们欢迎签署《金砖国家遥感卫星星座合作协定》,制定《金砖国家海关事务合作与行政互助协定》,并就《金砖国家主管部门关于医疗产品监管合作的谅解备忘录》进行讨论。我们赞赏就《金砖国家反恐行动计划》《金砖国家农业合作行动计划(2021—2024)》《金砖国家创新合作行动计划(2021—2024)》、金砖国家绿色旅游联盟等合作成果达成共识。我们重申致力于通过现有各部长级会议和工作组渠道,落实《金砖国家经济伙伴战略2025》。我们还欢迎启动金砖国家农业研究平台,欢迎就金砖国家数字公共产品平台进行讨论。

---

① 新华社:《金砖国家领导人第十三次会晤新德里宣言》,中华人民共和国中央人民政府网,http://www.gov.cn/xinwen/2021-09/10/content_5636528.htm。

4. 我们欢迎今年在外交、国家安全事务、财金、经贸、工业、劳动就业、农业、能源、卫生和传统医药、环境、教育、海关、青年、文化、旅游等领域举行的 100 多场部长级和其他高级别会议,欢迎各领域取得的重要成果。这些活动旨在进一步加强金砖战略伙伴关系,促进五国和五国人民的共同利益。

巩固和盘点

5. 在金砖机制成立 15 周年之际,我们回顾以往丰硕合作成果并为之自豪,包括建立新开发银行、应急储备安排、能源研究平台、新工业革命伙伴关系和科技创新合作框架等成功合作机制。同时,我们也在思考金砖合作的前进道路。我们赞赏印度继续推进历届金砖主席国工作,在各类平台和机制下巩固金砖各项活动,提高其相关性、效率和效力,同时认可这些活动的重要性。我们赞赏协调人通过了修订版《金砖国家建章立制文件》,就金砖合作工作方法、参与范围和主席国职权等进行规范。我们重申致力于在各层级合作中维护并进一步加强基于共识的工作方法,这是我们合作的标志性特征。我们赞赏印度在今年主席国主题中突出延续、巩固与共识的原则。

全球健康挑战和新冠病毒肺炎

6. 近两年来,新冠肺炎疫情在全球政治、经济和社会等领域造成不可估量的损失。我们向所有新冠肺炎疫情遇难者表示最深切的哀悼,向生活和生计受到疫情影响的人们表示支持。我们呼吁通过动员政治支持和必要的财政资源,为应对新冠肺炎疫情及其他当前和未来卫生挑战做好更充分准备并加强国际合作。

7. 我们强调,以真正的伙伴精神,在包括世界卫生组织等现有国际框架内合作应对新冠肺炎疫情是国际社会的共同责任。我们注意到溯源研究合作是应对新冠肺炎疫情的重要方面。我们支持通过基于科学、包括各领域专业知识、透明、及时、非政治化和不受干扰的研究进程,增强国际社会对新型病原体出现过程的了解和预防未来大流行病的能力。

8. 我们认识到,在相互关联的全球化世界中,只有每个人都安全,所有人才能安全。新冠疫苗的生产为战胜疫情带来了最大希望,大规模免疫接种是一项全球公共产品。令人遗憾的是,在疫苗和诊疗手段获取方面还存在明显不平等现象,对世界上最贫困和最脆弱的人群而言尤其如此。因此,我们认识到安全、有效、可及和可负担的疫苗至关重要。在这方面,我们特别注意到世界贸易组织正在进行的关于新冠肺炎疫苗知识产权豁免和《与贸易有关的知识产权协定》和《关于〈与贸易有关的知识产权协定〉和公共卫生的多哈宣言》规定灵活运用的讨论。我们还强调，全球监管机构对疫苗安全性和有效性进行科学、客观评估至关重要。

9. 我们重申将继续努力，通过提供资金支持、捐赠、本地生产以及促进疫苗、诊疗手段和救生设备出口等方式，支持世界各国抗击疫情，欢迎金砖国家为此所作贡献。五国通过双边、国际组织和"新冠疫苗实施计划"，以赠款和捐赠等方式，共提供了超过 10 亿剂疫苗。

10. 我们满意地注意到金砖国家在包括疫苗合作等领域开展合作，加强疫情防范和应对。我们欢迎在以线上方式尽快启动金砖国家疫苗研发中心方面取得的进展。我们支持根据《国际卫生条例（2005）》和世界卫生组织全球疫情警报和反应网络，建立金砖国家预防大规模传染病早期预警系统取得的进展，通过机制性合作识别未来大流行病和预测疫情。我们强调在新冠疫苗接种及检测证书互认方面加强国际合作的重要性，特别是借此促进国际旅行。

11. 我们祝贺印度举办金砖国家数字健康高级别会议并欢迎会议取得的成果，包括加强在国家层面的数字健康系统应用合作，建立一个统一的多方面整体框架，在所有平台提供用户友好型界面，对数据加以保护，并利用数字技术加强疫情防控合作。

12. 我们重申致力于加强金砖国家应对其他卫生挑战合作，包括针对主要疾病特别是结核病的持续传播制定有效的联合应对措施。我们赞赏金砖国家结核病研究网络在新冠疫情期间开展的工作。我们认识到通过金砖国家传统医药研讨会、传统医药高级别会议和传统医药专家会分享经验和知识的重要性，鼓励在传统医药领域进一步开展交流。

加强和改革多边体系

13. 我们认为，尽管联合国及其相关机构取得了许多成就，但其能否继续保持成功和影响，取决于其适应当今世界现实和应对相互关联的挑战的能力。因此，我们决心加强和改革多边体系，使全球治理反应更加迅速，更加有效、透明、民主、有代表性和负责任。我们重申致力于维护国际法，包括作为其不可或缺基石的《联合国宪章》宗旨和原则，维护联合国在国际体系中的核心作用。新冠疫情使我们更加确信，富有效力和代表性的多边主义对于增强应对当前和未来全球挑战的韧性、增进人民福祉及实现这个星球的可持续未来至关重要。

14. 我们支持五国外长通过的《金砖国家关于加强和改革多边体系的联合声明》，回顾其中的原则，我们一致认为加强和改革多边体系包括以下方面：

应使全球治理更具包容性、代表性和参与性，以促进发展中国家和最不发达国家，特别是非洲国家，更深入和更有意义地参与全球决策进程和架构，并使全球治理更符合当代现实；

应以包容的协商与合作为基础，符合所有人利益，尊重主权独立、平等、彼此正当利益和使多边组织反应更迅速，更加有效、透明、可信的关切；

应使多边组织反应更加迅速，更加有效、透明、民主、客观，坚持聚焦行动和聚焦解决方案，更加可信，并合作构建基于国际法准则、相互尊重、公平正义、合作共赢精神及当代世界现实的国际关系；

应利用数字和技术工具等创新包容的解决方案，促进可持续发展，并帮助所有人可负担和公平地获取全球公共产品；

应加强各国及国际组织的能力，使其能够更好地应对新的、突发的、传统和非传统挑战，包括来自恐怖主义、洗钱、网络领域、信息流行病和虚假新闻的挑战；

应将以人民为中心的国际合作作为核心，促进国际和地区和平与安全，促进经济社会发展，保护大自然平衡。

15. 我们忆及联合国大会第 75/1 号决议，再次呼吁改革联合国主要机构。我们致力于为联合国安理会改革相关讨论注入新活力，继续努力振兴联合国大会，并加强联合国经社理事会。我们回顾 2005 年世界首脑会议成果文件，重申需要对联合国包括其安理会进行全面改革，使之更具代表性、效力和效率，增强发展中国家代表性，以应对全球挑战。中国和俄罗斯重申重视巴西、印度和南非在国际事务中的地位和作用，支持其希望在联合国发挥更大作用的愿望。

16. 我们赞赏南非和印度分别在 2019—2020 年、2021—2022 年担任联合国安理会非常任理事国期间所作贡献，祝贺巴西成功当选 2022—2023 年安理会非常任理事国。2022 年将有 4 个金砖国家成员同在联合国安理会，这将进一步提升我们就国际和平与安全事务开展对话的重要性，并将为五国通过常驻联合国代表团及其他国际场合的定期交流、在共同关心的领域继续合作提供机会。

17. 我们重申，支持一个强劲、基于份额且资源充足的国际货币基金组织作为全球金融安全网的中心。我们对第 15 轮份额总检查未能完成份额和治理改革深感失望，并呼吁于 2023 年 12 月 15 日前如期圆满完成第 16 次份额总检查，以降低国际货币基金组织对临时资源的依赖，解决新兴市场国家和发展中国家代表性不足的问题,使其实质性参与国际货币基金组织治理,保护最贫穷和最弱小成员国的发言权和份额,制定更好反映成员国经济体量的新份额公式。我们欢迎国际货币基金组织批准6 500亿美元等值的特别提款权的普遍增发。我们认识到迫切需要以透明和负责任的方式加强其在未来危机期间满足各国融资需求的能力。

18. 我们重申支持以世界贸易组织为核心、透明、以规则为基础、开放、包容、非歧视的多边贸易体制,并为此重申支持对世贸组织进行必要和亟需的改革,特别是维护其核心地位、核心价值和基本原则。世贸组织大部分成员均为发展中国家,改革要兼顾包括发展中国家和最不发达国家在内的所有成员的利益。关键是,所有世贸组织成员均应避免采取违反世贸组织精神和规则的单边和保护主义措施。我们强调确保恢复和维持两级审理的世贸组织争端解决机制至关重要,包括尽快遴选上诉机构所有成员。

19. 我们认识到,当前的全球性挑战尤其是新冠肺炎疫情,有力地提醒我们必须加强国家间的合作。我们注意到世界卫生组织、各国政府、非营利组织、学术界和工商界为应对疫情采取的措施,期待国际社会改革和加强世界卫生组织的政策应对,以抗击新冠肺炎疫情和未来其他健康挑战。

20. 我们呼吁持续努力加强军控、裁军、防扩散条约和协议体系,保持其完整性,维护全球稳定及国际和平与安全,确保裁军、防扩散及军控领域有关多边机制的有效性、高效性和协商一致性。

和平、安全与反恐合作

21. 我们注意到金砖国家继续在相关机制内就和平与安全等热点问题开展积极对话。我们欢迎金砖国家安全事务高级代表会议成果,赞赏其围绕反恐,信息通信技术安全使用,全球、地区和国家安全威胁,执法机构合作前景,以及金砖国家卫生安全和医疗卫生合作前景等议题进行富有意义的讨论。我们欢迎会议通过《金砖国家反恐行动计划》。

22. 我们对世界上有关地区持续的冲突和暴力表示关切,赞同外长们在上次外长会晤中关于非洲、中东和北非局势、巴以、叙利亚、也门、阿富汗、朝鲜半岛、伊朗核和缅甸等问题的立场。我们重申坚持不干涉内政原则,一切冲突都应根据国际法及《联合国宪章》,通过外交和政治方式和平解决。我们强调,不接受以使用或威胁使用武力,或者其他任何有违《联合国宪章》宗旨和原则的方式,侵犯别国领土完整或政治独立。

23. 我们对阿富汗局势最新发展表示关切。我们呼吁停止暴力,并以和平方式稳定局势。我们强调有必要促进阿人内部包容性对话以确保和平稳定,恢复法治和秩序。我们对喀布尔哈米德·卡尔扎伊国际机场附近发生恐怖袭击并造成大量人员伤亡表示最强烈谴责。我们强调要优先打击恐怖主义,包括防止恐怖组织利用阿富汗领土作为恐怖分子庇护所、对其他国家发动恐袭及在阿境内进行毒品交易的企图。我们强调需要改善阿人道主义状况,维护包括妇女、儿童和少数群体在内的人权。

24. 我们重申维护伊朗核问题全面协议对于国际和地区和平与稳定的重要性,以及根据国际法通过和平和外交手段解决伊核问题的必要性。

25. 我们重申《禁止细菌(生物)及毒素武器的发展、生产和储存以及销毁这类武器的公约》(《禁止生物武器公约》)的重要性,强调应遵守和强化《禁止生物武器公约》,包括达成具有法律约束力的附加议定书以建立有效核查机制。我们重申对禁止化学武器组织(禁化武组织)的支持,并呼吁《禁止化学武器公约》各缔约国维护公约及公约的完整性,开展建设性对话,恢复禁化武组织内协商一致的精神。

26. 我们承诺防止外空军备竞赛及其武器化,确保外空活动的长期可持续性,包括通过一项具有法律约束力的多边文书。在这方面,我们注意到"防止在外空放置武器、对外空物体使用或威胁使用武力条约"草案。我们重申对《关于各国探索和利用包括月球和其他天体在内外层空间活动的原则条约》的支持。我们通过实施和制定联合国和平利用外空委员会的相关指导方针,共同维护外空活动的长期可持续性并增强空间行动的安全性。

27. 我们继续承诺致力于促进开放、安全、稳定、可及、和平的信息通信技术环境。我们重申应秉持发展和安全并重原则,全面平衡处理信息通信技术进步、经济发展、保护国家安全和社会公共利益和尊重个人隐私权利等的关系。我们强调联合国应发挥领导作用,推动通过对话就信息通信技术安全和使用,普遍同意的负责任国家行为规则、准则和原则达成共识,同时不排斥其他相关国际平台。为此,我们欢迎联合国信息安全开放式工作组以及政府专家组圆满完成其工作,欢迎2021—2025年联合国开放式工作组更新授权。我们期待通过落实《金砖国家确保信息通信技术安全使用务实合作路线图》和网络安全工作组开展的各项活动,推进金砖国家在这一领域的务实合作。我们强调要建立金砖国家信息通信技术安全使用合作的法律框架,并承认在研提相关倡议方面所做工作,包括缔结金砖国家网络安全政府间协议和相关双边协议。

28. 我们对滥用信息通信技术从事犯罪活动不断增长的现象,以及由此带来的风险和威胁深表关切。联合国网络犯罪政府间专家组的工作成功结束,根据联合国大会第 75/282 号决议,联合国关于制定打击为犯罪目的使用信息和通信技术全面国际公约的开放式特设政府间专家委员会已开始工作,我们对此表示欢迎。我们对在保护儿童免受网上性剥削和其他不利于儿童健康和成长内容的毒害方面面临日益严峻的挑战表示关切,并期待金砖国家加强合作,制定旨在保护儿童网上安全的倡议。

29. 我们强烈谴责一切形式和表现的恐怖主义,不论恐怖主义在何时、何地、由何人实施。我们认识到恐怖主义、助长恐怖主义的极端主义和激进主义导致的威胁。我们决心打击一切形式和表现的恐怖主义,包括恐怖分子跨境转移、恐怖融资网络和为恐怖分子提供庇护。我们重申恐怖主义不应与任何宗教、民族、文明或种族挂钩。我们重申坚定致力于在尊重国际法,特别是《联合国宪章》和人权基础上,为预防和打击恐怖主义威胁的全球努力作出更大贡献,强调各国在打击恐怖主义方面负有首要责任,联合国应继续在该领域发挥核心协调作用。我们还强调,国际社会应采取全面、平衡的方式,包括在当前疫情背景下,有效遏制构成严重威胁的恐怖主义活动。我们反对在打击恐怖主义和助长恐怖主义的极端主义方面采取双重标准。我们呼吁尽快在联合国框架下完成和通过《全面反恐公约》,并在裁军谈判会议上发起多边谈判,制定遏制化学和生物恐怖主义行为的国际公约。

30. 我们欢迎金砖国家反恐工作组第六次会议及其分工作组会议达成的成果。我们核可金砖国家安全事务高级代表通过的《金砖国家反恐行动计划》。该计划旨在落实《金砖国家反恐战略》,明确金砖国家反恐合作的方式和行动,包括确保金砖国家在理解、识别和共同应对持续存在和新出现的恐怖主义威胁方面加强协调,并在联合国和其他多边反恐框架内开展合作。这将有助于补充和加强金砖国家之间现有的双多边合作,在打击极端化和恐怖主义、利用互联网从事恐怖活动、恐怖分子跨境流动,以及加强软目标保护、情报共享和反恐能力建设等方面为全球防范和打击恐怖主义威胁作出实质性贡献。我们赞赏今年主席国举办的"网络恐怖主义和反恐调查中数字取证的作用""金砖国家数字取证"等研讨会,并期待在这些领域深化合作。

31. 我们对非法生产和跨国贩卖毒品情况深表关切,认为这对公共安全、国际和地区稳定及人类健康、安全和福祉构成威胁。我们重申对联合国三项禁毒公约的承诺和联合国会员国所作的各项政治承诺,包括 2009 年联合国大会通过的《关于以综合、平衡战略开展国际合作，应对世界毒品问题的政治宣言和行动计划》，以及 2016 年联合国大会世界毒品问题特别会议成果文件等，并认识到维护国际禁毒机制的必要性。我们认可金砖国家禁毒合作的重要性，欢迎禁毒工作组最近一次会议所取得的成果。

32. 我们重申在国际反腐败问题上加强合作并采取行动，包括加强多边框架下的合作，以及根据国内法律制度，就资产返还、拒绝为腐败人员提供避风港、查找腐败所得等事项开展合作。我们将继续通过各种教育和培训项目加强反腐败能力建设。我们欢迎 2021 年"预防和打击腐败的挑战和举措，加强国际合作"联合国大会特别会议，并重申致力于落实大会政治宣言。

33. 我们重申致力于打击非法资金流动、洗钱和恐怖融资，并在金融行动特别工作组和区域性反洗钱组织以及其他多边、地区和双边场合紧密合作。我们重视并鼓励金砖国家在反洗钱、反恐怖融资等关键问题上开展对话。

34. 我们重申联合国安理会在实施制裁方面具有独一无二的权威性，并进一步强调必须避免采取任何违反国际法特别是《联合国宪章》的强制性措施。我们呼吁进一步整合和加强联合国安理会各制裁委员会工作方法，以确保其有效性、反应迅速和透明度，并期待金砖国家继续就这些问题进行交流。

可持续发展及其创新实现手段

35. 我们重申致力于从经济、社会和环境三个方面落实 2030 年可持续发展议程。我们关切地注意到，新冠肺炎疫情对落实 2030 年可持续发展议程带来干扰，并逆转了多年来在减贫、消除饥饿、医疗保健、教育、应对气候变化、获得清洁水和环境保护等方面取得的进展。新冠病毒对每个人尤其是世界上最贫困和最脆弱人群带来巨大影响。因此，我们呼吁国际社会构建全球发展伙伴关系，应对新冠肺炎疫情带来的影响，并通过推进执行手段加快落实 2030 年可持续发展议程，同时要特别关注发展中国家的需求。我们敦促捐助国落实官方发展援助承诺，根据受援国国内政策目标，向发展中国家提供能力建设、技术转让等额外发展资源。

36. 我们注意到大规模电子政务平台、人工智能、大数据等数字和技术手段对促进发展和提高金砖国家疫情应对效率的重要作用。我们鼓励更广泛应用这些平台和技术，实现信息和通信对民众的可负担性和可及性。这需要电信和信息通信技术系统的无缝运行，并采取必要措施减轻疫情对社会经济的负面影响，实现可持续的包容性复苏，特别是要确保教育的延续性和保障就业，尤其是中小微企业的用工。我们认识到,在国家间及国家内部存在着数字鸿沟。为了不让任何人掉队,我们敦促国际社会制定促进数字资源对所有人包容可及的方案,无论其居住在世界何地。

37. 我们认识到,疫情也加速了全球数字技术应用,并向我们表明获得正确数据可以为制定应对危机的每一步政策提供指南。进入"可持续发展目标行动十年"之际,我们相信金砖国家必须将技术和数据的有效和高效应用作为各项发展的优先方向,并鼓励在这方面深化合作。我们赞赏今年主席国印度将"数字技术实现可持续发展目标"确定为今年优先合作领域之一,注意到印度倡议的"金砖国家数字公共产品平台"可以作为金砖国家为实现可持续发展目标而创建的开源技术应用储存库,造福金砖各国和其他发展中国家。这项倡议将由金砖各国有关机构进一步讨论。我们期待将于 2021 年 10 月在中国北京举行的第二届联合国全球可持续交通大会取得成功。

38. 和平利用空间技术可以对实现 2030 年可持续发展议程作出贡献。因此,我们赞赏金砖国家航天机构签署《金砖国家遥感卫星星座合作协定》,这将有助于提升我们在全球气候变化、灾害管理、环境保护、预防粮食和水资源短缺、社会经济可持续发展等方面的研究能力。

39. 我们认识到农业和乡村振兴对实现 2030 年可持续发展议程的重要性,重申致力于加强金砖国家农业合作,促进粮食安全和农村地区全面发展。我们欢迎建立金砖国家农业信息交流系统和金砖国家农业研究平台,欢迎通过《金砖国家农业合作行动计划(2021—2024)》。

40. 我们赞赏金砖国家科技创新合作在汇集五国研究人员共同应对新挑战方面的重要性,注意到金砖国家科技创新指导委员会和联合研究项目取得的进展,特别是在各专题工作组方面。我们期待尽早制定《金砖国家创新合作行动计划(2021—2024)》。

41. 我们欢迎进一步推进金砖国家贸易投资合作,以及有关金砖国家新工业革命伙伴关系倡议的讨论。我们重申共同合作建立工业能力中心,欢迎在中国建立金砖国家新工业革命伙伴关系创新基地,以及印度提出的金砖国家新工业革命伙伴关系创业活动等倡议。

42. 新冠肺炎疫情从根本上改变了教育和技能的提供方式,我们认为,运用数字解决方案确保包容和公平的优质教育、加强研究和学术合作至关重要。我们致力于通过交流最佳实践经验和专业知识,加强在儿童早期发展、小学、中学、高等教育及职业技术教育与培训领域的合作,并将探索在该领域创建金砖国家合作平台的可能性。我们欢迎教育部长会议宣言,呼吁在开发、分配和获取公开数字内容等方面进行合作,消除数字鸿沟。

43. 我们欢迎金砖国家劳工和就业部长承诺通过建立包容性劳动力市场和社会保障体系实现以人民为中心的复苏。我们期待金砖国家劳动研究机构网络关于金砖国家以数字技术促进正规化实践的研究成果。

44. 我们重申金砖国家在灾害管理领域继续开展交流对话的重要性,并期待召开金砖国家灾害管理部长级会议。我们鼓励在以人民为中心、用户友好型和因地制宜创新方法基础上,进一步开展技术合作,分享运用地理空间、数字技术开发高性能多灾种早期预警系统和提前预报方面的成功经验做法,以提高综合减灾能力,减轻灾害风险。

45. 我们强调实现 2030 年可持续发展议程及其目标的重要性,重申致力于实现所有可持续发展目标,包括可持续发展目标 12,即确保可持续消费和生产模式作为可持续发展的关键因素。我们同意在英国举行的《联合国气候变化框架公约》(UNFCCC)第二十六次缔约方会议和在中国举行《生物多样性公约》第十五次缔约方大会筹备过程中保持密切合作。我们强调"2020 年后全球生物多样性框架"的重要性并支持通过这一框架,该框架将以平衡的方式实现《生物多样性公约》的三项主要目标。

46. 我们重申致力于全面落实《联合国气候变化框架公约》及其《京都议定书》和《巴黎协定》,并根据各国不同国情,坚持 UNFCCC 共同但有区别的责任原则和各自能力原则等。我们认识到,在实现可持续发展和努力消除贫困的背景下,发展中国家的温室气体排放达峰需要更长时间。我们强调需要采取一种全面的方法应对气候变化,关注包括减缓、适应、融资、能力建设、技术转让和可持续生活方式等在内的所有方面。我们鼓励金砖国家就此开展进一步讨论并举办相关活动。我们回顾《巴黎协定》的相关条款,这些条款要求附件二所列发达国家向发展中国家提供资金、能力建设支持和技术转让等必要的实施手段,帮助发展中国家有能力在可持续发展的背景下实施气候行动。

47. 我们强调,化石燃料、氢能、核能和可再生能源等的可持续和高效利用,以及提高能效和使用先进技术,对于各国实现能源转型、建立可靠的能源体系和加强能源安全至关重要。我们欢迎金砖国家能源研究合作平台正在进行的务实合作,并注意到《金砖国家能源技术报告 2021》。

48. 我们欢迎金砖国家旅游部长会议进一步推动金砖国家旅游合作。我们赞赏发起金砖国家绿色旅游联盟,推动塑造更具韧性、更可持续、更包容的旅游业。

49. 我们重申各国应本着平等相待和相互尊重的原则开展合作,促进和保护人权与基本自由。我们同意继续以公平、平等的方式同等重视和对待包括发展权在内的各类人权。我们同意在金砖国家及联合国人权理事会等多边框架下就共同关心的问题加强合作,认为需要以非选择性、非政治性和建设性方式促进、保障及实现各国人权,避免双重标准。

经贸财金合作促进可持续发展

50. 我们欢迎经贸财金领域合作取得的进展,进一步增强了我们面对新冠肺炎疫情挑战、实现可持续发展目标的能力。我们强调在相关部长级和工作组机制内继续落实《金砖国家经济伙伴战略 2025》的重要性。

51. 我们认识到,金砖国家宏观经济稳定对实现全球复苏和稳定具有重要作用。我们核可金砖国家财长和央行行长通过的《金砖国家财长和央行行长声明——全球经济展望和应对新冠肺炎疫情危机》。我们将继续努力加强合作,推动实现后疫情时代强劲、可持续、平衡和包容经济增长。同时,也欢迎金砖国家分享本国在经济领域应对疫情的政策经验。

52. 我们赞赏金砖国家海关署长会议取得的成果,鼓励金砖国家海关在联合执法网络、能力建设和行政互助等领域进一步合作。我们欢迎达成《金砖国家海关事务合作与行政互助协定》,支持在印度金砖国家海关培训中心举办海关培训研讨会,并在共同商定的领域开展金砖国家海关联合执法行动。

53. 我们认识到要加强基础设施和信息共享,更好发现投资机遇、撬动私营部门投资和满足金砖国家基础设施投资需求。我们欢迎金砖国家基础设施及政府和社会资本合作工作组编写的《社会基础设施:融资和数字技术应用技术报告》。该报告体现了金砖国家推动知识分享的集体努力。我们期待同新开发银行和金砖国家基础设施及政府和社会资本合作工作组继续就基础设施投资数字平台保持技术接触,并呼吁加强这方面的工作。

54. 我们欢迎金砖国家经贸部长会议的成果特别是《第十一届金砖国家经贸部长会议联合公报》,核可《金砖国家多边贸易体制合作声明》《专业服务合作框架》《电子商务消费者保护框架》《知识产权合作下开展遗传资源、传统知识和传统文化保护合作》等文件。我们欢迎通过《〈金砖国家经济伙伴战略 2025〉贸易投资领域实施路线图》。我们强调在努力应对疫情及其影响的同时,要继续努力创造有利环境,加强金砖国家间贸易,特别是增值贸易。

55. 我们欢迎中小微企业圆桌会议的成果,会议有助于加强中小微企业发展领域合作,帮助相关企业融入全球价值链。我们也欢迎金砖国家财政部和央行正在开展的金融科技服务中小微企业调查和数字普惠金融报告相关工作。

56. 我们赞赏新开发银行克服新冠肺炎疫情影响,在扩员方面取得实质性进展。我们重申,扩员进程应是渐进的,体现成员地域代表性平衡,并应有助于银行获得最高信用评级,实现机构发展目标。我们满意地注意到新开发银行理事会年会相关讨论,期待新开发银行制定第二个五年总体战略(2022—2026 年)。我们肯定新开发银行在应对疫情引发的健康和经济挑战中发挥的重要作用,鼓励新开发银行积极为包括运用数字技术在内的更多社会基础设施项目提供资金。我们还敦促银行在动员和催化私人资本方面发挥更大作用,并与其他多边开发银行和开发性金融机构开展更多联合融资项目。我们期待银行今年入驻位于中国上海的永久总部大楼,并期待印度区域办公室年内开业。

57. 我们认为加强应急储备安排机制非常重要。我们欢迎第四次应急储备安排演练顺利完成,支持完善应急储备安排同国际货币基金组织的协调框架。

58. 我们欢迎五国央行就新冠肺炎疫情对金砖国家国际收支影响进行首次联合研究,欢迎发布《2021 年金砖国家经济报告》。上述工作是五国提高应急储备安排分析研究能力相关努力的一部分。

59. 我们肯定金砖国家支付工作组通过对话和讨论继续开展支付合作,注意到金砖国家本币债券基金取得的进展并期待其运营。

60. 我们认可《金融信息安全法规电子手册》和《金砖国家信息安全风险最佳实践汇编》是金砖国家信息安全快速沟通机制下有关规则和最佳实践的综合性文件。

61. 我们欢迎金砖国家银行间合作机制继续努力落实《金砖国家开发性金融机构负责任融资备忘录》。

62. 我们认识到公平竞争对企业发展、消费者权益保护和疫后经济复苏增长的重要作用,并将继续深化竞争领域务实合作。我们支持 2021 年 11 月和 2023 年在中国和印度分别举行金砖国家国际竞争大会。

63. 我们强调有必要继续实施技术规则、标准、计量和合格评定程序工作机制,促进金砖国家间贸易合作。

人文交流

64. 我们重申人文交流在增进金砖国家及五国人民间相互了解和友谊、促进合作等方面的重要性。我们满意地注意到,在今年主席国印度的领导下,治国理政、文化、教育、体育、艺术、电影、媒体、青年和学术交流等合作领域取得进展,并期待在上述领域进一步合作。

65. 我们支持金砖国家工商机构进一步合作。我们欢迎金砖国家工商论坛、工商理事会和女性工商联盟成功举行的各场会议,赞赏他们为加强五国经贸联系、促进贸易投资所作努力。

66. 我们欢迎金砖国家工商理事会发起的"2021年金砖国家可持续发展目标解决方案奖",以表彰金砖国家通过创新解决方案实现可持续发展目标所做工作。我们认识到这些奖项将有助于交流分享可持续发展目标领域的知识和最佳实践。我们也赞赏金砖国家工商理事会充分运用数字技术成功组织线上贸易博览会,各国企业、企业家和相关参与者齐聚数字平台,为金砖国家经济合作提供动力。

67. 我们赞赏金砖国家在应对城市发展新挑战方面取得的进展,并注意到金砖国家智慧城市研讨会、城镇化论坛、友好城市暨地方政府合作论坛等活动为此所作贡献。

68. 我们赞赏文化合作取得的进展,并肯定文化在增进五国人民相互了解方面的作用。我们欢迎金砖国家文化部长会议取得的成果,期待在该领域进一步交流。

69. 我们欢迎举办金砖电影节开幕活动,并满意地注意到金砖国家将作为重点嘉宾国参加2021年11月举行的印度国际电影节。

70. 我们认识到,青年在科学、教育、艺术文化、创新、能源、外交、志愿服务和创业等领域保持交流,这将确保金砖国家合作的美好未来,并赞赏印度克服疫情影响举办金砖国家青年论坛。

71. 我们期待即将举行的2021年金砖国家体育部长会议,鼓励金砖国家在体育领域开展合作。我们支持中国举办2022年北京冬奥会、冬残奥会。

72. 我们赞赏金砖国家智库理事会会议和学术论坛取得的成果,肯定在加强五国学术界对话和交流,促进面向未来的研究、政策分析和知识分享方面取得的进展。我们欢迎金砖国家民间社会论坛的成果并注意到其建议。

73. 中国、南非、巴西和俄罗斯赞赏印度担任2021年金砖国家主席国所作工作,对印度政府和人民主办金砖国家领导人第十三次会晤表示感谢。

74. 巴西、俄罗斯、印度和南非将全力支持中国 2022 年金砖国家主席国工作并主办金砖国家领导人第十四次会晤。

新德里行动计划

我们注意到,印度担任金砖国家主席国期间,在新德里会晤前举行了以下会议和活动:

金砖国家的合作成果

以下成果、倡议和机制是已批准或已签署的

1.《金砖国家外长会晤新闻公报》

2.《金砖国家关于加强和改革多边体系的联合声明》

3.《第六届金砖国家文化部长会议宣言》

4.《第八届金砖国家教育部长会议宣言》

5.《金砖国家旅游部长会议公报》

6.《金砖国家劳工就业部长会议宣言》

7.《第十一届金砖国家卫生部长会议宣言》

8.《金砖国家工业部长联合宣言》

9.《第十一届金砖国家农业部长会议共同宣言》

10.《第七次金砖国家环境部长会议联合声明》

11.《金砖国家能源部长宣言》

12.《金砖国家经贸部长会议联合公报》

13.《金砖国家数字健康宣言》

14.《金砖国家仲裁审理范围书》

15.《金砖国家遥感卫星星座合作的协定》

16.《金砖国家农业合作行动计划(2021—2024)》

17. 金砖国家农业研究平台虚拟网络

18.《金砖国家禁毒小组第五次会议联合公报》

19.《金砖国家反恐行动计划》

20.《金砖国家能源报告 2021》

21.《金砖国家能源技术报告 2021》

22.《金砖国家能源研究目录 2021》

23.《金砖国家数字普惠金融报告》

24.《金砖国家应急储备安排评估报告》

25.《金砖国家财长和央行行长声明——全球经济展望和应对新冠肺炎疫情危机》

26.《金融信息安全法规电子手册》和《金砖国家信息安全风险最佳实践汇编》

27.《金砖国家社会基础设施:融资和数字技术应用技术报告》

28.《金砖国家中小微企业金融科技应用的国别案例研究》

29.《2021金砖国家应用传统医药抗击新冠疫情在线宣言》

其他政府部门会议、商业和人道主义合作的文件、倡议和机制

1.《金砖国家工商理事会报告》

2.《金砖国家女性工商联盟报告》

3.《金砖国家学术论坛对金砖国家领导人峰会提出的建议》

4.《金砖国家民间社会论坛提出的建议》

5.《金砖国家汽车行业研究报告》

6.《金砖国家联合统计手册》

7.《金砖国家的未来》(金砖国家智库理事会协调编辑论文集)

8.金砖国家学术论坛

印度担任金砖国家轮值主席国时举行的会议

领导人会晤

第十三届金砖峰会——2021年9月9日

协调人/副协调人会议

1.协调人/副协调人会议——2021年2月24—26日、5月26—28日、9月7日

2.副协调人会议——2021年8月18—20日、23日

部长级以上会议

1.金砖国家财长和央行行长会议——2021年4月6日、8月26日

2.金砖国家应急储备安排理事会会议——2021年4月30日

3.金砖国家国际竞争大会——2021年5月27日

4.金砖国家外交部长/国际关系部长特别会议——2021年6月1日

5. 金砖国家禁毒工作组会议——2021 年 6 月 24 日

6. 金砖国家文化部长会议——2021 年 7 月 2 日

7. 金砖国家教育部长会议——2021 年 7 月 6 日

8. 金砖国家海关专家会议——2021 年 7 月 8 日

9. 金砖国家旅游部长会议——2021 年 7 月 13 日

10. 金砖国家劳工就业部长会议——2021 年 7 月 15 日

11. 金砖国家卫生部长暨传统医药高级别会议——2021 年 7 月 28 日

12. 金砖国家工业部长会议——2021 年 8 月 18 日

13. 金砖国家航天机构负责人会议——2021 年 8 月 18 日

14. 金砖国家安全事务高级别代表会议——2021 年 8 月 24 日

15. 金砖国家知识产权局局长会议——2021 年 8 月 25 日

16. 金砖国家环境部长会议——2021 年 8 月 27 日

17. 金砖国家农业部长会议——2021 年 8 月 27 日

18. 金砖国家青年部长工作会议——2021 年 8 月 31 日

19. 金砖国家能源部长会议——2021 年 9 月 2 日

20. 金砖国家经贸部长会议——2021 年 9 月 3 日

21. 金砖国家数字健康峰会——2021 年 9 月 2—3 日

工作组会、高官会和专家组会

1. 金砖国家应急储备安排技术组会议——2021 年 1 月 15 日、3 月 4 日、5 月 17 日、5 月 27 日、8 月 10 日

2. 第十一届金砖国家技术转移中心网络指导委员会会议——2021 年 1 月 20 日

3. 金砖国家信息通信技术合作工作组会议——2021 年 1 月 29 日、3 月 19 日、5 月 21 日、7 月 15 日

4. 金砖国家支付工作组会议（BPTF）——2021 年 2 月 3 日、5 月 24 日

5. 金砖国家应急储备安排研究工作组会议——2021 年 2 月 5 日、3 月 15 日、5 月 13 日

6. 金砖国家数字普惠金融工作组会议—— 2021 年 2 月 8 日、3 月 18 日、4 月 20 日、5 月 25 日

7. 金砖国家财政部副部长和央行行长会议——2021 年 2 月 24 日、7 月 27 日

8. 金砖国家统计局编制金砖国家联合统计手册技术组会——2021 年 2 月

24 日

9. 金砖国家债券基金工作组会——2021 年 2 月 25 日、5 月 12 日、6 月 21 日、9 月 9 日

10. 金砖国家研究基础设施及大科学项目工作组会议——2021 年 3 月 3 日

11. 金砖国家经贸联络小组第二十六次会议——2021 年 3 月 9—11 日

12. 金砖国家经贸联络小组第二十七次会议——2021 年 7 月 12—14 日

13. 金砖国家经贸联络小组第二十八次会议——2021 年 8 月 31 日—9 月 2 日

14. 金砖国家应急储备安排宏观经济信息交换机制（SEMI）——2021 年 3 月 10 日、6 月 18 日

15. 金砖国家海关专家会议——2021 年 3 月 16 日、6 月 29 日、8 月 16 日、8 月 19 日

16. 金砖国家外交学院院长会议——2021 年 3 月 16 日

17. 金砖国家传统医药专家研讨会——2021 年 3 月 25 日

18. 金砖国家反腐败工作组会议——2021 年 3 月 26 日、7 月 2 日

19. 金砖国家应急储备安排常务委员会会议——2021 年 3 月 30 日

20. 金砖国家仲裁审理专家会议——2021 年 4 月 6—7 日、4 月 19 日、7 月 20 日

21. 金砖国家 PPP 和基础设施工作组会议——2021 年 4 月 9 日、8 月 10 日

22. 金砖国家外事和航天机构高官会议——2021 年 4 月 13 日

23. 金砖国家灾害管理联合工作组会议——2021 年 4 月 16 日

24. 金砖国家就业工作组会议——2021 年 5 月 11—12 日、7 月 8—9 日

25. 金砖国家能源研究合作平台—高级能源官员委员会议——2021 年 5 月 12—13 日

26. 金砖国家结核病研究网络会议——2021 年 5 月 14 日

27. 金砖国家特使中东北非事务磋商会议——2021 年 5 月 17 日

28. 金砖国家能源高官会议——2021 年 5 月 20—21 日、8 月 11—12 日

29. 第十二届金砖国家技术转移中心网络指导委员会——2021 年 6 月 22 日、7 月 8 日

30. 金砖国家科技创新资金资助方会议——2021 年 6 月 24 日

31. 金砖国家文化高官会议——2021 年 7 月 1 日

32. 金砖国家教育高官会议——2021 年 7 月 2 日

33. 金砖国家旅游高官会议——2021 年 7 月 12 日

34. 金砖国家能效工作组会议——2021 年 7 月 13—14 日

35. 金砖国家"免疫与 COVID-19 疫苗"会议——2021 年 7 月 23 日

36. 金砖国家农业专家会议——2021 年 7 月 26—27 日

37. 金砖国家反恐工作组会议——2021 年 7 月 26—27 日

38. 金砖国家卫生/传统医药高官会议——2021 年 7 月 26—27 日

39. 金砖国家新工业革命伙伴关系咨询组会议——2021 年 7 月 27 日、8 月 6 日和 10—11 日

40. 金砖国家反恐工作组会议——2021 年 7 月 28—29 日

41. 金砖国家信息通信技术安全使用工作组会议——2021 年 8 月 12 日

42. 金砖国家农业工作组会议——2021 年 8 月 12—13 日

43. 金砖国家通信工作组会议——2021 年 8 月 25—26 日

44. 金砖国家环境工作组会议——2021 年 8 月 26 日

民间交流与活动

1. 金砖国家网络大学国际专题组会议——2021 年 3 月 30 日

2. 网络恐怖主义和反恐调查中数字取证的作用研讨会——2021 年 4 月 13—14 日

3. 金砖国家学术进程启动——2021 年 4 月 13—15 日

4. 金砖国家智库理事会会议——2021 年 4 月 14 日

5. 金砖国家民间论坛开幕式——2021 年 4 月 16—17 日

6. 储能技术研讨会——2021 年 4 月 22 日

7. 金砖国家多边主义改革学术对话——2021 年 4 月 27 日

8. 能效和清洁能源研讨会——2021 年 4 月 29—30 日

9. 金砖国家全球卫生学术对话——2021 年 5 月 11—12 日

10. "社会基础设施:融资和数字技术应用技术"研讨会——2021 年 5 月 13 日

11. 金砖国家天文学工作组会议——2021 年 5 月 19—20 日

12. 金砖国家中小企业金融科技与普惠金融会议——2021 年 5 月 20 日

13. 金砖国家可持续发展目标学术对话——2021 年 5 月 20—21 日

14. 金砖国家生物技术和生物医学工作组会议(包括人类健康与神经科学)——2021 年 5 月 25—26 日

15. 金砖国家信息通信技术和高性能计算工作组会议——2021 年 5 月 27—

28 日

16. 金砖国家传统医药产品标准化法规协调网络研讨会——2021 年 5 月 28 日

17. 金砖国家未来就业和工作学术对话:迈向女性主导的增长框架——2021 年 6 月 2 日

18. 金砖国家国际安全学术对话——2021 年 6 月 15 日

19. 金砖国家网络大学网络会议——2021 年 6 月 16—18 日

20. 氢能倡议研讨会—绿氢/氢燃料电池/绿铵/新电解技术——2021 年 6 月 22—23 日

21. 金砖国家数字金砖学术对话:科技创新合作新框架——2021 年 6 月 24 日

22. 金砖国家网络大学国际管理委员会会议——2021 年 6 月 29 日

23. "金砖国家传统医药在公共卫生体系应对新冠肺炎中的作用"研讨会——2021 年 6 月 30 日

24. 金砖国家服务贸易统计研讨会——2021 年 7 月 16 日、8 月 13 日

25. 金砖国家经济论坛(金砖国家学术对话)——2021 年 7 月 19—20 日

26. 金砖国家中小微企业圆桌会议——2021 年 7 月 22 日

27. 金砖国家海洋与极地科学工作组第四次会议——2021 年 7 月 27—28 日

28. 金砖国家民间论坛——2021 年 7 月 28—29 日

29. 金砖国家女性创新大赛——2021 年 7 月 30 日

30. 金砖国家数字取证研讨会——2021 年 8 月 3—5 日

31. 金砖国家智库理事会会议——2021 年 8 月 3—5 日

32. 金砖国家学术论坛——2021 年 8 月 3—6 日

33. 金砖国家智慧城市研讨会——2021 年 8 月 5—6 日

34. 金砖国家线上贸易博览会——2021 年 8 月 16—18 日

35. 金砖国家工商论坛——2021 年 8 月 16—18 日

36. 金砖国家智库理事会——2021 年 8 月 25 日

37. 金砖国家官员反腐败研讨会——2021 年 8 月 26—27 日

38. 金砖国家青年峰会——2021 年 8 月 29—31 日

39. 金砖国家工商理事会会议——2021 年 8 月 31 日

40. 金砖国家女性工商联盟会议——2021 年 9 月 2 日

41. 金砖国家电影技术研讨会——2021 年 9 月 1—2 日

42. 标准的协调：世界贸易的挑战和机遇——2021年9月6日

43. 金砖国家新工业革命伙伴关系论坛——2021年9月7日

44. 金砖国家贸易投资促进机构圆桌会议——2021年9月8日

45. 金砖国家银行合作机制首席执行官会议——2021年9月8日

46. 金砖国家银行合作机制暨金砖国家年度金融论坛——2021年9月8日

印度担任金砖国家轮值主席国期间的其他活动

1. 金砖国家灾害管理部长会议

2. 金砖国家电信部长会议

3. 金砖国家水利部长会议

4. 金砖国家体育部长会议

5. 金砖国家科技部长会议

6. 金砖国家税务局长会议

7. 金砖国家应急储备安排理事会第二次会议

8. 金砖国家传统药物高级别论坛

9. 金砖国家统计局局长会议

10. 第七届金砖国家国际竞争大会

11. 金砖国家议员论坛

12. 第四届金砖国家协调人和副协调人会议

13. 金砖国家青年科学家论坛

14. 灾害管理联合工作组第四次会议

15. 金砖国家税务专家会议

16. 金砖国家科技和创新计划工作组会议

17. 金砖国家海关能力建设战略研讨会

18. 金砖国家地理空间技术及其应用工作组会议

19. 金砖国家国际青年营

20. 金砖国家国际市政论坛

21. 金砖国家青年外交官论坛

22. 电信工作组会议

23. 金砖国家材料科学和纳米技术工作组会议

24. 金砖国家外交政策对话

25. 金砖国家城镇化论坛

26. 金砖国家科技创新资金资助工作组会议

27. 金砖国家水资源论坛

28. 金砖国家电影节开幕式

29. 金砖国家电影节

30. 金砖国家科技创新高官会议

31. 金砖国家友好城市和地方政府合作论坛

32. 应急储备安排常设委员会会议

33. 金砖国家融合周

34. 金砖国家技术转移网络合作会议及相关活动

35. 金砖国家技术转移与创新合作论坛

36. 金砖国家科普论坛

37. 金砖国家企业孵化研讨会

38. 金砖国家研究基础设施及大科学项目工作组会议

39. 金砖国家科技创新呼吁：2021 年旗舰计划

40. 金砖国家水资源论坛（科技创新活动）

41. 金砖国家技术展望和科技创新政策会议

42. 金砖国家海关联合执法网络下的联合行动

43. 第三次和第四次金砖国家应急储备安排应急储备安排宏观经济信息交换机制会议

44. 第三次和第四次金砖国家支付工作组会议

45. 第五次和第六次金砖国家信息安全快速通道会议

46. 第六和第七次金砖国家应急储备安排技术小组会议

47. 金砖国家央行工作流程研讨会

48. 金砖国家债券基金工作组会议

图书在版编目(CIP)数据

金砖国家合作与全球治理年度报告.2022:金砖国
家与新可持续发展/贺平,江天骄主编.—上海:上
海人民出版社,2023
ISBN 978 - 7 - 208 - 18668 - 2

Ⅰ.①金… Ⅱ.①贺… ②江… Ⅲ.①世界经济-经
济发展-研究报告- 2022 Ⅳ.①F113.4

中国国家版本馆 CIP 数据核字(2023)第 225506 号

责任编辑 王　吟
封面设计 陈　楠

金砖国家合作与全球治理年度报告 2022
——金砖国家与新可持续发展
贺　平　江天骄 主编

出　　版　上海人民出版社
　　　　　(201101　上海市闵行区号景路 159 弄 C 座)
发　　行　上海人民出版社发行中心
印　　刷　苏州古得堡数码印刷有限公司
开　　本　720×1000　1/16
印　　张　14.5
插　　页　2
字　　数　245,000
版　　次　2023 年 12 月第 1 版
印　　次　2023 年 12 月第 1 次印刷
ISBN 978 - 7 - 208 - 18668 - 2/D·4245
定　　价　68.00 元